四川省社会科学普及规划项目

项目编号:SCK032

四川省社会科学普及规划项目
项目编号：SCK032

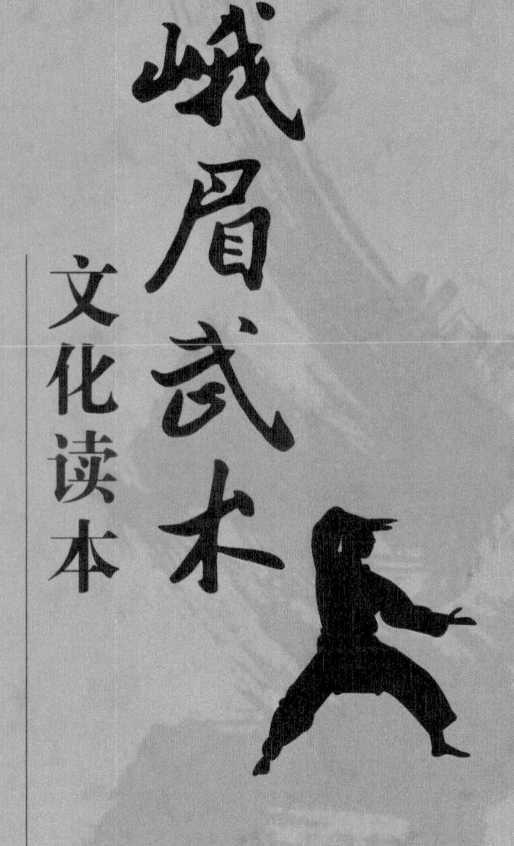

峨眉武术文化读本

颜下里 龙海霞 编著

天津社会科学院出版社

图书在版编目（CIP）数据

峨眉武术文化读本 / 颜下里, 龙海霞编著. -- 天津:
天津社会科学院出版社, 2018.10
ISBN 978-7-5563-0503-2

Ⅰ.①峨… Ⅱ.①颜… ②龙… Ⅲ.①武术－介绍－
峨眉山市 Ⅳ.①G852

中国版本图书馆CIP数据核字(2018)第228630号

峨眉武术文化读本
EMEI WUSHU WENHUA DUBEN

出版发行：天津社会科学院出版社
出 版 人：张博
地　　址：天津市南开区迎水道7号
邮　　编：300191
电话/传真：（022）23360165（总编室）
（022）23075303（发行科）
网　　址：www.tass-tj.org.cn
印　　刷：北京建宏印刷有限公司

开　　本：787×1092 毫米　1/16
印　　张：15.5
字　　数：243千字
版　　次：2018 年10 月第 1 版　　2018 年10 月第 1 次印刷
定　　价：68.00 元

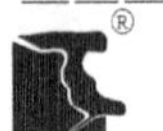

序

在中国武术大系中，峨眉武术是与少林、武当武术并列的一大宗派。然而，长期以来世知少林、武当者多，而知峨眉者少。这一现象的出现，不仅是因为有关峨眉武术的资料较少，人们难以得见其真实面目，还因为少林、武当两家多得当代武侠小说、电影、电视剧长期的正面高扬，而为广大读者和观众所熟知和喜爱，可峨眉武术却多半被作为反面拳术派别描写，给人们留下了过多的负面印象，受其影响，他们难以从感情上真正接受这一流派。这样，不仅峨眉武术的社会认知度和接受度大为降低，而且在其不被客观认识的情况下对中国武术做出的总体性判断也自然将失真失实。近年来，学界多有呼吁，在加强峨眉武术历史、理论等方面深度研究的同时，也应当加强对峨眉武术的知识普及，使之为大众所了解，并因此而成为大众喜闻乐见的拳派。正是在这样的背景下，书写符合时代需要、符合峨眉武术历史实际的科普读物便被作为当今一个紧迫课题被提了出来。

从这一意义而言，我以为，前些日子内江师范学院体育学院颜下里教授、教育科学学院龙海霞教授从网上给我发来，要我“给提提意见并写篇序文”的《峨眉武术文化读本》，在很大程度上便可视为这样的一个成果。该书的内容选择及其呈现方式，都给人耳目一新之感。

一、该读本是从文化的特定视角进行介绍的。这一视角决定了介绍内容的选择。如果将文化视作某一领域活动要素形态的总和，那该读本也就必然广泛涉及峨眉武术的历史沿革、拳种门派、代表人物、奇闻轶事、武医派别、文艺关联，以及当代走势等方面的问题。事实上这也就为读者提供了一个较之一般性介绍要更为宽泛的认识峨眉武术的知识框架。

二、该读本是以中国武术作为参照系来介绍峨眉武术的。作者从阐述中国武术开篇,以为之后峨眉武术的书写作铺垫,从而在中国武术知识的制高点上,为了解处于特定地域的峨眉武术提供一种认知的参照系。正是在其参照之下,读者方能对上述诸项内容逐一从容品鉴,在领略丰富多彩的峨眉武术特点和故事中得到享受和满足。

三、该读本作者的写作态度严谨。相当多有关峨眉武术的著作存在着以传说故事充作信史使用的现象,致使峨眉武术的研究结论失实。本读本本着存真传信,厘正讹谬的态度,纠正了这类错误。对于峨眉武术三个发源地说、峨眉山发源说,作者都不轻率跟随,而是依据历史实际提出了多源起源的观点。而且即使在个别章节,由于特定的需要使用怪诞神异、神仙方术等传说故事,但作者也在其无题小序中特意对其做了说明,以免误导受众。

四、该读本的资料丰富。作者不仅广泛从武术类著作,而且从历史、民俗,甚至从各级各类志书、政协文史出版物中收集资料,从而扩大了武术人物、逸事等诸方面内容,弥补了前人著作中的遗漏。本读本对杨畏之、春三爷等人物的补选,对武术拳种中唐门、北碚峨眉拳、金刚禅自然门的增设,都清楚地反映出此读本与前人著作的差异。这类内容的添加使该读本更加符合历史实际。

五、该读本在编写目标上打破了科普作品以专业知识普及为主的惯例。作者将武术知识在语言上进行了化繁为简、深入浅出的表达,特别是将武术发展与国家政策、经济状况,以及社会走势密切结合起来阐述,因而对其介绍也更具深度。

上述这些特点使得该读本不仅具有知识性、趣味性、可读性、感染力,而且也具有不可忽视的学术价值。

最后,还须再赘几行。本书的作者颜下里,是我当年硕士导师颜绍泸先生的儿子。20 世纪 80 年代我在成都体育学院攻读硕士学位时,颜下里刚上小学。我曾经常给他辅导功课,与之接触颇多。此后,我在英国攻读博士学位,整天埋头于学习和研究,虽然多年以来,我同他在网上一直有着联系,甚至还常常给他寄去他喜欢的邮票，但是，由于我少有回国，即使回国，也杂事缠身，再没有见过他了。只知道他后来在成都体育学院读书，毕业之后，在内江师范学院任教。此时此刻，对于当年曾为之辅导过功课的我，而今又为其著作作序，能不“感慨系之”？

樊　红

2018 年 5 月 27 日

（作者系英国班戈大学终身教授、班戈大学校长助理、中英班戈学院院长、《国际体育史期刊》主编、《亚洲研究丛书》主编）

目　录

前　言

义薄云天，勇冠神州，仁满江湖，古往今来有多少英雄豪杰出自武林！有道是“山东的好汉，河北的壮士，四川的侠客，全都好样的。”

今天，在武术界，谁都知道，峨眉武术与少林武术、武当武术并为中土武术的三大宗。而且，中国台湾地区学者龚鹏程教授在对明代典籍《峨眉道人拳歌》《少林棍法阐宗》《手臂录》深入研究后甚至更认为，明代，峨眉是少林之外最具传统特点与声望的武术流派，当时枪法、拳术均不亚于少林，其声望比武当还要高①。但是，这样一个奇怪的现象却令人百思不得其解：长期以来，国内外武术的习练者和研究者，几乎都是言必称少林、武当，而对于峨眉却鲜有所及。峨眉武术受此冷落，应当是由多方面原因造成：有关峨眉武术的资料甚少，可以采信的研究成果不多，一些重要资料流于传说，更加之少林、武当两家又曾得武侠小说、电影、电视剧的正面宣扬，声名得以在海内外广泛传播，相反峨眉武术在文艺作品中却多半被作为反面拳术派别描写，拳手恶名缠身，给人留下的印象不佳，以致整个拳术派别与人渐行渐远，最后几乎在研究者和读者视野中消失。

近些年来，特别是2008年峨眉武术被列入第二批国家级非物质文化遗产名录之后，学界对其研究的热度有所提升，研究的广度和深度也超过以往，但是成

① 龚鹏程著．武艺丛谈［M］．北京：东方出版社，2015：55—56．

果却因多属方家高论,为一般读者所不能问津,因此为增进对该武术流派的了解,编写一本为大众喜闻乐见、通俗易懂的科普性小册子,便很有必要了。我们正是在这一背景下获得编写本读本的任务的。

然而,要编写出一本为大众喜闻乐见、通俗易懂的科普性小册子谈何容易。在峨眉武术流派内,拳种纷繁复杂,信史与传说混杂,事实与小说不分,要编写出能基本反映该流派所含拳种的读本来,已属不易,更遑论以区区之作承担起向读者介绍峨眉武术的来龙去脉、风格特点、名师高徒、当代走势等知识的大任,何况这更关乎编写者自身的学识、眼光和品位,而这偏偏又是我们最为薄弱的一面。个中尴尬,可想而知。

本读本共9章:

第一章"走进中国武术",介绍作为峨眉武术上位概念的中国武术,从其概述开篇,旨在策论大要,提示读者,以为往后介绍峨眉武术做必要的铺垫。具体内容包括中国武术的概念、特点、沿革、构成和价值等诸项。

第二章"峨眉武术:一颗璀璨的明珠",对峨眉武术的历史沿革、流派特性、技术特点加以概略的评价,以便为进一步采用课题分述的方式介绍峨眉武术多方面的内容打下基础。

第三章"川渝本土拳种",介绍四川各本土拳种,主要内容涉及其历史沿革、拳种特点以及所包括的套路运动、技击运动和功法运动诸项;有的拳种为《四川武术大全》所漏收,本章将补录介绍。

第四章"外来武术拳种",介绍从外地传入本土并已经本土化的拳种,它们与本土拳种同样是峨眉武术的有机构成部分,故特设此章,予以介绍;具体内容涉及其来源、特点,及其所包括的套路运动、技击运动和功法运动。

第五章"峨眉武术名人",介绍曾经或现在仍然活跃在川渝武坛的武术名家或涉武名人,这类人物以人名标题。为便于阅读,条目内容原为文言文的,用现代汉语改写;条目内容见于多种资料的,则加以合并后编写。

第六章"峨眉武林轶事",介绍川渝武术人物在本土或外地的涉武事件。这类涉武事件按事件本身内容进行标题,编写方式与第五章同。

第七章"峨眉武医",介绍峨眉"武医"——既善武术又精医业的武术家。武医是中国武术界的一大特点,同时也是峨眉武术的一个重要内容。

第八章“峨眉武术与文学艺术”,介绍峨眉武术与文学和表演艺术的关系,主要落实于峨眉武术与文学、川剧和舞蹈关系三个领域。

第九章“峨眉武术的当代走势”,介绍峨眉武术当代的发展趋势。过去作为科普性质的读本,写作一般是以纯粹的知识普及为主,近年,这种写作方式已经被打破。作者们的写作已经与国家政策、经济发展状况,以及社会发展形势密切结合起来。这也自然成为本书追求的目标。

峨眉也作“峨嵋”,本书除直接引文外,都作“峨眉”。

第一章　走进中国武术

峨眉武术，也有称"峨眉拳"者，是中国武术的一个有机组成部分，是其一个地域性技术支系，其产生、形成、发展都离不开中国武术的影响，因此要认识峨眉武术必须首先了解中国武术。

一、中国武术叫什么？

《论语·子路》："名不正，则言不顺；言不顺，则事不成。"因此，要认识中国武术，首先就必须对其称谓加以梳理。中国武术有着相当漫长的历史进程，在不同的历史阶段，由于功能的变化和存在状况的差异，武术的称谓也有所不同，而且由于不同地域文化差异的影响，致使即便在同一时期的不同地区，武术名称也并不一致。

南朝梁昭明太子萧统（501—531）的《文选》最先提到"武术"一词："偃闭武术，阐扬文令"。但当时词义与现代不同："武"是会意字，从字的形体上看，由"止"和"戈"两部分组成；"戈"是指战事，现在泛指一切用武力的活动，因而有的研究者认为，"止戈"就是制止武力活动，提倡文治之意。"术"意指策略、技艺、方法、技巧等。两相结合就是制止武力活动的策略、方法、战术、技巧①。

著名武术家吴斌楼也曾把"武"字拆解，用一"正"（止）一"斜"（弋）说明习武者的出路。他写道：

---

① 李成银. 中国武术咨询大全[M]. 济南：山东教育出版社，1993：61.

> 进门习武者,“武”字要分开讲。为武夫者用“正”,以武行侠仗义,斩凶除恶保忠正,乃尽“武”字之道。“武”字斜行不正,乃归绿林响马之内,其为黑门。盗富济贫,保节妇义士,除作恶不法之徒,盗来路不正之财,这也算英雄好汉,归来落个侠义之名。①

对于中国武术的称谓,原中国武协主席徐才先生曾有过深入的探索。他在为康戈武《中国武术实用大全》一书所做的《序》文中写道:几千年来,涉武的实践活动形式十分复杂,用语也颇为繁杂多变,就其中重要者而言,就有 50 来个之多,如若仔细搜罗,还会更多。仅夏商周时期,就有手搏、拳勇、角力、相高、斗,等等。春秋战国时期,又相继出现了技击、相搏、手战、武艺、角抵等用语。此后,又有更多名称被涉武活动的研究者和记载者所使用,就连民间都有打套子、把式、操扁卦一类称呼②。但总的说来,在古代涉武活动的用语中,“武艺”一名是使用得最多最广的。

我们今天习用的“武术”一词,并非自古有之。据现有的资料可知,1900 年由河北形意拳大师刘奇兰的弟子耿继善创建的北京“四民武术研究社”可能是历史上最先使用“武术”名称的。该社址位于地安门外西火神庙,以传授形意、八卦拳械为专长,“四民”之意是指“士、农、工、商”,著名作家杨沫、演员白杨都曾是该社会员③。不过直至辛亥革命前后,“武术”名称才开始频繁使用。1911 年青岛出现了“武术传教所”(张大为先生称“中华武术会”),1914 年孙霁虹于河南开封创建了培英武术学社,此后数年间,北京、山东、上海、天津等地,“武术”一词已风行武林。如北京、山东的“武术传习所”,上海的“中华武术会”,天津的“道德武术研究会”,均是以“武术”置于名中。1915 年,马良所编武技锻炼法,取名为“中华新武术”,也用“武术”之名。1923 年上海举办“全国武术运动大会”亦用“武术”,表明“武术”已经为国人认识并接受。这一时期所用的“武术”称谓,与

---

① 转引自张大为. 武术丛谈[M]. 北京:当代中国出版社, 2013:10.
② 康戈武. 中国武术实用大全 · 徐才序[M]. 北京:今日中国出版社, 1990:3.
③ 北京市武术运动协会编纂. 北京市武术运动协会档案[M]. 北京:人民体育出版社,2007:357.

后来作为一种传统体育运动的武术用法已经相同。

直至现在,在世界各地区,武术的名称尚不统一,国内和国外,武术曾使用过的“国术”“功夫”和 Martial art 等称谓,也都还在继续使用。

从民国时期起,“国术”就作为武术的主要称谓使用,它曾经一度取代了“武术”,至今台湾地区及一些国家的武术组织仍沿用此称谓。据武术史专家唐豪先生考证,这一词的使用应当始于辛亥元老李烈钧。唐先生于20世纪40年代撰写的《中国武艺图籍考》中说:“查国术这一名词,创始于李烈钧,其何所取义?现在未能问之于地下。依吾个人的推测,李先生曾经住过日本,他侨居的时候,或许见过日本的大相扑,到1927年,他与许多国府要人发起中华民国国术研究馆,大概他因为知道日本的大相扑名曰国技,所以他便把中国的武艺改名为国术,不久之后,又有人将其含义来扩充,遂成为中国民族体育的专称。”①

但国术这一称谓对于中国人和外国人来说,使用中都存在一些问题:对于中国人而言,“国术”一词概念模糊,并不具排他性——如果武术可以称“国术”,那么我国固有的艺术和技术如雕刻、绘画等又未尝不可同样称之为“国术”,显然“国术”称谓并不够确切②。而对于外国人而言,已经走向世界的武术受到“国”之限定,则显得颇为别扭。在武术活动中,外国人不可能将其视为自己国家武技的认同感,因此,中国的涉武活动在当代开展时,尤其是在走向世界,进入国际体育比赛圈和奥林匹克运动时,统称为“武术”是较为合理的。

进入20世纪80年代中期以后,武术才逐渐成为国际正式通用语。1985年国际武术联合会筹委会成立时,在其章程草案中首次使用了“武术”(Wushu)之称,各种文字的译名均采用音译,不用意译。1988年,亚奥理事会将武术列为第十一届正式比赛项目时,所用名称即是“武术”以及“Wushu”译名,从此“武术”以及“Wushu”译名便成为武术的法定用语了。此称谓体现了武术运动的独特风格和内涵,以区别于国际上其他武技项目。

“功夫”一词是中国两广一带对武术的地方性叫法,早在200年前就已被法

---

① 唐豪著. 中国武艺图籍考[M]. 太原:山西科学技术出版社,2008:9-10.

② 布衣. 武术一词的由来[EB/OL]. https://baike.1688.com/doc/view-d45423134.html,2018-2-10.

国传教士介绍到了欧洲,[①]但历史上却从未作为武术的正式称呼使用过。20 世纪六七十年代,随着中国驰名世界的武术家李小龙的“功夫片”的西行,“功夫”一词才再次被传到欧美,但也只是流行于民间,学界并未接受。

目前,在国际上还有两个表达武术的通行用语——“Fighting Art”和“Martial art”。二者是常用的中英文对应译法,但都不够准确。因为这两词泛指的是武术、武艺,这就涉及了多种武技,如柔道、空手道、跆拳道、合气道、泰国拳,以及欧洲的古代武技等,当然也含中国武术在内。因此,Fighting Art 和 Martial art 是不能准确地反映中国武术的独特性的。

二、中国武术是什么?

中国武术最重要的特点便是它作为技击术存在的本质特性,因此,在学界,不少学者对武术的定性就是技击术。但是如果用发展的观点辩证地看待中国武术,就会发现,中国武术是随时代变迁而不断发展变化的,而且随着学者们对武术性质认识的不断深入,对中国武术性质的认识也在不断变化。首先,中国武术被学者们归入体育运动领域,即是说体育运动是武术的上位概念。然而,进一步的研究却又发现,武术并非是一单纯的技击性项目或体育运动项目,它还是一个牵涉了哲学、伦理学、兵学、艺术等诸多领域的社会文化现象,因此也就产生了“武术文化”的概念,因而就必须将武术作为一种文化现象进行研究。倘若再换位观察,武术还更是一种非物质文化遗产,它们之中有的甚至还是濒危的非物质文化遗产。这一观察的结果不仅加深了对于武术本质的理解,而且也必然会拓展武术的实践内容,比如,对其挖掘、保护和抢救等。

1. 作为技击术的中国武术

武术是什么?从其外在的实践形态看,人们最容易想到的是“技击术”。

史前时代,在人类早期的生产、军事活动中,诞生了与生产、军事活动存在着直接或间接关联的原始技击术。之后的数千年间,在世界各地区、各民族,随着生产、军事经验的不断积累,技击术也在不断地演进、发展、成熟,从而在不同的

---

① 刘峻骧.中国武术文化与艺术[M].北京:新华出版社,1991:24.

文化背景下，形成了具有不同地域和民族特点的技击种类或派系。我们今天熟知的拳击、摔跤、剑道、相扑、跆拳道、柔道、空手道、泰拳等，只是世界技击术门类中的少数几个技击种类或派别而已。

中国也有自己的技击术——武术。在冷兵器时代，虽然这类技击术有着多方面的功能，但多半还是作为习练者个体的攻防格杀之术流行于社会。但是由于作为技击术的武术可杀人致命，对于统治阶级的统治存在着潜在的威胁，因而在中国历史上，从秦始皇到隋炀帝，经金元统治者，再到清代康熙帝，都曾明令禁止过民间的习武活动。

作为技击术的中国武术，存在于民间，以单打独斗为其本质特点。所谓单打独斗，即是单兵之间的对抗。单打独斗的民间技击术，“除了强调体能之外，更加重视的是进退攻防的招法，诸如搂打搪封、弹踢扫挂、崩炮刁拿、插撩搬搓、挤靠冲撞等等。”①在这样的搏击中，“个人技术的高超与平庸，个人意志的坚强与薄弱，个人胆量的勇敢与怯懦，个人心地的善良与凶狠就成了胜负的关键。”②

2. 作为体育项目的中国武术

在与西方体育的比对之下，不少研究者也把中国武术视为一个隶属于体育的项目（在有些情况下，也被笼而统之称为“体育”）。

第一次鸦片战争后，中国开始了半殖民地半封建社会的历程。从 19 世纪 40 年代到 20 世纪初期的几十年间，西方体育同中国的传统武术开始了正面接触。此后，一方面，武术依然继续作为技击术存在，而另一方面通过同西方体育的对比，也增添了一个作为体育项目的新身份。这是中国武术在性质上出现的一次巨变。

从现有的资料可知，中国传统武术作为体育项目看待始于民国时期的马良。马良的《中华北方武术体育五十余年纪略》一文，回顾了从 1873 年（清同治十一年）到 1924 年中国武术的开展情况。文中他将武术称作“体育”：“此乃我国社会古有之尚武精神，实一种自然之体育。”“地方以武术保其安宁，社会人民，以武术

① 张大为. 武林丛谈[M]. 北京：当代中国出版社，2013：127.

② 张大为. 武林丛谈[M]. 北京：当代中国出版社，2013：128.

为自然之体育。”①当时,国内正在进行的教育改革中,体育已经在国内学校兴起,学校体育内容是西方的普通体操、兵式体操和游戏等。基于武术的体育项目定位,马良在担任山西武备学堂教习期间,就曾创编武术教材用于体育教学。马良的武术教材因具有本土特色且实用性强而颇受欢迎。

到20世纪30年代,武术作为体育内容在小学站稳了脚跟。当时的教育部在《小学体育教授细目》中做了如下规定:“高年组除正课中必学习太极操外,其他简单易见之武术,亦可于课外选授之。或令对于武术具特殊兴趣之儿童,于课外另组团体学习亦可。”

武术不仅作为体育项目进入学校、军队,而且也成为全国大型体育运动会的内容,如1935年民国的第六届全国运动会便设有由男女运动员参加的国术比赛,除流行的国术以外,大会还特邀蒙古摔跤手进行蒙古式摔跤表演。

中华人民共和国成立后,也承续了武术作为体育项目的定位,在1961出版的《体育学院本科讲义·武术》中写道:“武术是以拳术、器械套路和有关的锻炼方法所组成的民族形式体育。”其中“民族形式体育”清楚地为武术作了“体育”定位。如今全国性的武术教材已有多种版本问世,虽然在不同时期对于武术定义的表述有一定程度的不同,但在其体育项目的属性上却无任何变化。

专家们对武术作为体育项目定性的原因也做过解释,武术与其他体育项目存在着共性:二者都是以身体运动为特征,也都有着强健体魄的共同价值。这正是今日武术归属于体育的基本条件。

正是基于武术的体育项目定位,武术被划归国家体育运动的职能部门——国家体育运动委员会(后为国家体育总局)管理。该部门接手武术管理工作后,主管了武术教材的编写(1961年的《体育学院本科讲义·武术》是其组织编写的第一部全国新教材)、主持学术活动的开展(如国家体委运动司武术科就曾出版了早期的《武术运动论文集》)、制定了《武术竞赛规则》(1959年的规则是国家体委最早指定的武术竞赛规则),再往后的几十年间,在武术竞赛的组织、项目的完善和改造等方面,全面承担了各项工作。

---

① 马良.中华北方武术体育五十余年纪略[J].体育与卫生,1924(3):9-10.

武术的体育项目定位，事实上并不是也不可能以体育的新身份代替武术原来技击术的存在，作为技击术存在的武术具有其相对的独立性和巨大的实用价值，它不可能因与体育挂靠而丧失其独立存在的理由。如前所述，在很多情况下，人们还需要作为技击术的武术来抗暴自卫，这是作为技击术的武术得以存在的硬道理。

尤其需要指出，中国武术虽然被视为一个体育项目，但是它同诞生于西方、以奥林匹克运动项目为代表的竞技运动项目是有重大区别的。康戈武写道："首先表现为武术兼有功法、套路、格斗三种运动形式，其动作素材具有攻防属性。武术的这三种运动形式，既各成体系，又相互交融，相互为用。武术的三种运动形式所体现的这些特征，是其他体育运动项目所不具备的。"①但是这仅仅涉及的是二者的外在差异，更为重要的是，中国武术是植根于中国传统文化基础之上的一种运动形态，其哲学基础理论是中国以气、阴阳、五行为其代表的整体论，其生理病理基础则是中医的经络、脏腑学说，这些与近代西方体育所赖以建立的以分解分析基础之上的还原论大不相同，这是区别作为体育项目的中国武术同西方体育的重要的内在差异。这种差异是二者的质的差别。

中国武术与国际流行体育运动之间存在着一些实践形式相似甚至相同的体育运动项目，但是由于武术具有较之国际竞技体育项目更为广阔的背景，因而除按现代国外流行体制设置的竞技套路、散打可以同西方项目存在着共同点外，从总体上说，武术项目同西方的竞技项目存在着根本的区别。

3. 作为文化现象的中国武术

在中国武术研究中，将武术文化作为一个新的理论问题提出，是继武术的体育定位之后对其本真特质的又一重要定性。

首先，武术具有传统文化的特征。21 世纪初，有作者写道："武术是一种文化现象，是华夏民族自己创造的独特的人体文化。武术是中华民族身体文化的一个突出表现，作为一种文化活动和文化现象，它依赖于中国文化的整体发展。"②

---

① 康戈武. 中国武术实用大全[M]. 北京：今日中国出版社，1990：3.

② 国家体育总局干部培训中心. 体育改革实践与战略思考[M]. 北京：北京体育大学出版社，2005：225.

这是由于，武术是在中华民族生生不息的文化摇篮中产生，并逐渐成长起来的，它不断汲取传统哲学、伦理学、兵学、医学、养生学等多种传统文化的养料，进而被深深地打上了中国传统文化的烙印。因此，人们常说中国武术“起于易、成亏医、附于兵、扬于艺”，是不无道理的。

正是从中国武术作为一种文化现象的观点出发，今天，在武术界还形成了这样的共识：仅仅把中国武术视为一个体育项目、一种专门技能，还远远不够，还不足以体现其丰富的内涵。对此，原国家体委主任伍绍祖就一直认为武术是“属于体育又高于一般体育项目”的运动形态，之所以高于一般体育项目，是因为武术具有更为深厚的文化内涵。”①这种文化内涵决定了武术与体育项目的区别。

也由于立足于传统文化的制高点上，中国武术赢得了世界的尊重。有不少西方中国武术爱好者不远万里来中国学习武术，他们显然并非是把武术当作一种与他们的体育性质相同的运动项目来接受的，而是将其作为异质的中国文化来学习和吸收的。比如原联邦德国的一些学者便是把武术当作一种中国文化吸取的。为了交流，他们甚至出版了专刊《武术与哲学》。这种学习态度，也同样存在于在法国、美国的武术爱好者中。

其次，武术也具有民间文化的特征。民间文化是相对于官场文化而言的老百姓的文化。武术作为民间文化存在，自然符合民间大众的需要和审美观点，尤其是在思想意识方面，很少受官方主导。武术思想理论为儒释道三家思想杂糅并存，正是千百年来民间文化的一个显著特征。

在历史的长河中，武术由于一直在市井游侠和村舍拳房中流传，而且它自先秦时代就从诸子百家中吸收着中华元文化的滋养，道家重生虚静和儒家的修身自强，墨子的兼爱非攻任侠行为，都在精神上促进着武术的发展。武术在不同的时代，都与俗行文化中保存的中华元文化相滋互润。

武术是最为普及的民间文化形式，因为它是大众最为广泛参与创造的民间文化形式。它生存的地域广阔，中原大地、边远山区、辽阔海疆都能找到武术的踪迹。它涉及的民族众多，除汉族外，苗族的“三十六攻”“七十二防”“三变五

① 伍绍祖. 中国武学之道 · 序，童旭东. 中国武学之道[M]. 北京：中国文联出版社 2012：1.

合”等功法；土家族的“背牛功”“撞树功”“臂风功”等；瑶族的“瑶拳”“双刀术”；景颇族的“双刀术”“单刀术”，藏族、蒙古族、德昂族、彝族、壮族、回族、满族等许多少数民族都有自己的武术。武术可谓无处不在，无族不有。各地的武术带有各个地方特色，各民族武术带有各个民族特点，这是广大民众参与的结果。

再次，武术也具有江湖文化的特征。武术作为江湖文化的最为突出的特征是组织的宗法制、关系网和神秘化。中国几千年的封建社会沿袭的就是宗法制度。武术流派的形成就是家族血缘宗法的产物，它的传承极讲世系，尤其是要用宗法制度将没有血缘关系的人纳入“家族”的轨道，从而实行切实有效地管理。在宗法制度之下，又通过拜师、结拜、入伙、结盟、交友等形式建立一个相对稳定的关系网，互相照应、互相提携、共谋利益。以此维系武术界——武林——武术人的生存空间。武术自从一千多年前深入民间后，尤其是在明末清初成为江湖社会的一部分。

最后，武术还具有通俗文化的特征。武术作为扎根民间大众的文化现象，具有大众的，通行的，习见的特征，也就是通俗文化的特征。这是武术能在民间大众、底层大众、农村大众、市民大众、文盲大众中广泛流传的原因之一。这一特征表现于：其一，在传授拳理拳法等方面广泛使用谚语、顺口溜、打油诗等通俗文学形式，以帮助习武者记忆、理解所学习的内容，帮助习武者在实践中应用。其二，在拳术发源、发展历史层面上，大量运用传说，神话、民间故事、古代名将，造成传奇效应，增强神秘感和吸引力。其三，在宣传武术文化的层面上，则是涌现大量通俗武侠小说，如《三侠五义》《小五义》等等。真实的武术与小说家的杜撰混杂一起，互相影响，互相促进，从而使武术更加丰富多彩，更加纷繁复杂，更加神秘莫测，更加通俗，更易于大众接受。其四，武侠文化是通俗文化的一部分。武侠受到社会瞩目是因为其崇德尚武的精神。传统武德讲究快意恩仇，也就是有恩必谢，有仇必报；讲究重承诺，即“黄金千两不如季布一诺”，要“言必信，行必果”；讲究重义气，即“为朋友两肋插刀”，可以做到“士为知己者死”。

武术文化具备了传统文化、民间文化、江湖文化、通俗文化的诸般特征，但归根结底是传统文化的特征。然而，并不是所有的文化现象都能世代相传成为传统的。有的文化现象只是一时的时尚，不能传之久远，那就不能称之为传统。像民国时中央国术馆创编的“满江红剑”,“文革”时的语录拳,与传统武术没有形成内在的精神连接链,自然也就昙花一现了。

传统文化有优有劣。劣质传统文化终究要被摒弃,那些有损健康,不科学的练功方法,那些已没有实用价值的搏杀技术,那些过于保守、神秘的拳种门派,那些制约武术发展的宗法制度,以及那些已没有时代意义的内容,在历史长河中逐渐无声无息了,这就是优胜劣汰,吐故纳新。

4. 作为非物质文化遗产的中国武术

从 20 世纪 80 年代起,随着“非物质文化遗产”概念在世界的出现、流行,中国传统武术又有了新的“非物质文化遗产”的新的定性,其中有部分项目更是被有些学者定性为濒危项目。

在人类非物质文化遗产思维向度和观察视野中产生的“武术非物质文化遗产”概念,为武术确定了一个崭新的认知领域,而一个崭新认知领域的确立,便意味着必然从学理上对其加以全景式的揭示与阐释,在此基础上也将直接关系到武术的实践,因此,武术非物质文化遗产问题的提出不仅具有理论价值,而且具有实践意义。

“所谓非物质文化遗产,即那些人类在历史上创造,并以活态形式传承至今的,具有重要历史、艺术、文化、科学与社会价值,足以代表一方文化,并为当地社会所认可的,具有普世价值的传统文化事项。”①继少林功夫、武当武术、太极拳(陈氏太极拳、杨氏太极拳)、沧州武术、邢台梅花拳、回族重刀武术、沙河藤牌阵等武术门派进入首批非物质文化遗产名录之后,峨眉武术、洪拳等也成为第二批国家级非物质文化遗产项目。

武术作为非物质文化遗产而必须加以保护(尤其是部分拳种已经到了几近消失的濒危地步,不仅应当保护,更须抢救),是与近代以来西方体育在中国传播的影响直接相关的。因受其影响,从 20 世纪 20 年代起,中国武术在现代化、科学化进程中,开始按西方体育竞技模式进行自我改造。当时,在进行这种自我改造初期,由此产生的负面影响还未充分表现出来,因而也未曾考虑过应如何保护自

---

① 苑利等. 非物质文化遗产学[M]. 北京市:高等教育出版社,2009:12.

身传统才不致在改造过程中丧失的问题。但是,从 20 世纪 50 年代起,特别是此后奥林匹克运动在中国的广泛地传播之后,按西方体育模式改建传统武术的风气有了更进一步加强,于是以竞赛为特点的套路武术成了武术内容中一个突出的部分。上一世纪 80 年代,散打运动又成为国内外武术比赛的基本内容。2004 年武术功力比赛也开始进行。传统武术正是在按西方体育项目改造的过程中,因未重视对传统特性的维护而丧失了自我。现在,在我国武术界的情况是:武术套路、散打、功力竞技武术已经成为武术的主流,部分传统武术已经濒危,亟待抢救和保护。

在此情况下,我们应对现代国际体育运动、现代奥林匹克运动有新的认识。一方面,它们在世界的传播和发展为各地区、各国家的友好接触和联系提供了一个重要的渠道,但同时也必须清醒地认识到,它们是在西方文化背景下产生的体育形态,是借助西方强势文化的世界性蔓延,在最近 100 多年间,主宰了全球的体育运动,并对世界各地区、各民族其他体育形态产生了巨大冲击和负面影响:为进入奥林匹克的项目群,世界各地区、各民族体育形态不得不放弃自身的特点,按照奥林匹克项目的要求进行自我改造,从而致使丰富多彩的民族传统体育文化形态或逐渐消亡,或被同质化为与奥林匹克项目相同的运动项目。中国武术正是在这样的情况下发生变化的,它们被列入“非遗”保护之列,从而得以在非物质文化遗产的保护、管理和合理利用的原则下存留下来,不致名存实亡。中国武术的民族文化基因的保存为遏止世界体育文化的同质化、单一化做出了贡献。

中国武术如何保护?保护什么?这是当前对于作为非物质文化遗产的中国武术的保护活动中必须明确的首要问题。我们知道,中国武术与世界其他技击术的共同特征是它们本质上都以技击为其基本特点,而又各具其个性特征。就中国武术而言,其技术训练体系是由功法、套路、拆招、喂手、散手等环节所组成,其哲学基础和生理基础则是气一元论、阴阳五行理论,是经络学说、脏腑学说,以及实践过程中的“以巧斗力”的技击原则等,这些都是传统武术鲜明的个性特征,只有保持住这些个性化的特征,中国武术才是中国武术、要不作为非物质文化遗产的中国武术就徒有其名而并无其实。

三、中国武术不是什么?

然而要认清中国武术的本质,还不能仅仅停留于“中国武术是什么”的问题上,还应当进一步深入讨论中国武术不是什么的问题。

1. 不是军旅武艺

作为技击术的武术与军旅武艺存在着密切的关系。于志钧先生认为古代战争使用的兵器、搏斗技术和训练方法、战略战术对武术都有着重大的影响,但武术并不加以全盘照搬,武术有自己的理论原则、兵器选择、目的任务、练习方法和实战技术①,即是说作为技击术的武术同军旅武艺是有差异的,甚至是有本质区别的。

纵观历代战争,军旅武艺从来都是以集团搏杀为特点的整体技艺。军旅武艺的功能只有一个——格斗,虽然有武艺出众之将,也有武艺出众之兵,但他们的武艺并非战场胜败的关键(当然不否认将军的谋略对战争的胜败具有决定性的作用),战争的胜负靠的是集团作战时士卒同进共退的集团行动,千百人,乃至数万人一起行动,因而搏杀技术讲究简单实效,一招毙命,容不得周旋数十回合,只需砸打、刺戳、劈砍等几个招式。在集团对垒的军阵中,依靠个人突出的武技多半会适得其反②。关于这,戚继光在其《纪效新书·或问》中写道:

> 开大阵、对大敌,比场中较艺、擒捕小贼不同。堂堂之阵,千百人列队而前,勇者不得先,怯者不得后;丛枪戳来,丛枪戳去,乱刀砍来,乱杀还他。只是一齐拥进,转手皆难,焉能容得左右动跳?一人回头,大众同疑;一人转移寸步,大众亦要夺心,焉能容得或进或退。③

这正是作为技击术的武术区别于军旅武艺的根本特点。当然,并不意味着单打独斗的武术对于战争就已不再重要。事实上,近代以来,在火兵器进入战场

---

① 于志钧. 中国传统武术史[M]. 北京:中国人民大学出版社,2009:8-9.

② 张大为. 武林丛谈[M]. 北京:当代中国出版社,2013:125.

③ (明)戚继光著. 纪效新书[M]. 北京:中华书局,1996:6.

之后,武术在军事活动中逐渐丧失了从前的重要性,但是在战场上它的重要作用,却仍然不容忽视。孙中山先生就十分重视武术,他在《精武本纪·序》中批判了"有了火器发明,中国拳术和刀、枪、剑、棍之类便失去了作用的说法",写道:"概自火器输入中国后,国人多弃体育技击而不讲,从而社会个人积弱愈甚。不知最后五分钟的决胜,常在面前五尺地,短兵相接之时"①。直至今天,在我们社会,作为技击术的武术——主要是拳术,仍然具有极大的实用价值。从当前网上广招学员武术培训班,以及不断有关于擒拿术之类的书作问世,就说明时代还需要技击性武术作为自卫抗暴的防身手段。董如军将峨眉拳推广到武警训练中,便是极好的说明。

2. 不是花拳绣腿

作为技击术的武术也不是花拳绣腿。在中国武术活动中,从古至今都有一股追求形式浮华的风气,受此风气的影响,形成了被时人称作"花拳绣腿"的拳套。张大为先生说,所谓"花拳绣腿"就是好看却不实用的拳套存在。于志钧先生也有类似的表述,他将"花拳绣腿"称作"花架子",是与"真功夫"相对的一个概念。

花拳绣腿拳套的出现,是"受旧时卖艺人的影响,有商业化的倾向,只'图取欢于人','图人前之美观',博取彩头,因此,过分追求姿势的美帅和技巧的高难,过分追求艺术性和观赏性,而忽略动作的技击性、实用性。拳套中缺少踢打摔拿的技击招法,充斥着奔跑、跟头、亮相以及一些戏曲、舞蹈、体操、杂技动作。"如有醉拳套路的演练,"只强调一个醉态,突出一个翻跌,却忽视醉拳的地躺技击特点,看不出腿的搂抱之法、勾挂之力、折扣之能,也看不出就地十八滚的招式,就只能使人感到那是一种醉态的技巧运动。"②象形拳也是如此,演练者仅注意动物飞禽的造型,模仿动物飞禽的动作叫声,而不去体现动物飞禽捕猎争斗的技击特点和方法,事实上他展示的是象形舞蹈③。

那些仅为锻炼身体而习武的人,那些为了增加文艺表现手段而习武的文艺

① 陈铁生编. 精武本纪[M]. 精武体育会,1919:1.

② 张大为. 武林丛谈[M]. 北京:北京:当代中国出版社,1999:131.

③ 张大为. 武林丛谈[M]. 北京:北京:当代中国出版社,1999:131..

界人士,他们忽视了武术本身的技击性,只注意到了武术的艺术性和健身性。这一类武术练习者只会套路,不懂技击,表演起来威风漂亮,一经交手百窍不通,有人甚至连套路中的架势如何拆解也不明白。这样的习武者丢掉了武术最本质的技击价值。他们所玩的,行内人称之为"花拳绣腿"似也不为过①。

作为技击术的武术,突出的特点无疑是其击打的技术和攻防的目的。仅以徒手练习的方法而论,便有踢、打、摔、拿、击、刺等技术动作。这类技术动作的大量存在,并以攻防为其实践的主要目的,使得作为技击术的武术具有极强的排他性,以致与舞蹈、杂技等呈现出质的不同。但是,在中国传统养生文化的极大影响下,中国武术在漫长的发展历程中,……也在由技击之术的单数功能向养生之术、健身之术演化,因而,近年古代的"易筋经""八段锦"等气功功法,也被现代武术归类于武术的范畴②。本读本也从此例。

3. 不是舞蹈艺术

古代武、舞相通,中国舞蹈自创始之初,就与武术有不解之缘。它们是东方人体文化中的一双孪生姊妹,共同经历了漫长的互滋互润、共荣共枯。中国武、舞不分持续了很久,先秦古籍中常常可见"武"字和"舞"字互相通假的情况。《诗经·维清》小序说:"维清,奏《象舞》也。"在《礼记·仲尼燕居》中说:"升堂乐阙,下管《象武》。"这里的《象舞》和《象武》,郑玄的解释是一样的,可见武字本身就有作舞之意。这种情况在古文献中十分常见。

这种情况一直延续到今天。20 世纪 50 年代至今,中国舞蹈工作者就有人习武术,在 1990 年中国艺术研究院与中国武术研究院联合召开的"武术与文化艺术座谈会",新舞蹈艺术的先驱吴晓邦老师更热情地说:"中国舞蹈一半是武术。"这是由于武术同舞蹈有着共同的物质载体——人的身体是其主要的艺术表现工具,甚至在动作形态和活动功能上,武术的套路运动同舞蹈都有着明显的相似处,武术同舞蹈都有健身的功能,但是,二者存在着质的区别。

舞蹈的基本特征,是无论怎样发展变化,舞蹈都必须坚持"舞蹈是以人体为

---

① 张大为. 武林丛谈[M]. 北京:北京:当代中国出版社,1999:131..

② 支川著. 中华武术文化概论[M]. 北京:清华大学出版社,2015:86.

中介的动态艺术”的根本点（罗雄岩，2006），而艺术，一般被理解为采用提纯、编排、夸张等手法来表现现实生活，并表达舞蹈创作者和表演者思想感情的行为。艺术的载体即是艺术品。由于舞蹈是作为艺术品的舞蹈存在的，因而应当固守以下特征：

（1）舞蹈作品中的舞蹈动作也要具有一定的技艺性，舞蹈演员要具备跳跃、旋转、翻腾、柔软、控制等高难度的技巧能力，但是，人体动作必须艺术化，即是经过提炼、加工、编排、抽象后的动作；作为一种舞蹈，鼓舞是通过节律化，造型化和表情化的人体动作来塑造艺术形象，表达思想感情。

（2）舞蹈的主题是舞蹈作品中表现出来的主要思想内容。其中有的比较鲜明，如多数表演性舞蹈；有的则只是以舞蹈形式出现的某种情感、情绪的表现，不一定有明确的主题，如许多民间舞蹈。体现人与自然、人与社会、人与人之间以及人自身内部的关系，展示出可被人感知的生动的舞蹈形象，以表达舞蹈者的审美情感、理想，反映生活的审美属性。这是作为技击术的武术无须追求的。

（3）与武术存在着质的区别，其根本点在于舞蹈作品中表演高难度的技巧动作本身不是目的，而是一种表现人物思想感情、塑造人物性格和精神面貌的一种手段，并不以追求技击的效果为己任。

4. 不是杂技技艺

武术同杂技有着共同的物质载体——完成活动的技术动作和艺术动作的人体；武术同多数杂技项目一样，是以人体的肢体动作为主要表现手段，但二者的技术动作和实践目的却并不相同；武术突出的特点是完成击打动作和实现攻防目的，仅以徒手练习的手段而言，便有踢、打、摔、拿、击、刺等技术动作。这类技术动作的大量存在，是旨在实现习练者的攻防目标。这就使得作为技击术的武术具有极强的排他性，而不像杂技那样以表现一般人难以达到的高超的、甚至惊险的动作技巧为旨归。另外，杂技是一种表演艺术，演员有时也扮演某种角色，还要带有一定的表情，而且要通过高难度的技巧表演，表现出一种正向性的勇敢、紧毅、智慧的品格力量。因此，杂技具有更多的观赏性和娱乐性，并能使观众获得不同于技击术的武术给人产生的审美感受。

5. 不是体操运动

作为技击术的武术，不仅不是舞蹈，不是杂技，也不是体操。西方体育运动中的竞技体操、技巧运动等项目与中国套路武术都具有通过肢体形态变化，展现形式美的共性。但体操、技巧运动等项目的动作，强调通过人体素质的高度发展，以及动作的不断锤炼，以达到动作美感的充分展现。而武术套路动作则不同，康戈武在《中国武术实用大全》中说：武术套路动作是“在武术的攻防属性和中国传统的内聚含蓄等思想的规范下，强调动作要开中有合。”竞技套路虽然是参照西方体操设计出来的，但是二者仍然存在着质的区别。著名武医杜自明生前就武术练功和体操差异曾有过精辟的阐述：“练功有别于目前之体操，有其独特之要领。如不按规则进行，专注外表姿势优美，实际并不能真正收到练功之应有效果。”①

四、中国武术的沿革

1. 武术的起源

早在原始社会，武术就已经伴随早期人类的生产和生活活动，萌生出原始的形态。在旧石器时代，人们在与野兽、在彼此之间的争斗中逐渐学会了徒手或使用木棒和石块等器具击打的方法，于是就产生了拳打、脚踢、躲闪、跳跃，以及持物击打等格斗技能。

在崇拜图腾的宗教活动中，出现了模仿动物图腾的特长，以期战胜敌手的意识和行动，这类活动正是后世一些涉武行为的胚胎。

在花山岩画、阴山岩画、沧源岩画等史前岩画中还清楚保留了当时中国境内早期人类练习使用棍棒、弓箭的场面。

《史记》《山海经》等大量古籍描述了史前部落间的战争，在众多传说中，蚩尤被尊为“战争之神”，并且是许多武器的发明者。从《世本》《龙鱼河图》《述异记》可知，蚩尤铜头、铁额，耳鬓如剑、戟，头有角，与轩辕斗，以角抵人，人不能向。曾作“五兵”——戈、殳、戟、酋矛、夷矛。这些记述表明原始战争不仅有力地促进

---

① 杜自明. 中医正骨经验概述[M]. 北京：人民卫生出版社，1960：8.

了兵器的制作,而且也催生了徒手的擒、拿、摔、打等早期的战斗技能。

2. 先秦时期的早期武术

先秦时代,是武术发展的一个重要阶段。武术活动开始从军事、生产活动中分离出来,具有了相对的独立性。从《礼记》《汉书》可知,这时的角力既用于“练精材”的教育工具,又是重要的“戏乐”手段。

“技击”一名,在春秋战国时已经流行。战国荀子著《荀子·议兵篇》就已有“齐人隆技击”之说。对于其中“技击”概念,唐代学者杨倞注曰:“齐人以勇力击斩敌者,号为技击”。

当时成童操练的“象舞”,也称“象武”,属武舞,属程式化固定的动作组合。有研究者认为这是后来以动作组合为其特点的武术套路的先声。

春秋战国时期,随着社会关系的调整,民间习武之风盛行,出现了一种“以武犯禁”的“侠”的特殊社会群体,他们精习武艺,民间武术因他们的出现在技术上更趋成熟,更为多样化。这些人言必信、行必果、扶危济困、重义轻生,颇受当时社会的赞扬。

随着制剑技术水平的提高,剑术技艺也进入一个高峰时期。当时已出现了依附权贵的具有职业性质的斗剑士;而且产生了庄子《说剑》这样高水平的剑术理论。另据《吴越春秋·勾践阴谋外传》载:“越有处女,出于南林……越王乃使使聘之,问以剑戟之术。”越女的一番回答,把剑术中的动与静、快与慢、攻与防、虚与实、内与外、逆与顺、呼与吸等矛盾讲解得清楚深透,说明当时剑术确已发展到相当水平。

这一时期,角力倍受重视,因为它被认为是掌握其他兵器的基础功夫。当时,检验角力水平高低的,是由相搏比赛的结果来判断。相搏时,拳打脚踢,连摔带拿,凡以巧斗力制服对方就算得胜。《庄子·人间世》谓“且以巧斗力者,始乎阳,常卒乎阴,泰至则多奇巧”便记叙了这种情况。据《礼记·王制》:“凡执技论力,适四方,嬴股肱,决射御。”表明已出现了一些角技形式。相搏成为比赛的一种形式,表明当时拳术已经发展到较高水平。

这一时期问世的《孙子兵法》和《周易》两部著作对于武术的发展产生了深远的影响。《孙子兵法》的军事哲学思想、战略思想和战术思想,对武术格斗理论的形成起有重要作用。而《周易》也为武术理论的形成提供了阴阳、动静、刚柔等理论素材。武术的两个著名拳种“太极拳”和“八卦掌”甚至就源自《周易》中“易有太极,是生两仪,两仪生四象,四象生八卦”的名句。

3. 秦汉两晋南北朝时期的武术

秦汉到两晋南北朝是古代武术发展的一个高峰时期。

虽然为了防止民众叛乱,秦尽收天下兵器,这极大地遏制了民间习武活动,然而为了镇压叛乱,秦兵兵器却又极为精良。秦兵马俑坑出土的青铜兵器,制作精良,种类齐全,包括弓弩、戈、矛、戟、殳、剑、钩等,分属当时冷兵器时代远射、长兵和短兵三大类。西汉,刀开始代替剑的使用进入实战,剑脱离战阵,成为侠士和神仙们的重要符号。

先秦时代的角力,这一时期已更名为“角抵”。刘邦建汉之初,曾一度禁止角抵,汉武帝时,因其喜好和提倡,角抵又开始盛行。这时角抵与杂技、舞蹈,魔术等技艺活动统归入“百戏”之中,而且因角抵的地位重要,百戏也称“角抵戏”。角抵到两晋开始再改称“相扑”,以后角力、角抵、相扑不时互用。角力更多地用于娱乐与表演,还出现了专门从事“角抵”的艺人,他们的比赛逐渐成为宫廷的娱乐之一项目。

“武艺”一词最早见于三国时期。《三国志·刘封传》载,刘封“有武艺,气力过人”。这表明“武艺”已经开始使用,内容包括徒手和手持器械的攻防格斗与套路技术,含角抵、手搏、剑术、刀术、长戟与手戟、戈、矛、殳、斧、大刀、狼牙棒、弓、弩诸项。“武艺”一词产生后,一直沿用至今。

这时期,练功开始盛行。汉时,练力的手段是举鼎,自晋以后,举铁杠成为练力的重要方式。除练力外,攀登爬越和弹跳等也受到武术习练者的重视。这一时期,武艺高强者还将奔跑、飞檐走壁等功夫列为练习内容。据记载,劲力、弹跳、速度三者在当时的练武过程中已成为不可忽视的练习内容,它们被视为造就武艺人才所需的基础素质。

两晋武术的发展中最为重要的一步是出现了程式和套路。这是由于当时不仅已经积累了相当丰富的技击经验,而且大量攻防格斗技术的动作精华已被提炼和总结出来。这类武术程式与套路有时以“舞”的形式进行成套性练习或表演,“舞”中加进了不少“花法”动作,或回旋,或抛接利器,武术表演因此而更显惊险。这时期还产生了一些理论成果,《汉书·艺文志》有《手搏》六篇,列于兵技巧十三家之中。

4.隋唐五代时期的武术

我国封建制度在隋、唐、五代进入高度完善阶段,封建经济、文化的高度发展为武术的繁荣打下了基础。

这一时期由武则天所创的武举制,考试内容有长垛①、骑射、步射、马枪、举重、才貌,主要用以考察身体条件的内容以及语言应对能力。武举制是对冷兵器时代军事人才的基本素质要求,对后世武术发展有着极大影响。

角抵虽在隋文帝时一度被禁,但从隋炀帝以后,又再度复兴,唐时成了宫廷娱乐活动的新宠,玄宗、宪宗、穆宗、敬宗、文宗、武宗、僖宗、懿宗、昭宗,都对角抵表演着迷。之后,五代十国的君王好角抵者也不在少数。隋唐五代,在节日庆典期间,民间也十分盛行角抵。《续文献通考·乐考》记载了当时的角抵场面:“角力戏,壮士裸袒相搏而角胜负。每群戏既毕,左右军擂大鼓而引之。”《唐音癸签》也载:“凡陈诸戏毕,左右军槌大鼓,引壮士裸袒相搏较力,以分胜负。”

唐代击剑与剑舞十分流行,宫廷中的另一种剑舞形式就是“剑器”舞,著名诗人杜甫还留下了一首《观公孙大娘弟子舞剑器行》的诗。

武术从戏曲、舞蹈的演练技巧和手、眼、身法、步法等表现形式中吸收了不少动作或元素,从而发展了武术套路的演练艺术效果。尽管从技击或军事观点来看,套路的演练被人认为是“花拳绣腿”,与冲锋陷阵、杀敌制胜关系不大,但因有健身、娱乐之效,群众乐意接受,所以套路逐渐脱离军营而走向了民间,并且成为一个民间重要的健身、娱乐项目。

唐代的军中长兵,以枪为主。据《唐六典》卷十六记载,唐代的枪分漆枪、木枪、白干枪和朴头四种。据说漆枪短,是骑兵使用的,木枪长,为步兵所用;其余两种为皇朝禁卫军所用。由此可知,较之两晋南北朝,唐代的枪技已经有了较大进步。到了五代时期,还出现了一些善用铁枪者。随着枪技的发展,唐代还出现

① 长垛,即布帛制成的箭靶,被置于一百零五步处,上画有五环,考试者对其连射30发。

了“避枪”和“夺枪”的技能，以及“空手入白刃”的高超武技。

少林武术显名也始于这一时期。少林武术源于中国古代的技击术，起始于北魏，形成于唐代，是一项综合的武术体系，是最具代表性，最具文化内涵，最具宗教文化底蕴，最具权威性，又最具神秘感的中国武术流派。少林武术集北派武术之大成，融外功与内功为一体，刚柔相济，独具风格。

5. 宋元时期的武术

在宋代，社会的物质文明和精神文明已达到前所未有的高度，这为武术的发展奠定了基础。在此后的90多年间，虽然元王朝曾多次下令，禁止汉人收藏兵器、制造兵器，甚至不许练武、打猎，武术的发展因此受到了极大制约，但在民族大融合背景下武术却得到了广泛的交流，武术也因而更加成熟。

宋代已经有了关于套路的正式记录，据《梦粱录》卷二十所记：“瓦市相扑者，乃路歧人，聚集一等伴侣，以图标手之资，先以‘女飐’数对打套子，令人观睹，然后以膂力者争交。”宋代，在相扑表演之前，让“女飐”按一定程式进行的打“套子”表演，与武术套路已经十分接近。

角抵相扑，在宋代又称“争交”或“角力”，其形式仍是沿承前代，既有散打，又有摔跤。宋、金、辽朝廷内，亦名“内等子”，每逢圣节、御宴、朝廷大朝会上便有内等子的摔跤大赛。

宋代还出现了以姓氏冠名的枪法，如李全、杨妙真夫妇的“李铁枪”，以及“梨花枪”“杨家枪”等。

棒术在宋代以“使棒”之称广行于世，在江湖游民或绿林豪杰中，“使棒者”最为常见。宋代还出现过棒技公开擂台赛。《杨温拦路虎传》中就较为具体地叙述了东岳泰山的一场使棒擂台赛。

这一时期，在封建宗法制度的影响下，农村村民以“社”“堡”“山寨”形式组建了武艺组织。在乡社基础上建立的弓箭社，当时遍及河北北部广大地区，人数之多、范围之广都非前代可比。这类组织的规模虽然较小，但其活动与生产劳动相结合，很受民众欢迎。农村武艺组织的出现，对于推动武术在民间的广泛开展和水平的提高都发挥了积极的作用。与之同时，由于商品经济活跃，人口大大增加，城市的武艺组织也有所发展。一些以健身娱乐为主要目的的武艺团体，相继成立,如在南宋都城临安府(今杭州)就曾出现了争交的“角抵社”“相扑社”,射弩的“锦标社”“射水弩社”“川弩社”“射弓踏弩社”“川弩射弓社”,使棒的“英略社”等。这类社团,每社“不下百人”,其成员也因社不同而异。如主要由武士组成的“射弓踏弩社”,便要求入社者“能攀弓射弩,武艺精熟,射放娴习”。

公元九世纪后期问世的《角力记》,记载了我国从春秋战国到五代十国的摔跤历史,《宋史》卷二〇六《艺文五》记有调露子《角力记》一卷。周伟良认为:“调露子大约是五代末宋初时人,书中所记的内容,基本是五代以前之事。有关我国古代的徒手技击术,《汉书・艺文志》中曾有前述《手搏》6篇,但早已佚亡,因此,《角力记》是有关这方面目前所能见到的第一部著作”①,其地位也因而极为重要。《角力记》中还记载了古代摔跤的规则:只能是两人徒手互相角力,凡双方之中有一人使用兵刃,对抗便不能算作摔跤,此外,摔跤赌胜,双方均不得有他者相帮,即使在两军阵前搏斗,双方将士也不可协助。

6. 明清时期的武术

中国古代武术在明清时期进入发展史上的鼎盛阶段。

明代以前,武艺包罗万象,内容庞杂。明清之际最终确定了武术“十八般武艺”的总范围,列出了具体内容,并确立了武术的基本内容由套路技术,武术功法,技击对抗三个部分构成。

这一时期,武术理论研究方面取得了重大收获。有关武术的著作大量出现,反映了武术的巨大发展,标志着武术的日益成熟,也是武术体系形成的主要标志。在大量的武术著述中,既有武术理论研究,又有具体的技术动作;既有帮助记忆的大量歌诀,又有不少动作图示、动作路线图。这些成果为武术的传授、交流创造了必要条件,直到今天它们还是我们研究古代武术的重要文献。明清两代,中国传统武术的基本理论体系,是在这个时期形成的,由此也铸就了中国武术的基本特征。中国古典哲学同武术文化都产生于远古时代,虽然哲学对于武术的形成和发展有着巨大的影响,但是二者并未完全达到融汇的地步,而这一时期唐顺之《武编》、王宗岳“太极拳论”的出现,标志着中国古典哲学文化与武术

① 周伟良.中国武术史[M].北京:高等教育出版社,2003:4.

文化的契合已经上升到新的境界。而且由于王宗岳的拳论是建立在相当成熟的文化成果基础之上的拳技理论，因而是古代武术理论中的经典之作。

明代，拳的地位得到了确定。戚继光在《纪效新书》卷十四《拳经捷要》中说，拳是武艺之源。“大凡拳、棍、刀、枪、叉、钯、剑、戟、弓矢、钩镰、挨牌之类，莫不先由拳法活动身手。”而且，随着拳法地位的不断上升，拳种也在大量涌现。从戚继光的《纪效新书》卷十四《拳经捷要》所记情况看，当时社会流行拳种十分丰富，竟然有宋太祖三十二势长拳、六步拳、猴拳等16家之多。而长期生活于江南因而对南方拳种比较了解的郑若曾在《江南经略》卷八《兵器总论》中则列有以南方拳种为主的另外十一家：赵家拳、南拳、北拳、西家拳、温家钩挂拳、孙家披挂拳、张飞神拳等。其中有流传至今的“南拳”。入清后，各地新出现的拳种更为繁多，诸如太祖拳、少林拳、梅花拳、八卦掌（拳）、形意拳、太极拳、洪拳等在当时就已经亮相现身。

功法习练的进一步发展，使得气功与武术在明代发生交融。唐顺之的《峨嵋道人拳歌》中已有“百折连腰尽无骨，一撒通身皆是手。……余奇未竟已收场，鼻息无声神气守”的描述。雍乾时的《六合拳谱》中提出了“气与力合”的主张。乾隆时的苌乃周更是在他的《苌氏武技书》中明确认为，习武者必须“练形以合外，练气以合内”，否则习武“欲入元窍，必不能也”。

明代唐顺之的《武编》、俞大猷的《剑经》、戚继光的《纪效新书》、程宗猷的《耕余剩技》、明末清初吴殳的《手臂录》，清初学者黄百家的《内家拳法》、乾隆年间的苌乃周的《苌氏武技书》、王宗岳的《太极拳论》和《十三势解》（又名《太极拳释名》）、旧题张孔昭撰，曹焕斗注的《拳经 拳法备要》，反映了明清时代武术理论高度发展的状况。

余水清对这一时期武术著作这样评价道：“自明清始，武术论作的大量出版问世，标志着中国武术的发展进入到一个崭新的阶段。从拳学至刀、枪、剑、棍等兵械技术都有广泛、全面而且系统的论述；从习练方法到技击原理的论述更为丰富多彩、各成一体；从图形到文字、口诀更加详尽、生动。明清武术典籍标志着一座里程碑，在武术的发展过程中起到了承上启下的重要作用，是中国古代武术走向成熟的必然产物。"①

习拳练武与宗教结社结合，是清代武术开展的一大特点。如清初顺治二年（1645），在山西朔县一带的善友会秘密宗教结社，便是一个习拳练武的组织，会众大都是娴习枪刀弓矢的农民。康熙以后，此种情况更为多见。山东、河南等地的白莲教、天门教、神拳，其会众不仅持有兵器，而且"会打把式"。各地习教与习武的结合现象成为推动民间拳械传播的一个重要途径。

7. 民国时期的武术

在民国半殖民地、半封建社会的时代，武术的开展在很大程度上因受到当时落后的政治、经济、文化、教育条件的制约而不能正常发展，然而在"振兴武术，国术救国"的呼吁之下，武术仍呈现出发展的势头。

20 世纪初，马良创编了新武术，这种新武术是以传统武术为素材，仿效兵式体操操练的一种新的实践形式，其传授方式也比较适宜团体操练与教学，因此为学校武术提供了一种较为可行的形式，并为传统武术的近代化转型作出了有益的尝试②。

继新文化运动之后，中国又发生了几次有关西学的争论。受争论的影响，在中国当时的体育领域，尤其是武术界，也掀起了"土洋体育之争"。人们把刚刚传入中国的近代西方体育称作"洋体育"，把产生于本土的、以武术为代表的民族、民间体育称为"土体育"，围绕两种体育孰优孰劣的问题，展开了一场旷日持久的争论。虽然体育的土洋之争并未能够从理论上真正解决中国体育道路的选择问题，但是客观上却在一定程度上推动了民族、民间体育，尤其是武术的开展，对于当代武术改革和发展原则的选择都具有启发价值。

民国年间，随着武术活动的发展，民间出现了许多拳社组织。如 1935 年前后，仅上海一地便有武术组织 20 多个，除 1910 年成立的"精武体育会"之外，还有"上海中华武术会"（1919）、"致柔拳社"（1926）、"武当太极拳社"（1926）、"汇川太极拳社"（1927）、"南德武术研究社"（1928）、"尚武国术研究社"（1930）等。

---

① 余水清. 中国武术史概要［M］. 武汉：湖北科学技术出版社，2006：138—139.

② 周伟良. 中国武术史［M］. 北京：高等教育出版社，2003：109.

但在这一时期，影响最大的却是国民党政府于 1927 年在南京成立的中央国术馆。该馆不仅组织过一些规模较大的武术表演活动，如 1929 年在杭州的国术游艺大会，而且举办了武术考试，培训了武术师资，创办了多种武术刊物，编写、出版了多种武术著作，派员巡回各省、南洋各国宣传武术，还组队赴 1936 年柏林奥运会参加表演等，为推动武术的发展，扩大武术的宣传，是世界了解、认识中国武术，起到了积极作用。

在国民党政府统治时期，武术被冠以与西方体育相对的“国术”之名，既列入大、中学校体育课内，又列为规模较大的运动会的比赛项目。

民国时期，出现了大量的武术研究成果，有不少具有较高的学术价值。它们可分为四类：或借易理阐发拳械理法，或传承整理传统拳械或依考据探求武术源流，或参西学普及拳术运动①。其中，陈鑫的《陈氏太极拳图说》以图文并茂、歌诀示要、技理并呈见长；孙禄堂的《八卦拳学》是八卦拳（掌）领域问世最早，初版无多余之语，一字千钧的上乘之著；毓慧的《八卦转掌汇览》保留了八卦掌理论和诸种掌法、器械套路及技击手法；万籁声的《武术汇宗》对各门各派的练习方法给予了详尽透彻的阐释。这些武术著作因其质量甚高而受业界重视，至今仍未丧失其学术价值。值得特别提出的是，武术史家唐豪从上一世纪二十年代末起的研究，为武坛扬弃附会玄虚之说，提供了依据，为现代中国武术史学科打下了基础。

8. 中华人民共和国的武术

1949 年，中华人民共和国成立，从此中国武术运动进入了一个新的发展阶段。

武术，作为我国优秀的文化遗产，深得人民政府的重视，但是它毕竟是产生、形成于中国封建社会环境中，因而也必然打上旧时代的烙印。武术活动中的宗派门户之见、仙传神授之说、陈规陋习之弊，直到新中国成立后相当长一段时间还见于武术运动的各个领域。这些不良现象若不加以及时消除，新中国的武术运动就不可能健康、顺利地发展。1950 年，新中国的第一个体育管理机构——中

---

① 国家体委武术研究院. 中国武术史[M]. 北京：人民体育出版社，1997：358.

华全国体育总会，在北京召开了武术座谈会，针对武术领域存在的上述各种错误问题，共和国新的体育领导者进行了批评，并指明了武术运动的社会主义性质和为人民健康服务的发展方向，使武术开始沿着正确的方向发展。

在中华人民共和国成立之初，1953 年，在天津举行了以武术为主要内容的全国民族形式体育表演竞赛大会，大会显示了中国共产党和人民政府对于传统武术的重视，极大地鼓舞了整个武术界。1956 年，中国武术协会在北京成立，这一全国性群众体育社会团体将对推动武术运动发展，促进武术运动普及和技术水平提高发挥积极的作用。1957 年，武术被列为体育竞赛项目，这对武术的推动具有实质性的意义。1979 年，国家体委《关于发掘整理武术遗产的通知》下发，在各地体委和武协的共同努力下，经过几年的努力，查明了全国"源流有序、拳理明晰、风格独特、自成体系"的拳种达 129 个，许多濒临失传的拳技和资料得以挽救和整理，为武术的继承和发展，为抢救武术遗产做出了重要贡献。

1982 年 12 月在北京召开的第一次全国武术工作会议，这是继 1950 年中华全国体育总会在北京召开了武术座谈会之后的一次重要会议。会议总结了中华人民共和国成立以来武术工作的经验，提出了当前武术发展的方针、任务和措施。这次在新形势下召开的武术会议，为推动武术运动的未来发展起到了重要作用。值得特别一提的是，在这次会议上，做出了"武术要开展国际交流，积极稳步地向国外推广"的指示，武术运动国际化的方向已经清洗地呈现出来。

武术是民族的，也是世界的。传统武术走向世界一直是中国武术发展的一个目标。1960 年，中国武术队出访了前捷克斯洛伐克，这是在社会主义和资本主义两个对立阵营时代，中国武术家们对社会主义友好国家的访问。当然这还不能说是真正意义的走向世界，直到 20 世纪 80 年代以后，武术才开始实质性地迈入国际体育舞台：1985 年 8 月，第一次武术国际邀请赛在西安举办，赛会期间成立了国际武术联合会筹备委员会。该组织的成立是武术发展的历史性突破——从此国际武术运动走上了有组织的发展阶段。

1987 年日本横滨举行了第一届亚洲武术锦标赛，意味着武术已成为一个正式的国际比赛项目。1990 年 10 月，国际武术联合会（简称国际武联）在北京成立，这是中国武术走向世界所迈出的重要一步，1991 年，第一届世界武术锦标赛在北京举办。目前,国际武术联合会拥有成员协会 142 个,国际奥委会已正式承认了该组织。在 2008 年,经国际奥委会特批,武术比赛成为北京奥运会期间举办的一项国际性武术赛事。

20—21 世纪之交,保护、抢救非物质文化遗产运动在中国兴起,2006 年,经中华人民共和国国务院批准,由文化部确定并公布了第一批国家级非物质文化遗产名录。少林拳、武当拳、太极拳等拳种,进入了名录。2008 年 6 月 14 日,本书介绍的峨眉武术也进入第二批国家级非物质文化遗产名录之中。国家级非物质文化遗产地位的确定,为包括峨眉武术在内的传统武术的保护、管理和合理利用提出了新的要求。

五、中国武术的内容结构

当代中国武术拳种、门派的内容结构是在传统基础上发展起来的,从运动形式看,包括套路运动、技击运动、功法运动三大类。

1. 套路运动

套路运动,也称“武术套路”,古时也称之为“拳法”,如明代戚继光即用此称。该运动是现代武术运动的三种主要运动形式之一,是依据武术“攻守进退、动静疾徐、刚柔虚实等矛盾运动的变化规律编成的整套练习形式”①,是一种具有相对稳定性的程式化锻炼形式和表现形式②。中国武术各家各派都有其标明自己门派特色的武术套路。

相对稳定性的程式化锻炼形式和表现形式,最早见于西周的军队训练和武舞,晋代乡间已经出现的“双刀”和“走戟”练习,可能与后来的武术套路有一定关联。两宋以降,娱乐场所还流行一种使拳、弄棒、耍棍、踢腿、舞刀剑枪的卖艺表演,这种表演性武术与古称拳法的武术套路不同,被军人讥之为“花拳绣腿”。戚继光便反对这种花拳绣腿,但却不反对拳法,认为拳法虽“不甚预于大战之技,然活动手足,惯勤肢体,此为初学入艺之门也。”③他看中拳法的原因在于,拳法是

---

① 全国体育学院教材委员会审定. 武术[M]. 北京:人民体育出版社,2007:5.

② 康戈武. 中国武术实用大全[M]. 北京:今日中国出版社,1990:27.

③ (明)戚继光. 纪效新书[M]. 北京:中华书局,1996:165.

一种妙不可言的身体习练活动,“而其妙也,颠番倒插;而其猛也,披劈横拳;而其快也,活捉朝天;而其柔也,知当斜闪。”①因此他也曾创三十二势长拳套路。

戚继光还对习练拳法谈了自己的心得:“学拳要身法活便,手法便利,脚法轻固,进退得宜,腿可飞腾。”②

于志钧认为,套路运动(武术套路)是中华人民共和国成立以后提出的一个专业术语。当代武术的套路运动包括徒手运动、器械套路,以及对练套路和集体套路。

(1)徒手套路

徒手套路是空手进行的套路练习,包括查拳、华拳等类型的长拳,以及太极拳,南拳,形意拳,八卦掌,八极拳,通背拳,翻子拳,劈挂拳,戳脚,少林,地躺拳,象形拳,等等。

(2)器械套路

器械套路是持古代兵器等器械进行的套路练习,可分为长、短、双、软四大类,其中长器械有枪、棍、戈、戟、钯、叉、铛、斧等;短器械有剑、刀、鞭、拐、钩、锏等;双器械有双枪、双剑、双刀、双钩、双鞭、双锤、双拐、双斧、双戟、双连枷、刀里加鞭等;软器械有三节棍、七节鞭、九节鞭、寸子、遂子、绳抓、绳标、流星铛、流星锤等。

(3)对练套路

对练套路是“在徒手、器械各种单练基础上,两人或两人以上,在预定的条件下进行攻防的假设性实战练习。”③包括徒手对练、器械对练、徒手与器械的对练等。

徒手对练是运用踢、打、摔、拿等方法,按照进攻、防守、反击的运动规律编成的拳术对练套路。如对打拳、对擒拿、南拳对练、太极拳对练、八极拳对练等。

器械对练:是以器械的劈、砍、击、刺等技术组成的对练套路。主要有长器械对练、短器械对练、长与短对练、单与双对练、单与软对练、双与软对练等多种形

① (明)戚继光.纪效新书[M].北京:中华书局,1996:165.

② (明)戚继光.纪效新书[M].北京:中华书局,1996:165.

③ 全国体育学院教材委员会审定.武术[M].北京:人民体育出版社,2007:8.

式。常见的有单刀进枪、三节棍进棍、双匕首进枪、对刺剑等。

徒手与器械对练:一方徒手,一方持器械进行的攻防对练。如空手夺刀、空手夺棍、空手进双枪等。

对练套路的设置旨在使武术习练者进一步体会和理解各种武术单练套路中每个动作的技击意义,从而提高运动技术水平。由于武术对练要求做到战斗气氛逼真,动作熟练,方法准确,配合协调,因而有助于培养运动员勇敢、机智、敏捷和互相协作的精神。

对练套路在技术编排上要求攻防合理、招式准确、节奏一致、距离适当。

(4)集体套路

集体套路是由六人以上的习练者所参加、由徒手或器械动作组成的集体演练形式。由于参加的人数较多,因而可以构成各种图案。参加者表演时须动作划一,队形整齐。表演过程中宜采用音乐伴奏。

2. 技击运动

技击运动也称格斗运动,是现代武术运动的三种主要运动形式之一,指两人在一定条件下,按一定规则进行徒手或器械格斗的对抗练习和实战竞赛。其内容包括散打、推手、短兵、长兵四项①。现代武术技击运动的普及和竞赛以散打和太极推手为主,短兵、长兵的普及和竞赛较少。

(1)散打

散打,也称散手、过招、交手、搏击、手搏、角力等,是中国武术攻防格斗技术的一种形式,一般以两人互为对手,按照一定的规则,使用踢、打、摔等击打手段为基本元素以制胜对方的对抗性比赛项目。

散打可分为实用防身和运动竞技两大类。

实用防身散打采用踢、打、摔、拿等技法,且头、肩、肘、胯、膝、脚等身体各部位均可出击,不受限制,搏击自由,并可攻击对方要害部位——头、裆部、眼,以及两肋、心窝等。

运动竞技散打是提高技击技术和防卫能力的有效手段,既可达到保护自己,

---

① 康戈武. 中国武术实用大全[M]. 北京:今日中国出版社,1990:25.

打击敌人的目的,也能提高速度、灵敏、力量、耐力等身体素质,而且能培养勇敢、机智、灵活、沉着、果断的意志品质,以及吃大苦,耐大劳,勇于拼搏,敢于斗争,敢于胜利的精神。

现代运动竞技散打类似于古代打擂台,民国政府于1928年浙江杭州国术大会游艺大会、1933年第五届全运会上,均将其列为比赛项目。民间武术团体,如拳术社、武士会、体育会、精武体育会等特别提倡这种比赛。

经历民国时期的尝试,近些年来的试验,也逐步形成了一套较为合理的竞赛规则和比赛方法。出于安全考虑,运动竞技比赛对于打法、击打部位均有严格规定,一般只准踢、打、摔三种技法,在规定场地和时间内,按照规则计分定胜负。格斗中禁止攻击对方后脑、颈部、裆部,也不准连击对方头部。此外,不准使用头、肘、膝和反关节动作,也不许采用迫使对方头部先着地的摔法,不许有意压对方。运动竞技以击中对方头部、躯干、大腿和小腿,击倒和摔倒对方得分。如果一方被击倒十秒不能站起,或站起后知觉失常时,对方为优胜。

(2)推手

技击运动的推手具有高度的攻防实践特点,是武术技击运动的一个组成部分,当前开展的推手竞技是使用太极八法"棚、捋、挤、按、采、挒、肘、靠"等技击方法制胜对方的搏斗运动。

在中国武术的诸多拳种中,推手是为避免由技击术采用踢、打、摔、拿手段造成伤害而设定的交手习练方法。

现行推手是单独以太极拳的推手制定的。在中国武术许多拳种里,尤其是发展较为完善、系统的拳种,对待保证安全情况下的技击训练,都非常重视推手训练模式,在互不伤害的基础上长期交手实践是技击训练的真正精华。如形意拳的撕扒操手(搓手),太极拳的推手,八卦掌的推手,白鹤拳的盘手,武当纯阳拳的缠手,花拳的抄手,通背拳的卷手,戴氏心意拳的磨手,咏春拳的碌手训练等,虽各拳种的具体形式、表现方法、侧重点有所不同,但都是大同小异的训练方法和手段,这些都属于武术推手的范畴。练习时双方可以运用周身之妙,彼以刚来,我以柔应,柔中有刚,人所难防的交手练习实践形式。且重武德、讲友善、不出毒手,不重拳相加,不击打致命穴道。

据有关资料记载，武术推手在各拳种训练中最早的有几百年历史，在运动训练学上具有很强的科学性，符合武术技击训练与交手比赛的客观规律。武术推手具有系统性、规范性、科学性、竞争性、安全性、形象文明高雅，还有很高的表演性和趣味性等特点。融汇武术多拳种、流派的交手技术，具备健身、观赏价值，有较广的社会性，适合广大习武人群参与，能提高武技水平，推动全民健身运动。武术推手创新和发展的魅力，全国各地诸多武术专家对其推广发展给予了极大的支持和厚望。

这种旨在减少或消除习练过程中的伤害而设定的竞赛项目，因不易伤人，较为安全，而可以作为竞技武术的一个项目开展推广。20 世纪 70 年代，国家体委为继承和发展中华武术的技击属性，对太极推手进行挖掘和整理，并于 1979 年制定第一部《太极推手竞赛暂行规则》，1982 年将太极推手列为对抗性比赛项目。

(3)短兵

短兵是一种武术器械对抗运动，是两人按照一定的规则，使用专用的短兵器械，运用武术中刀、剑的攻防方法，进行实战或比赛的一种对抗性竞技体育项目。短兵具有鲜明的对抗性和游戏性，其比赛体现了中国武术中精妙的刀法、剑法，以及武术短兵器实战的精髓，具有鲜明的武术特征和民族特色。

短兵运动的渊源，可追溯到战国时用于观赏娱乐的斗剑。当时的斗剑，是持利剑而搏，不计伤亡，与军事格杀毫无二致。战国时赵文王喜剑，“剑士日夜相击于前，死伤者岁百余人。”

短兵实际上是中国武术器械中以刀、剑为代表的短兵器的总称。古代并没有短兵比赛，而只有刀剑等短兵器格斗。现代体育意义上的短兵则是在 20 世纪二三十年代，中央国术馆成立之后，产生的一种新型武术竞技项目。

短兵自 1928 年创立后，成为中央国术馆的必修科目。中华人民共和国成立之后，武术短兵于 1953 年春在天津举行的“民族形式体育表演比赛大会”上被列为比赛项目。当时的短兵比赛以体重分级，不计年龄，各门各派的各种打法都可以参赛。2001 年 2 月，国家体育总局武术运动管理中心于 2001 年 8 月在山东青岛召开了“武术短兵竞技规则”论证会，确定了武术短兵发展的初步框架。短兵的发展之路较为坎坷，但作为带有鲜明武术特征和民族特色的对抗性体育项目，短兵必将在武术的社会化和国际化发展中发挥重要的作用。

(4)长兵

武术长兵是枪、棍、戟、戈、大刀等长兵器的总称。长兵竞赛是在枪，棍等长兵器击法的基础上进一步发展的对抗性武术竞赛。长兵运动是两人各持一条缚着软质枪头的长杆，遵照一定的规则相互革戳，以决胜负的一种对抗性练习项目。练习和竞赛的器械，是以长约3米、重约1～1.5公斤的白蜡杆，装一软质枪头制成。比赛在直径10米的圆形场地进行。比赛时，运动员头戴护面、身着护具，以命中积分和击倒相结合的方式判胜负。长兵运动技术，以枪、棍技术为主，也吸收有其他长柄兵器的使用方法。

长兵运动的渊源，当亦起自不计伤亡的长枪(或矛)搏斗。从当前见到的资料看，唐代已流行这类运动。《旧唐书》卷六十七记有武艺比试时不用戈矛实战兵器、改用竹竿相刺的记载。《资治通鉴》卷一九六记唐太宗时，汉王李元昌与太子李承乾亲善，两人朝夕相处，游乐玩耍。他们有一次把左右分为二队，二人各领一队，披毡甲，擅竹捎，布阵大呼交战，击刺流血，以为娱乐。至宋代，这类比试日益完善，元末明初，施耐庵写宋人故事的《水浒全传》第十三回写有："将两根枪去了枪头，各用毽片包裹，地上蘸了石灰，再各上马，都与皂衫穿着。但是，枪杆撕搠，如白点多者，当输。"可以说，在《水浒全传》问世之前，这种既注意避免伤残对手，又能比出高低的长枪对搏比试，已形成了一定的规则。在此类比试的基础上，出现了"长兵运动"。

3. 功法运动

功法运动，即所谓的"练功"，是武术的三种运动形式之一，为传统武术不可或缺的重要内容。它是针对身体某一方面运动素质的提高或某一特殊技能的训练而组编的专门练习。这种练习是旨在提高技击能力，激发武技所需的人体潜能，锤炼习武者的真功绝技，"练拳不练功，到老一场空"便清楚地说明武术功法运动的重要性。

通过功法练习后所获得的运动能力和专门技能水平即称所谓"功力"。习武者没有从练功活动中获得的功力，则徒有习武之华而实无习武之质。因此，功力比试曾经是古代"武举制"考试的主要内容,也是近代武坛较技的主要方式。①

武术功法运动具有多方面的价值。

(1)健身价值:武术练功运动有壮外强内之效。武术功法中特别强调内功的修炼,其许多功法是由肢体活动配合意念引导以循经运行来完成的。在这一过程中,人体气血畅行、经络疏通,最终达到医疗保健的作用。至于硬功、柔功等由于存在着锤炼骨骼的抗击、抗拉强度的功效,也在提高身体抗击能力,增强肌肉关节活动范围等方面,显现出极强的健身价值来。

(2)技击价值:技击是武术的质的规定性,即学者们所谓的"核心本质"。武术功法练习正是因以提高技击能力为其目标,并因经实践检验通过练习确有达到技击能力提升效果而成为受武术家十分推崇的习练手段。一些功法练习,如站桩功中的骑马桩、三体式,本身便是直接来源于技击动作,因而技击作用特别明显;还另有一些功法练习,如硬功中的排打功、打沙袋等,是为了提高击打和抗击打能力而特意创设的,它们对于技击能力的提高起着直接或间接的作用。

(3)竞技价值:历史上,武坛较技、考场较艺,都是通过对功力的比试来分出高下的,民间较艺比试是如此,国家选拔武职官员的武考也是如此。武术功法训练中获得的功力,使得力量、速度、难度、技巧、柔韧性、稳定性、准确性,以及综合格斗水平等各个方面均具有可比性而具有突出的竞技价值,也正是这种竞技竞技价值的存在直至今天仍具有广阔的发展前景。

功法运动包括"柔功""内功""硬功""轻功"四类,另有感知功也为各武术门派所必修。

(1)柔功

柔功,是武术功法中的一类,旨在通过肢体关节活动幅度和肌肉舒缩能力的锻炼,来提高习练者柔韧素质的基本手段。由于柔韧素质对于武术运动至为重要,因而柔功素为习武者所重。戚继光《纪效新书·拳经捷要》中说:"学拳要身法活便,手法便利……而其柔也,知当斜闪"。当代,柔功的作用更加明显,随着武术套路技术难度的日渐加大,它已经是达到一定拳式规格和提高武术动作艺

---

① 郑旭旭.中国武术导论[M].北京:高等教育出版社,2010:35.

术表现力的保证,或在对搏过程中能否击中对手或避开其攻击,都直接受到肢体关节活动幅度、肌肉舒缩能力状况的影响,因而在现代武术中,柔功是颇受重视并得到了较好发展的功法之一。

由于武术运动中,肩部、腕部、胸背部、腰部、腿部和足踝部都一直处于高强度的活动中,因此这些部位的练习是柔功训练的主要内容。静压和动转是柔功锻炼的两种形式,在练习过程中,二者缺一不可,只有两种锻炼形式的相辅相成,柔功练习方能获得最佳的效果。

(2)内功

内功,是武术功法中的又一类,是武术技法与古代气功技术相结合的产物,采用以意领气、以气运身、以身发力为基本锻炼手段。宋代的“八段锦”中出现的“左右辟弓”“攒拳怒目”“四面冲击”等动作,是以气助势和助力的早期武术内功练法。明代的《易筋经》习练的武术内功已是一个能与医疗保健气功并立的武术气功体系。它强调内外同时兼修,内壮与外壮统一。形、意、气、劲是一个整体,人体运动时要能做到四者高度协调,一动俱动、一止俱止、一到俱到,即所谓牵一发而动全身。

各拳种内功,大都以养气、练气为基本形式,追求以气助势,以气助力、以气为技击服务。锻炼形式分为静功和动功两类:静功以各流派的桩功练习为主,如浑元桩、骑马桩、七星桩、养生桩等,也包括坐功和卧功;动功则以肢体导引为主,如武八段锦、十二段锦、八卦转旋功、太极筑基功、易筋经十二势、形意三桩五拳功等。

武术内功既可激发人体潜能,获得内外合一、内壮外勇之效,以为武技提升打下基础,又可实现练内以培本,达到健身强体、延年益寿的目的。

(3)硬功

硬功,是武术功法的一类,是指增强身体抗击力和攻击力度的练习方法。硬功至迟在汉唐就已经出现,在汉代有“扛鼎”(举鼎),晋唐间有“翘关”(推举铁棒),唐睿宗时杂技表演中有“卧剑上舞”。明代已经出现以悬米袋或蒲团为靶,或以平地上立三尺长凳或石墩为靶的打击和踢击练习方法。练习的腿法有鑚腿、弹腿、椿腿、蹴腿等。

硬功练习须要做到内练外练相结合。其内练是做到以意领气，意到气到，气到力发，提高在意识支配下，将全身的劲力集中从肢体随意部位发放出去的能力。其外练注重增强肌肤的结实和承受反作用力的能力。这种练习的内外结合，能将人体炼成所谓“金刚之体”，达到“无一处惧打，亦无一处不打人”的水准①。

抗力类和增力类练习为硬功的主要方法。铁砂掌、铁头功等局部锻炼的功法和排打功、金钟罩等全身锻炼的功法，都是抗击类中常用之法。而增强腿力的石柱功等，以及增强指力和臂力的上罐功、拧棒功等则属增力类功法。

硬功练习时要严守循序渐进原则，断不可冒进，注意防伤，慎勿伤身。

(4)轻功

轻功，是武术功法的一类，其训练是通过逐步增加跳跃的高度、身负重物的重量等多种手段，并在难度不断增加的训练过程中，实现习练者自身弹跳力、平衡力的增强和速度的提升，从而最大限度地促发人体潜能展现的一种功法。

轻功古已有之，战国《列子 · 汤问》便记有人在按一定的步数安插的木桩上往返行走而不掉下的练习方法。后世“梅花桩”的“跑桩”等功法可能就是从这种练习方法逐渐演进而来的。历史上曾出现过不少擅长轻功的高手。据《梁书 · 羊侃传》记：“〔羊侃〕尝於兖州尧庙蹋壁，直上至五寻(寻，古代长度单位，一寻为八尺)，横行得七迹。”据唐张鷟《耳目记》记载，唐柴附马绍之弟……曾经穿着吉莫皮制的靴子，登上砖城，直达女墙，手不抓拉墙面之物。另外，此人又足踏佛殿柱子上行，至檐头，捻椽覆上，翻越百尺高楼，如履平地。这些记述类似后来的飞檐走壁功夫。

梅花桩功、跑桩功、跑簸萝功、走砖功、飞行功、跑缸边功、跳坑功、跑板功等是传统的轻功练习功法，至今也还经常使用。

(5)感知功

感知功是提高习武者的视觉、听觉和皮肤等感知能力的功法。一般主要为眼功和耳功，武术家常说“战场之上，须耳听八方，眼观四面。”因此这两个功法在

① 郑旭旭. 中国武术导论[M]. 北京：高等教育出版社，2010：32.

武术中的地位甚为突出。

眼功又称瞳功，是武术必修的高深功法，所含锻炼方法有视力的保养以及对于视机能和非视觉“视”（感知）物潜能的发掘。从眼功的训练方式而言，有静态视静物、静态观变动、动态视静物、动态观变动等四类。眼功功法有闭旋开定功、观日功、夜视功、看彩条功、不瞬功、点棉球功、滑步辨招功、宁神观变功、运眸功、吐“嘘”养眼功、易筋经目功、拉耳明日功等①。

《武术功法运动教程 竞技功法》谓：耳功指武功中保养听力以及发掘听觉机能和非听觉“听”（感知）辨潜能的各种锻炼方法。中医认为“肾开窍于耳”，固精，滋肾，耳功根归于心，心静则耳自聪。在技击、健身中，耳之功效甚大。拳界曰：“耳能在灵，耳为声之探。”实战时耳不仅可以听八方之动静，而且还能感知对手之虚实。因此，耳功训练为习武者所必须。

六、中国武术的价值

中国武术在历经数千年的发展和演变后，到今天，已经形成了强身祛病、攻防技击、观赏娱乐、教育培养和经济效益等方面的价值共识。从国家体育部门到体育研究者，都在积极探索和努力发挥武术的多元作用。正确评价武术对人的全面发展和社会的全面进步等方面的价值，是武术研究者面临的一个重要任务。

1. 健身价值

虽然，在古代，武术主要是被作为技击手段使用，但它的健身价值也从未被人忽视过。先秦时代，孙子就曾说过：“齐人隆技击，搏刺强士体”，说明当时已经认识到，通过“搏刺”活动可以达到“强士体”的效果。

武术在强身健体方面的巨大价值，在现代生活越来越休闲化的今天，也更加显现出来。武谚云：“内练精气神，外练手眼身”，“外练筋骨皮，内练一口气”等，认为：“炼有形者（外），为无形（内）之佐；培无形者为有形之辅”。如此内外俱练，以求内壮外强，获得身心的全面发展。近年的研究，证明武术运动对人体外部形态和各内部器官确实都有良好影响。

---

① 中国武术协会审定．武术功法运动教程·竞技功法［M］．北京：北京体育大学出版社，2006：6.

近年，太极拳、八卦掌、形意拳以及竞技武术系列套路的健身效果都得到了验证。比如一项对太极拳心血管功能试验的半年观察显示，一些高血压和冠心病患者，由于每天坚持练习太极拳，心肌耗气量下降，血压降低（以收缩压下降明显），病情都有所好转。另外，有关于太极拳锻炼对青少年健康影响的研究报告表明，男女青少年参加太极拳练习后，其肺活量，以及力量、速度、柔韧性、灵敏性等素质都有明显的增强。

2. 防卫价值

武术本是一种技击术，是一种武技，在冷兵器时代，其技击价值非常突出，两人或两军技击水平的高低，在一定程度上会影响两人或两军的胜负，从而有格斗水平事关人或国家安危之说。《孙子兵法》所谓“兵者，国之大事，死生之地，存亡之道，不可不察也。”讲的就是这个道理。因此，加强军队建设，提高装备水平和提高士兵作战的技能，一直为历代统治者所重。民间格斗虽多半是属于社团或个人之私，并无明确的政治目的，但格斗技术的价值也并不因此而被忽视，因为在某些特定的危急关头，格斗水平极为重要，毕竟格斗的结果将关系社团或人的成败。因此，在现时代，武术的技击价值虽然已远不如古代那样具有对于战争胜败的决定性意义，但由于战场上依然存在近距离搏斗的可能，因而其重要作用仍未消失。另外，日常生活中，在一些情况下，善良的人们，尤其是女性能掌握了一些自卫武技后，无疑会更加安全，更为自信。

3. 观赏娱乐价值

作为人的一种身体活动形式，武术具有人体运动的一般观赏价值，同时，武术又是一种武技或武艺，能够表现人在攻防时的特定技巧和能力，所以又能展现出技击美感，并因此具有独特的审美价值。武术也由于有单练、对练、套路、散打等多种实践方式和表演形式，因而可以满足不同个体的不同的欣赏需求。

还早在几千年前，斗剑就已经是对人极具吸引力的一种观赏性活动。庄子《说剑》篇记载了当时喜好击剑的赵文王，令“剑士日夜相击于前，死伤者岁百余人，好之不厌”，以致到了“如是三年，国衰，诸侯谋之”的地步。西汉时，元封三年春，作角抵戏，有“三百里内皆观”的盛况，唐代，公孙氏舞剑器，“观者如山色沮丧，天地为之久低昂”，足见舞剑器的观赏价值。宋代的相扑比赛也是观者如潮。

民国年间,四川的打金章——武术打擂比赛,也曾是吸引成都,甚至是四川民众的一个大型赛事。

中华人民共和国成立以后,武术表演活动一直为群众喜闻乐见。改革开放以来,每当逢年过节、庆典祭祀之际,民间武术又成了行香走会中的娱乐项目。尤其是当今的武术表演和比赛借助电视、互联网的传播,中国观众才可能从散打王争霸赛一类节目中得到一种精神上的满足和享受。

4. **教育价值**

武术对于习武者具有巨大的培养教育价值。

首先,武术本身就是一种教育载体,它承载着许多传统的道德要素。自古以来,人们习武的目的不仅仅是强身健体,防身自卫,同时也在于通过习练武术,实现自己修身养性,以德润身的目的。因此,武术的各门派都非常注重武德的培养,强调"道与艺"的统一,提倡"未曾学艺先学礼,未曾学武先学德"。尊敬师长、谦虚豁达、正直勇敢、顽强勤奋、胸怀开阔,这些品质也都同样是对现代习武者的要求。

其次,武术的习练本身就是一个艰苦的过程——武术练习要求常年不懈,练习武术的过程就是要不断克服疼痛、枯燥的过程,因此通过习武能养成习练者,尤其是青少年刻苦耐劳、坚忍不拔、勇敢无畏的精神和意志品格。

再次,爱国武术家能为青少年习武者的成长提供正面的教育:在中国历史上,各个时代都曾经涌现出不少有过习武经历的仁人志士,他们面对国家和民族的危亡,义无反顾,抛头颅,洒热血,做出了自我牺牲。他们将作为榜样永远激励着青少年习武者前行。

5. **经济价值**

首先,武术运动可以直接创造经济收入。近些年来,我国举办了各种武术赛事,吸引了大批国内外武术爱好者观看,举办方通过出售电视转播权、收取广告费、门票费,经济上能有所收获。另外,随着武术事业的发展,全国各地兴办了一些私人或公办的武术馆(社)及学校。据不完全统计,这类武术馆(社)或学校多达 12000 多家,他们招收国内外学员,获得了经济效益。当前蓬勃发展的旅游业也与武术活动搭界,如四川的历史名县资中县是一个旅游县城,在其旅游资源中，盘破门武术占有突出地位，一些专程来此旅游的游客便是为了观赏当地古老的盘破门武术。

其次，武术也能刺激和带动一些武术相关产业的兴起和发展，比如武术活动就催生了武术器材和服装业的兴起。近些年来，随着武术的广泛开展，在浙江、河北等省，涌现了百余家武术器材生产企业，武术服装生产加工企业更是遍布全国各地。这些武术产业的出现，为发展地方经济、出门创汇起到了一定作用。而且，随着武术热的升温，武术影视、武侠小说、专业杂志、音像制品等都很受群众喜爱，他们都争相购买。武打功夫片深受少年儿童的欢迎，在放映时场场爆满，上座率极高。

再次，由于在社会生产中，“劳动者是首要的能动因素，从事武术习炼可以增进劳动者的健康，从而使劳动力得到保护。同时参加武术习炼也可以提高人的思想素质”①，因而使劳动力的质量得以保证。这对于社会经济的发展具有积极的意义。

---

① 陈雁飞．中国学校武术教育 沿革与发展、反思与探索[M]．北京：北京出版社，2005：28．

第二章　峨眉武术：一颗璀璨的明珠

峨眉武术是中国武术中独具特色的一大门派，与少林、武当并称中土武术的三大宗。中国武术的派别多依托山川名胜得名，少林、武当、崆峒、华山、天山等各种武术便都是据名寺名山得名的。峨眉山为中土最著名圣山之一，四川武术，即巴渝武术，也因此山而得名。

由于峨眉武术产生、形成、发展于“四川”地界内，因而必然与“四川”相关。但是，四川是一个变化的概念，当前的四川是重庆升格为直辖市后的行政省区，它与1997年成立重庆直辖市前包括原重庆市在内的“四川”不同，尤其是与古代由巴蜀两地构成的四川在地域上更不一致。因此，要使用峨眉武术来替代四川武术，便需要考虑到这一特定的地域历史变迁，而将原重庆市武术和巴渝的历史武术都包括在内。

就中国绝大多数的武术宗派而言，峨眉武术无疑是十分特殊的一支：一般的宗派即使经历过战火等不利因素的冲击或摧残但毕竟延续下来，虽然也因受到外来因素的影响而发生了变化，但仍能保存其初始期的性质和特点，少林是如此，武当也是这样，因为它们的历史进程从未彻底中断过。而峨眉武术则不同：它虽然有着正常的产生、形成的历史过程，但是在它业已成形、成熟之后，其发展进程被突然中断，此后又在一个特定的环境中完成重建。这种重建的起点，虽然说有着原来四川的武术遗存，或称之为“四川元素”，但是参与整合过程的是大移民进程中被移民带入巴蜀地区的各地武术，由此形成的历史之果，是区别于原四川武术的新的形态。这是观察、认识峨眉武术的历史和特点的基本线索。

一、峨眉武术的沿革

有的武术研究者认为：峨眉武术“起源于春秋战国，自成体系于南宋，鼎盛于明清”[①]。此说在学界颇为流行，持此论的作者都多半是以春秋战国的“白猿善剑”、南宋“白云禅师创峨眉十二桩”、清代“湛然法师著《峨眉拳谱》”的故事为据。这三个依据涉及峨眉武术历史上一些重要人物或事件，关系到峨眉武术从产生、形成到定型几个重要阶段，但却存在着以传说故事充作历史真实的弊端，因此，在阐述峨眉武术的历史沿革之前，首先应对这三个有关其不同发展阶段的传闻加以剖析。

1. 关于峨眉武术的传闻异说

(1)白猿善剑

峨眉武术“起源于春秋战国”的“白猿善剑”之说，是源于《四川武术大全》四十八《通臂拳》部分。该部分记载，通臂拳是春秋战国时由四川峨眉山白猿公所创。白猿公姓白名士口，字衣三，道号动灵子，即峨眉山的司徒玄空。暮年的司徒玄空在峨眉山招徒，教授“通臂猿猴”“白猿通臂”等拳术，人称“白猿道人”。

1996 年四川省地方志编纂委员会编纂的《峨眉山志》也沿用此说，并进一步作了细节上的补充：战国时，有一个姓白名士口的人，亦名司徒玄空，号动灵子，后人称他为“白猿祖师”。他曾模仿山猴动作，创编了“峨眉通臂拳”，此拳攻防灵活，在峨眉山教了不少徒弟。这套拳术今天还在成都、重庆、攀枝花市等地流传。2001 年出版的《乐山志》卷五十三《人物志》又重复了此说。

尔后，此说广见于网上，在学者的论文和著作中，几乎已成定论。但是，也有不少学者持否定态度。杭州师范大学体育与健康学院周伟良教授即是否定者之一，他在《史学视野中的峨眉武术史研究》一文中列出了两条应当注意的理由：

其一，春秋战国武术尚处萌生的初始期，还不具备形成成熟拳种的条件，所谓的“白猿祖师”司徒玄空的存在及创编“峨眉通臂拳”，都是不可能的。

其二，古代武术史中的“白猿”故事最初见于东汉赵晔的《吴越春秋 · 勾践阴

---

① 黄剑波. 峨眉武术中的剑文化研究[J]. 青年与社会(上)，2013 (7)：276.

谋外传》。故事说,春秋之际,善剑的越女受越王召见,途中与一个自称"袁公"的人相遇。袁公也善剑,遂与越女比试剑术。袁公不敌,飞身上树,化作白猿。此后,"猿公善剑"成为诸多诗人的笔端典故,如李白、李贺、崔日知、杜牧和陆游等,都曾援用,连在武术实践中创编的"白猿剑""白猿棒"的定名也与之相关。当今作者在无具体佐证支撑前提下以"白猿"传说立论,不免有曲解之嫌①。

(2)白云禅师创峨眉十二桩

关于峨眉武术"自成体系于南宋"之说,则是源于南宋时峨眉山白云禅师创编峨眉十二桩故事。据《四川武术大全》六十六《峨眉十二桩》云:相传,南宋时期,在四川峨眉山的金顶寺中,高僧白云禅师吸取道家和佛家动静功法,立足中医的阴阳虚实,经络脏腑机理,再融入一些武术动作,经过多年探索研究,反复实践,最终创编出一套峨眉桩气功。桩气功共十二节,故称峨眉十二桩。此功秘不外传,经过历代传习研练,为金顶寺永严法师所继承。永严法师此后将此桩气功传与镇健法师。之后,镇健法师与巨赞法师因医学交流相遇于上海,二位法师一见如故,镇健遂将峨眉十二桩传与巨赞。以后巨赞法师在四川收徒传艺,致使此桩回流四川②。

华南师大的程大力老师等《"峨眉派"详考——兼论峨眉派武术绝非峨眉山武术》认为,所谓白云禅师开创峨眉派一说,实为伪托。文章首先涉及了峨眉山金顶寺白云禅师的真实性这一重要问题。白云禅师史籍多有记载。程老师列举了肇庆《封开县志》、民国孟宪承等《教育通论》、清人王昶《金石萃编》、明妙声禅师《东皋录》、明南京江宁有所谓"白云禅师开凿石佛庵石窟佛像"事等,其实,历史上还有不少白云禅师,如安庆的白云禅师,丽水的白云禅师,韶州的白云禅师等)但是,唯独没有峨眉山金顶寺的白云禅师。程老师等在遍检清人所编纂的《峨眉山志》《峨眉县志》以及民国重修的《峨眉山志》,均不见有所谓白云禅师的记载。峨眉白云禅师的缺失使得峨眉十二桩南宋峨眉创始人已经使人生疑。而且,从峨眉十二桩采用站桩的具体实践形式看,该桩气功更不可能是南宋古法,

---

① 周伟良.史学视野中的峨眉武术史研究[J].搏击(武术科学),2012(1):1.

② 毛银坤.四川武术大全[M].成都:四川科学技术出版社,1989:2046.

程老师更引龚鹏程看法:“强调站桩并非古法,早期拳谱或拳派均无独立说桩法或以站桩为重点的。南少林所谓扎马,功能与站桩并不相同。近年受大成拳、卢氏结构之影响,许多人开始把站桩当成主要的功力训练方法。我怀疑峨眉派强调十二桩也属于近时潮流,绝不起于南宋。”

(3)湛然法师的一首短诗

峨眉武术鼎盛于明清,此说应当是符合历史实际的。湛然法师有诗云:“一树开五花,五花八叶扶。皎皎峨眉月,光辉满江湖。”这首诗被武术研究者解读为是写四川武术分布状况的。“五花”即是指在四川扎根深、流传广的黄陵派、点易派、青城派、铁佛派、青牛派五大派别,“八叶”是指僧、岳、赵、杜、洪、化、字、会八门拳种。峨眉派武术至此更系统化了。故有“鼎盛于明清”之说。但是,没有确凿的证据证明湛然法师的诗写的就一定是四川流行的武术派别和拳种,有的研究者便是将此诗看作是写清代四川会党的。在我们看来,这首诗无论是写武术还是写会党,它都能在一定程度上反映出峨眉武术当时门派众多的实际状况。因为明末清初以降,出现于四川的白莲教结社组织、啯噜团伙(以清初入川移民中的未能安家垦地的游民为主要成分形成的武装团伙)、哥老会等都曾开展武术活动,武术活动甚至成为这些结社组织的一大特征。武术活动同会党活动密切相关,因此,湛然法师的诗即使是写会党的,都自然能够间接地反映出武术当时的情况来。

之所以把明清这一阶段称作峨眉武术的鼎盛期,便是在于明末以降四川的战乱,都使大量非本土武术随外籍军民一道进入四川。如大西军失败后,有大量将士散逃四川各地,特别是隐蔽于川北、川东山区,金川之战的大量逃兵,也涌入这些地区,在此后开始的湖广填四川的大移民,又有大量外籍民众进入四川,他们带来了外地武术,如生门、洪门、杜门等,他们也是这类外地武术的保存者和传播者。与之同时,经战乱之后四川也有本土武术存留下来,如自门拳、任门拳等,这些武术与外来武术交汇、融合,构成了明清时期繁盛的四川武术派系。

但问题还在于,湛然法师的诗在学术界使用较为混乱。有的作者说是清初之作,而又有不少作者又认为是清末之作,这与名山县(今雅安市名山区)19世纪60年代参加李永和、蓝朝鼎农民起义的何崇政联系起来。何崇政武功高强,

足智多谋,为李蓝义军所重用。起义失败后,何崇政去向不明,记载混乱:

据《名山县志·何崇政》:起义失败后,何崇政再去大凉山与彝民领袖宋士杰揭竿起义,失败后不知所终①。

《崇庆县志·何崇政义军》:何崇政率主力与楚军战于大邑城西,终因寡不敌众,被俘牺牲②。

耿俊杰《雅安史略》:据传,何崇政后来做了石达开的记室(相当于现在的秘书)。石达开遇害后,何崇政也遭到清军追杀,于是逃往峨眉山避难,落发为僧,法号湛然。湛然法师在峨眉山期间,撰有《峨眉拳谱》(亦称《拳乘》)一书③。

2. 峨眉武术的历程

(1)先秦时代

峨眉武术的产生可以追溯到遥远的史前时代。200 万年以前,四川境内就已经有早期人类活动。在四川东部的巫山县(现属重庆市),学者发现了距今 202—204 万年前的旧石器时代人类头骨化石。在距今几万到 10 余万年的旧石器时代晚期,四川已经出现了资阳人和铜梁人,大约 1 万年以前,四川进入新石器时代。殷周时代,巴蜀两地进入阶级社会。公元前 316 年,蜀国和巴国相继为秦所并。

在漫长的先秦时期,巴蜀先民为生产、生活和军事斗争做准备,不断进行徒手的锻炼,或进行生产、生活工具和兵器的练习,这是后来武术的初始阶段,并形成了影响未来武术发展的重要特点。

在这一时期,道家神仙家的影响也开始出现。《汉书·艺文志》是我国记述先秦时期文献最详尽的目录,在该目录的道家类中,有《臣君子》与《鹖冠子》两书。袁庭栋认为:“这说明古代巴蜀地区的学风与楚相近,而与中原差异很大。《山海经》的内容,也充分反映了巴蜀与楚的文化完全相通,神仙传说十分浓厚。在《山海经》中,关于‘不死之山’(《海内经》)、‘不死之国’(《大荒南经》)、‘不死之药’(《海内西经》)、‘不死民’(《海外南经》)等记载比比皆是。传说中最著

① 四川省名山县志编纂委员会编著.名山县志[M].成都:四川科学技术出版社,1992:597.

② 崇庆县新县志编纂委员会编著.崇庆县志[M].成都:四川人民出版社出版,1991:283.

③ 耿俊杰,王杰.雅安史略[M].成都:四川大学出版社,2010:154.

名的仙人彭祖与王子乔相传也是蜀中武阳(今彭山)人或最后葬于武阳。"①从《庄子·刻意》"吹呴呼吸,吐故纳新,熊经鸟申,为寿而已矣。此道引之士,养形之人,彭祖寿考者之所好也"判断,彭祖主要用导引气功来养生。《神仙传》记他主要锻炼方法是"常闭气内息,从旦至中,乃危坐拭目,摩搦身体,舐唇咽唾,服气数十,乃起行言笑。其体中或瘦倦不安,便导引闭气,以攻所患……至于毛发,皆令具至,觉其气云行体中,故于鼻口中达十指末,寻即体和"。另外,《淮南子》也云:"今夫王乔、赤诵子、吹呴呼吸,吐故纳新。""吸阴阳之和,食天地之精,呼而出故,吸而入新,蹀虚轻举,乘云游雾,可谓养性矣。"可见后世常见功法即与彭祖、王乔、赤松等人的呼吸导引气功确实较为相似。

袁庭栋还发现,在汉代四川画像砖的神话题材中,除伏羲、女娲之外,反映最多的是古代中国神话传说中掌管不死药的长生女神西王母。这些情况表明,道家与神仙传说已经对同古代巴蜀的社会生活有着十分明显的影响。从往后四川社会生活中存在着突出的养生活动看,这正是四川武术成长的文化基因。

巴蜀先民的尚武特点,也开始展现出来。据常璩《华阳国志·巴志》记载,巴蜀曾一起参加了周武王伐纣的军事行动。巴人尤其英勇善战。"巴师勇锐,歌舞以凌殷人,前徒倒戈,故世称之曰:'武王伐纣,前歌后舞也'。"巴人之舞甚为后世喜爱。《晋书·乐志》说:"高祖乐其(指巴人)猛锐,数观其舞,使乐人习之。"曹操令王粲改创其辞,名曰昭舞,晋、宋又改为文舞、武舞。唐人杜佑认为,巴人从周以来的武舞,即干戚舞、牟弩舞、巴渝舞,以后演变成文、武舞。

(2)秦汉魏晋南北朝

秦灭巴蜀后,巴蜀政治被纳入"中央—地方"体系,被设为巴郡和蜀郡。同时,中央政府逐步改变了四川地区原来的分裂割据状态,并迁秦民万家入蜀,以加强对四川的控制。也是在这一时期,儒家学术进入巴蜀,影响逐渐增大,但巴蜀社会生活中充满了各种鬼神信仰崇拜和实用方术内容。

在四川武术门派中,除了外在的技术训练以外,内在功法训练占有重要地位。这一时期巴蜀道家的气功养生对于巴蜀的武术内在功法的形成产生了深远

---

① 袁庭栋著.巴蜀文化志[M].成都:巴蜀书社,2009:121.

的影响。

汉魏之际,在四川,道教符箓派中的正一道(又称正一派、五斗米道)兴起,魏晋以后逐渐在道教中占据主导地位,被视为道教的正统,东汉时发展到鼎盛阶段。这一时期早期道教的创始者三张——张陵、张衡和张鲁,就是在西蜀建立并传播道教气功养生的,他们的重要著作《老子想尔注》流行于巴蜀汉中,为早期道教必读经典,并奠定道教气功养生的基本理论。《老子想尔注》归纳出修炼的主要途径有"结精""炼气""养神""守戒"等。《老子想尔注》重炼气,即呼吸锻炼的气功,在炼气同时,要求"养神"。《老子想尔注》说:"道人当自重精神,清静为本。""情性不动,喜怒不发,五藏皆和同相生,与道同光尘也。"这种静功对后世养生亦有巨大影响。

张陵祖孙的天师道还信奉、传播早期道教的经典著作《太平经》(亦名《太平清领书》)。《太平经》基于上述理论提出众多修炼方法如"守一""内照""存神""守静""食气""胎息""辟谷"等等,其最核心的是"守一"法。《太平经》提出的修炼长生的理论与众多修炼方法,对后世养生气功以及后来巴蜀武术内功亦有巨大影响。

在军事方面,秦采取了"兵民分离"的政策。一方面,秦始皇建立了一支"带甲百万,车千乘、骑万匹"的强大军队,以维护其集权统治。另一方面,为了防止贵族叛乱、百姓造反,便"收天下兵,聚之咸阳,销之以为钟鐻、金人十二,各重千石,置庭宫中"(《史记·秦始皇本纪》),实行严禁民间习武的政策。

汉初,由于兵源不足,统治者采取"兵民合一"的政策,以便在需用兵时,可随时征募。这一政策推动了民间习武。

三国时期开始实行世兵制,专司作战的"军户""士家",男丁终身为兵,父死子承,兄终弟及,保持了很多势力稳定的作战力量。直至清朝世兵制还在实行,直至1840年后,世兵制在中国兵役制度中才消失。

汉代,为了加强军事实力,还建立了一支正规的军队,包括中央军和地方郡国兵。郡国兵的征集实行武选制度。据《汉书·官仪》中记载:武选内容包括引关(拉硬弓)、蹶张(踏动机弩)、材力勇武。武选每年八、九月,郡国兵举行一次大规模的军事演习,以选人才。入晋以后,武选升格为定制,用专人专职来主持。

《通典·兵典》卷一四八说,选士标准,除战场上格杀技术有要求外,对习武者力量都有具体规定。

(3)隋唐宋元

在隋唐宋元大约7个半世纪里,巴蜀武术在平稳地发展着,由于隋唐以后巴蜀本土政治力量真正融入全国统一政局,在此情况下,包括武术在内的文化也进入整体发展的历程。因此,在武举制、角力竞赛、剑术开展等方面,都已经与全国处于相同水平。

武举,也叫"武科",是古代科举制的组成部分。武举制的创立,对四川尚武风气的发展起了十分积极的作用。而这一制度的创始人,正是出身于四川广元的中国女皇帝——武则天。

据《事物纪原》卷三载:"武举盖起于武后之时,其始置在长安二年也。"《唐会要》又载:考试课目主要有步射、马射、马枪三项,其次还掺杂有平射、筒射、步射穿扎以及翘关、负重、身材和言语之选等。除这些力量、技能方面的考核外,也要考察相貌和语言等,如"躯干雄伟、应对详明、有骁勇才艺及可为将帅者"等考试内容。

宋朝规定能拉一石力硬弓射一百五十步且能中者为优等;后来规定步射一石三,马射八斗;又改定马射六斗,步射九斗。如果拉不动这些弓,下一步的考试资格就没有。但是,宋朝也开始对武举做出文化素质的明确规定,除了武艺,还要"副之策略",要能通孙吴兵法等。除此之外,南宋孝宗还提出"文士能射御,武士知诗书"的要求。在这些方面,四川与外界相同。

在这一时期,四川的娱乐活动与外界并无多大差异。首先,这在角力上表现出来。《角力记》记有蜀地青少年角力活动的情景:"蜀都之风,少年轻薄者,□□为社,募桥市勇壮者,敛钱备酒食,约至上元,会于学社,山前平原作场。于时新草如苗,□侯人交,多至曰晏,方了一时,相决而去。或赢者,社出物赏之,采马拥之而去,观者如堵,巷无居人。从正月上元,至五月方罢。王氏有蜀,此色人衣宽衣,帽垂脚,越异少壮,多随从之。极至强梁,影庇法事极多尽。孟氏之世,此风寖微,备用而已。有名目者,刘仙子、王胜。”①

从这段可贵的记载中可以看到。第一,晚唐五代时,蜀郡摔跤已经成为极流行的项目;第二,民间出现了摔跤运动的专业组织“社”;第三,摔跤比赛定期举行,每年从孟春到仲夏,是摔跤活动频繁举行的季节;第四,摔跤赛竞争激烈,场面热闹;第五,出了不少著名的摔跤手。这段史料生动地记载了唐末五代四川摔跤活动的盛况。

另外,在巴蜀也出现了一些相扑高手,如前蜀相扑高手石彦能,曾与人比试,从石彦能“伺机入腰而倒”所记来看,当时角抵等是以摔法为主。

文人习武,成为这一时期的一大特点。比如,唐代的李白就“十五好剑术,三十成文章。”四川射洪人的陈子昂也少年习武,四处行侠仗义。宋代著名诗人陆游也喜好击剑,他《剑池》一诗中留下了诸如“我壮喜学剑,十年客峨岷”的名句。

这一时期流行侠崇拜现象。五代著名学者、蜀人孙光宪的史料性笔记小说《北梦琐言》,记有多处剑仙侠客内容,反映了晚唐五代之际的民间信仰、风俗习惯、文化生活等,这正是巴蜀地区信道崇巫的写照。

这一时期还出现了以教授武艺为生的人。《太平广记·蜀士》记蜀主儿子承协门下就有一个术士天天教授“战阵武艺”,终于使承协练就了一身高强的武艺,能“介马盘枪,星飞电转”,到了“万人观之,咸服其神异”的地步。②

元末,有不少四川下层民众参加了反元起义。明玉珍军中就有“四川花木兰”——韩娥。韩娥出生于阆中,从小喜爱武术,男孩气十足。从十二岁起改穿男装,参加红巾军。征伐云南时,韩娥统率偏师,立下战功。

明玉珍军中还有一将,名金锭,华山人,曾救过明的命,因而很受其器重。金锭曾返回华山招募乡兵,其中有善战女子百名,作为金锭的亲兵。明玉珍军中还有金刀张昆。张是巴县小华蓥山人,他从小好武,臂力过人,善使大刀。明玉珍入蜀,招至重庆授以“都尉”之职,并以“共驭匈奴,还我山河”相勉。张昆后来也为大夏政权立下了赫赫战功。

---

① 调露子.角力记[M].北京:中华书局,1985:9.

② 李昉.太平广记(1-5册)[M].北京:人民文学出版社,1959:510.

(4)明清

①明末清初战乱前的四川武术

明清两朝是四川武术最终形成的时代。所谓峨眉武术“鼎盛于明清”,其“鼎盛”可以以明帝国的灭亡作为分界线划分为两个阶段。第一个阶段,是明灭亡前的明代武术。这一时期的武术是四川本土武术所达到的最高成就,既有拳术的,也有枪术的。

关于拳术,明右佥都御史、代凤阳巡抚唐顺之(1507—1560)造访峨眉山时,曾观看过一僧人的武术表演,并写下了《峨眉道人拳歌》①。唐顺之记录了从起式到收式僧人的拳术,描述了拳术的击法、身法、节奏、呼吸等各个环节。从记录可以看出峨眉山僧人之拳已经较为成熟,体现了当时已经达到的水平。由于唐顺之是个外来的拳术家,曾见过各式各样的拳术,他对峨眉僧人拳术的赞美,足以说明其水平之高了。

在唐顺之以后的一个多世纪,吴殳(1611—1695)的《手臂录》记载了峨眉枪法。《手臂录》回顾了吴殳学枪的历程:吴殳枪术师傅石敬岩曾投师少林和尚洪纪学过枪法,但在洪纪败于使峨眉枪法的刘德长之后,洪纪与石敬岩遂又拜师刘德长学峨眉枪法。吴殳一生已经学过多种枪法,唯峨眉枪法最为适用。他在此书中论述峨眉枪法说:“西蜀峨眉山普恩禅师,祖家白眉,遇异人授以枪法,立机空室,练习二载,一旦悟彻,遂造神化,遍游四方,莫与驾并……枪法一十八扎,十二倒手,攻守兼施,破诸武艺。”②在峨眉枪法中,有治心、治身、动静、攻守、审势、形势、戒谨、扎手、倒手、破诸器、身手法等等技法,足见峨眉武术器械理论的丰富性。

上述情况说明,当时四川武术,不论拳术还是枪技,在全国当时水平,都属上乘。如果再结合巴蜀两地明末参与境内战争的四川武人的武艺实际水平判断,应当说四川本土武人中也不乏佼佼者。如四川嘉定(今乐山)人杨展于崇祯十二

---

① 这里“道人”是对僧人的称呼,南北朝时常作此用。如《南齐书》卷三十六《谢超宗传》:“谢超宗,陈郡阳夏人也。祖灵运,宋临川内史。……超宗元嘉末得还,与慧休道人来往。”句中“慧休道人”即指僧人。唐顺之用法,与之相同。再看诗中“浮屠善幻多技能,少林拳法世稀有”这一句,其意更明。

② (清)吴殳著,手臂录·附峨眉枪法梦绿堂枪法[M].北京:中华书局,1985:93.

年中武进士，在京武考试时驯烈马，开弓放箭，九发九中，被授予游击将军，一时名震京城。南明时期，虽然杨展等人自持勇武，割据一方，鱼肉百姓，但他们的存在表明，明王朝覆灭以前，四川的练武活动不仅存在，而且效果好，水平也高。

四川武术从其起源时期起，就是在相对独立的环境中形成、发展的。虽然由于文化、商贸、军事的交流，使得在某一时代，一些地区的某一两个项目，时间或长或短，与外界有所交流，从而也曾吸收过外来的武术元素，但总体而言，在这种交流的影响下，四川武术并未发生大变。可是明末清初情况不同了，一连 30 年的战乱，四川被祸最惨。四川人遭到了明军、清军、地方豪强、乡村无赖，以及张献忠的一次次屠杀，南明与清军的战争，还有吴三桂反清后与清军的战争也遗祸四川。四川人口因长期屠杀而急剧减少，到顺治十八年，据袁庭栋先生统计，当时四川人口只有 80480 人，占全国总人口的 0.42%。到康熙十年也才达 90000 人，占全国总人口的 0.46%①。

从武术发展角度看，四川原来高度发展的武术，由于其承载者大部分已离世，因此原来的武术也在这时受到重创。现在没有确凿的资料可以证明，在 80480 残留人口中，还残存有多少拳种，多少门派，还有多少人在参与武术活动。这是研究四川原武术传统时必然要深究的问题。

②四川新武术的诞生

在长达 30 年的战乱时期，活跃在川北、川东森林中的大西军、大顺军残部，以及金川战争的清军逃兵，都为四川武术的再造提供了各自的资源或元素。尤其是继 30 年战乱之后在湖广填四川的大移民运动中，相继来自湖南、湖北、广东、江西、河南等地的移民也带来了自己的武术。此后，义和团、白莲教、天地会、啯噜子等民间结社组织在四川也活动频繁，它们同样是武术的传播者。比如清初入川移民中部分未能安家垦地的游民为主要成分形成的武装团伙——啯噜子，在四川从事武术活动，便见于乾隆八年（1743）四川巡抚纪山的奏文中："川省数年来有湖广、江西、陕西、广东等省外来无业之人，学习拳棒，三五成群，身佩凶

---

① 袁庭栋．巴蜀文化志［M］．成都：巴蜀书社，2009：44．

刀，肆行乡镇。”[①]石香农《戡靖教匪述编》卷一也云：咽噜子“皆年少精壮之无赖恶少，操习技艺，劲悍善斗，教匪因以起事，故啸呼而起，战阵技艺有如素习。”

散兵、移民、社会闲散人员，他们同幸存下来的原四川人一道，在新的时代条件下，以四川原来的武术传统为起点，以他们传入的外来武术和原来的四川武术为资源进行了长期的武术整合，由此在四川大地上形成了新的武术拳种和门派。

在清初四川武术重建的多年以前，在北方诞生了属于外家的少林武术。于志军教授说：“这是一种以强胜弱的，即手慢让手快，大力打小力”的搏斗之术，其特点是形露于外的劲刚脆猛、先发制人等。而武当出世，由于它是立足以弱胜强，以柔克刚、以静制动、借力打力的内家拳法，从而将中国的武术推向了一个新的高度。于志军教授认为，武当内家拳的诞生具有“划时代意义”。如果顺着这一思路看问题，在清初四川特定的背景下创造的峨眉武术，由于介于少林与武当之间，融会了两派所长——既有少林拳系形露于外的劲刚脆猛、先发制人等特点，又有武当内家不露圭角形体的暗劲迅发、后发制人等技法；既讲技击功底、又讲养生修身的本质，是集少林、武当二拳派之精华为一体的优秀流派。从这一角度而言，峨眉武术的问世也同样具有划时代的意义。因此，少林、武当和峨眉为中国武术的三大宗，是不无道理的。

(5)民国

①国术组织与学校的成立

1912 年，四川武林名手马镇江等，以开展武术国粹、强国健身为宗旨，在成都忠烈祠正街正式成立“四川武士会”。该会推省都督尹昌衡为名誉会长，马镇江为会长，刘崇俊为副会长。于是这里从早到晚都有人在踢腿打拳，耍刀弄棒。1923 年，重庆武术界人士陈大章等在重庆成立了“四川武士会重庆分会”，并于次年举行了武术表演赛。

1925 年，四川人骆成骧在成都主持成立了“四川省武士总会”，后义募集资金建造国术馆于成都少城公园（今人民公园）半边桥附近。

1928 年，中央国术馆成立。在其推动下，各地纷纷成立省级国术馆。1929

---

① 高宗纯皇帝实录[M].北京：中华书局影印版，1986：24－25.

年，“四川武士总会”改组，成立四川省国术馆。此后根据四川省国术馆的要求，省内各市县均成立公立性质的国术馆。重庆市、乐山市的国术馆就是在这样背景下相继成立的。

与此同时，四川还成立了不少国术学校。1929 年，四川省国术馆体育专科学校成立（初名“四川省国术馆国术专科学校”后更名为“四川省国术馆国术体育专科学校”）。该校为各县国术馆及机关团体输送了数百名国术教员。国立国术体育师范专科学校，则是原南京组建的“中央国术馆体育专科学校”内迁更名而成。另外，还有其他市县的国术学校，如精武体育学校、宜宾国术学校、省国术馆国术体育专科学校、隆昌国术学校、泸县国术学校、平民国术学校、重庆青年会露天国术学校、万源国术学校、武靖国术学校、重庆国术军事学校、国立国术体育师范专科学校、帏馨国术学校等。学校虽多，但维持时间一般不长，除重庆青年会露天国术学校存在了 20 年，其他学校一般只存在了一年，甚至仅仅几月。但是这些学校毕竟也为社会输送了武术人才。

1949 年前，四川不仅有官方的国术馆，国术学校，还有各类性质的民办武术团体，如武术社、达摩会等。据当时的统计资料显示，辅导站、班、队有 600 多个，武术馆有 79 个，其中登记在册的有 35 个。

②武术流派的内移

1941 年中央国术馆迁入重庆，是对巴蜀武术发展具有重要的历史意义大事。不少外省的武林高手云集四川，如朱国福、郑怀贤、吴孟侠、张英振、马觉、李雅轩、杨瑞虎、李健吾、张腾蛟、安定邦、张一民、万籁声等来到四川各地传授各派武功，巴蜀地区成为当时领导和发展全国国术运动的核心。这些武术名家云集四川，为四川武术输送了新的血液。此后的几十年间，他们代表的武术流派已在四川落地生根，开花结果。不同的武术拳种、门派进行了频繁的交流，极大地丰富了巴蜀武术的拳种数量，对于巴蜀武术的交流与融合具有深远的意义。

③武术比赛的开展

1918 年，四川军政当局在成都青羊宫举行了首次打擂赛，打擂赛因是为争夺金奖章，故又称“打金章”，而且由于每年春季在成都花会期间举行，打擂比赛也称“花会擂台赛”。1922 年，更增加了女子打擂和少年组打擂。女子打擂在当时还是一个很新鲜的事，每次比赛都吸引了不少观众。有观众就此写道："更有片言须记取，打擂来了娘子军！"

1925 年，爱好武术的清代最后一名文状元骆成骧在军政当局协助下，在少城公园半边桥边建起了四川武士馆，正式成立"四川武士总会"。骆成骧担任正馆长，刘崇俊任副馆长。至此每年春天由"四川武士总会"主办的打擂比赛成为青羊宫最热闹的地方。30 年代后，开始称之为"第 X 届国术擂台赛"。1929 年省国术馆成立后，开始取代四川武士总会主持比赛工作。

这一时期，成都打擂赛参赛者并不按体重分级，由于比赛存在危险性，参加比赛者须自愿报名注册，死、伤自负。但一旦夺得金章，参赛者的衣食就有了新的门路。最好的是进入军队，做武术教官，待遇较好；中等的也可进入大中学校，捞一个教职，或者去公司给老板当保镖，总会有一个啖饭之所；最差的，也可以借金章之光开棚设馆，广招学徒，以为生活之资。

(6) 中华人民共和国

中华人民共和国的成立，中国武术迎来了新的发展机遇，地处巴蜀地区的四川武术在国家和省武术管理部门的领导下，逐渐建立了省内各级武术协会，尤其是 20 世纪 80 年代以后，武术活动和赛事开展更为频繁，因而也更加有力地推动了四川武术的发展。

①中华人民共和国成立初期

中华人民共和国成立后，本来为民族传统武术的发展在制度上提供了发展机遇，但由于从旧社会遗留下来的武术门派，并非全都能在新的时代顺利发展，其原因或是由于部分弟子成了新生政权的专政对象，或者传统的组织方式并不完全符合新时代的要求，因此，1949 年后，传统武术门派的组织未能成为新时代初期武术发展的推动力量。

但是，四川武术仍然在发展前行。这主要是通过国家体育体系的新渠道展开工作，从而使得从建国初期起，直到 20 世纪 80 年代的 30 年间，四川武术都能够通过国家组织途径参与全国的武术赛事和活动。如 1953 年全国民族形式体育表演及竞赛大会、1956 年十一单位武术表演大会、1957 年全国武术评奖观摩大会、1958 年全国武术运动会、1959 年全国青少年武术运动会、中华人民共和国第一届运动会的武术部分、1960 年全国武术运动会、1963 年十五单位武术及射箭锦标赛（武术部分）、1964 年十九单位武术及射箭锦标赛（武术部分）、1965 年中华人民共和国第二届运动会（武术表演）、1972 年全国武术表演大会、1972 年全国武术表演大会、中华人民共和国第三届运动会（武术部分）、1976 年全国武术汇报表演大会、1977 年全国武术比赛、1978 年全国武术比赛、1979 年全国武术观摩表演大会等。这些武术赛事的推动，使得四川武术得以与全国武术同步前进。

在中华人民共和国建国初期，为培养合格的武术教师，1951 年，重庆大学体育科与西南师范学院体育科合并，1953 年经国务院批准成立西南体育学院（1956 年更现名"成都体育学院"）。这些新组建的院、科开设武术课程，或单独设置武术专业，还定期举办武术师资训练班。

伴随着广大人民群众武术活动的广泛开展，学校、部队等其他单位部门也相继开展了丰富的武术活动。随着武术活动的蓬勃开展，武术赛事也逐渐频繁，自 1974 年后（除 1975 年以外），四川省举行了每年一次的四川省武术比赛。

1958 年以前，四川省没有固定的武术队，每次的全国比赛，四川省武术队主要由各地市抽调队员，进行短期集训后即代表四川参赛，这种临时抽调应付比赛的方式，并不利于武术的发展，1977 年，四川省武术队经过多方筹备正式成立。

四川省武术队成立后，各个地市、县少年儿童业余体校武术班、中小学传统武术训练点（队）校也相继创办。这些新成立的武术集体为培养武术人才提供了必要的条件。因而此后，四川涌现出一批批优秀的武术运动员，他们在全国武术比赛中不断创造佳绩。

②改革开放以后

党的十一届三中全会后，四川武术进入了蓬勃发展的时期。为适应这一新形势的需要，四川省成立了武术协会。到 1983 年底，全省各地市 50 多个武术协会也逐渐成立，至此，四川武术有了直接的管理机构，这对于进一步推进武术活动在人民群众中的开展起到重要的促进作用。为推动武术活动的开展，在基层武术协会下成立了武术辅导站，而在体育院校则成立了武术教练员培训班。

在 20 世纪 80 年代以后，1982 年和 1983 年举办了四川省儿童武术比赛；

1984 年以后,武术被列为四川省运动会和青少年运动会的比赛项目。另外,随着 20 世纪 80 年代我国散打项目的试行和推广,1986 年,四川省擂台赛在成都、重庆等地相继举行。各地市、县的武术比赛也开展得如火如荼,以“嘉州”“蜀英”“川西”等命名的擂台赛,极大促进了四川省搏击对抗类武术项目的发展。从 20 世纪 90 年代起,曾一度中断的民间“打金章”活动也展开了系列活动。2005 年,“四川省武术比赛”赛制开始推行。这一赛制是由四川省体育局主办,四川省武术馆承办的,因其是纯粹的地方性传统武术比赛而引发关注。

1983 年以来,省武术挖整组作了大规模的普查,走访了数以百计的老拳师,并对他们的武术进行了录像,收集了成百上千的徒手、器械、对练套路、练功方法、技击项目,初步弄清了各门派在四川的分布情况,完成了《四川省志・体育志・武术》的纂辑工作,特别是《四川武术大全》的编写和出版。虽然这些成果尚有瑕疵,但这一步工作的完成对于峨眉武术的继承和发扬都具有积极的意义。

2008 年 6 月 14 日,四川峨眉武术进入第二批国家级非物质文化遗产名录,这对于峨眉武术的保护、管理和合理利用都具有重要意义。

二、峨眉武术的流派特性

峨眉武术存在的地域性、构成的多元性和发生的多源性,是其突出的特性。

1. 地域性

从整个中国武术地图看,峨眉武术是一个诞生并存在于中国西南地区的地域性武术流派,具体而言,峨眉武术产生、形成于巴蜀地区,因此峨眉武术是一支地域性武术派系。

作为一个区域概念,巴蜀是指以四川盆地为核心的今天的四川省和重庆市一带,其范围还包括与四川盆地文化联系密切的陕西汉中盆地以及湖北西南部、贵州东部、云南东北部的一小部分地区。这显然不是当今四川省的地界,也不是重庆直辖前包括成渝两地在内的四川的地界,即是说,峨眉武术所涵盖的区域并非是严格地理意义的过去和现在四川行政区划的武术。行政区划是国家为了进行分级管理而实行的区域划分,它的出现不应当成为将历史地形成的巴蜀武术整体进行划分的依据。

在历史上,巴和蜀原本是两个不同的族群和文化,但由于蜀地与巴地接壤,而且一同生存于四川盆地这样特定的地理环境,因而形成了相近的语言、相近的生产、生活方式及民俗习惯。有史以来,巴人与蜀人的交流十分频繁,故而文化极其相近、相通。由于长期的交流和融合,到了春秋战国之际文化面貌逐渐接近。战国以后人们已把巴、蜀视为一体。秦以后巴蜀文化的称谓逐步流行。汉武帝设十三州郡,其中的益州,基本上包括了全巴蜀之地,这就进一步巩固了巴蜀文化区的地域性结构。

从地域角度看,峨眉武术是古代巴渝武术和蜀地武术的结合体,它是指从古至今以四川盆地为中心,以历史悠久的蜀地武术和巴渝武术为主体,包括周邻地区各少数民族武术在内的多元复合武术的总称。古巴蜀人创造的灿烂的武术文化,是华夏武术的分支,既有华夏武术的本质特点,又有其自身独特的地方特色。

2. 多元性

峨眉武术的多元性是指其构成资源的多元特点,有两层含义:大而言之,是指峨眉武术是川渝两地武术的构成体;二是指峨眉武术构成门派和拳种的多元性。因此,峨眉武术就是在巴蜀地域内,不同武术拳种、门派经整合后,一体发展而成的一大流派。

虽然,蜀地和巴渝武术作为一个整体,对于形露于外、劲刚脆猛、先发制人的少林武术和不露圭角形体的暗劲迅发、后发制人武当而言,具有内外兼修、刚柔并济的总体特点(参见《峨眉武术的技术特点》),但武术研究者认为,若将峨眉武术的构成进行细分,便可以清楚地看出峨眉武术的地域二元特征:分别生息于古代巴蜀东西两地的巴人和蜀人所创造的武术提供了具有不同特色的两种武术形态。一部关于重庆武术的专著《巴渝武术》写道:“巴渝武术属于峨眉武术之一的东峨眉。巴渝武术除了具有峨眉武术的文化符号之外,还具有特定的地域文化符号。”①古巴渝人生息于东部险恶的自然环境中,因而形成了刚烈、剽悍、豪爽的性格,这对其武术特点形成的影响,在由战场拼杀实际演化出来的刚劲有力的巴渝舞动作中突出地表现出来。而川西蜀人性格阴柔、机敏,蜀地武术就是根据

---

① 赵幼生. 巴渝武术[M]. 西南师范大学出版社,2012:15.

川西人身体矮小、性格内敛的特点而创设的，这就决定了作为西峨眉蜀地的武术不倡硬碰，以奇制胜的特点。峨眉武术便是由东西两地相对不同的两大部分武术构成的。

峨眉武术的多元性还在于，它是由众多的武术拳种、门派构成的。上一世纪80年代进行的四川传统武术普查，是一次扎实的调查工作，它弥补了清代关于峨眉武术构成"五花八叶"的粗疏，把一个较为真实复杂的武术构成体呈现出来。目前峨眉武术有68个门派和拳种，其中还包括一个其他拳种单套路。这是峨眉武术在更细层面上的多元构成。《中国武术——生门》的作者说得好，也许今后还会发现峨眉武术其他新的构成门派。

3. 多源性

任何一个武术流派，都有其生发的源头。在峨眉武术生发源头问题上，长期以来都无定论。曾经对于峨眉武术的起源，有单一源头论。持此论者认为，峨眉武术起源于峨眉山，然后传向巴蜀其他地区，甚至西南地区。但由于没有确凿的史料支撑，此说缺乏说服力，不为学界所承认。

《武当》2009年第11期载任翔《25年追本溯源 峨眉武术首定三大发源地》一文，介绍了四川省武术协会副主席肖家泽的三源头说："经过25年追本溯源，省武协挖掘出峨眉武术三大发源地，第一次为正宗峨眉武术正本清源。分别为川西一带的黄林门、峨眉山本土的拳种、内江资中的盘破门。"此说表明峨眉武术在起源上具有多源性质。但因同样缺乏具有说服力的史料支撑，而难以为严谨的研究者所接受。

本读本认为，峨眉武术的产生具有多源性特征在于：一方面，如前所说，巴渝的东峨眉武术和蜀地的西峨眉武术两个源头是其起点；另一方面，从明末清初峨眉武术的重建资源可以看出，峨眉武术的源头之一是原四川的武术遗存，二是外界相继流入四川的武术门派，它们有40多个，但一般是与四川本土武术遗存相对而总体上被视为又一源头。

三、峨眉武术的技术特点

一个独立的拳派必须有自己的特点，否则无以自立。在现实中，峨眉是与少林、武当共为中土武术的三大宗之一，其特征在与少林和武当的比对中可以得到清楚的认识。

少林派属于外家拳术，以功架见长，大开大合，硬攻直上，刚劲有力，善于先发制人，不给敌人以喘息机会，其动作以朴实无华、内静外猛、勇猛强悍著称。从宗教渊源上看，少林为佛家功夫。武当派属于内家拳术，武林称“内家功夫”，以呼吸见长，内养行气、外柔内刚、讲究以静制动，以逸待劳，乘势借力，避实击虚，后发制人，其动作绵里藏针，柔中寓刚，提倡斗智不斗力，尚意不尚力，步走弧形（圈步），进以侧门（从敌方身侧抢进）；动如蛇之行、劲似蚕作茧，心息相依，闪展巧取。从宗教渊源上看，武当为道家功夫。

少林为僧人所创，武当为道士所编，而峨眉则是由僧道共建。由于道教重内在的精气神，佛家重外在的筋骨皮，峨眉在立足自身传统的基础上，吸收和融汇了少林、武当两派的特点，逐步形成为外以功架为主、内以引导为重的独特拳系。此拳系既有少林外家形露于外的劲刚脆猛、先发制人等特点，亦有武当内家不露圭角形体的暗劲迅发、后发制人等技法，而且尤以讲究内外兼修、形气并重、刚柔并济、动静相兼、功艺一统、桩技一体见长，强调以弱胜强，真假虚实并用，既讲技击功底、又讲养生修身的本质。

峨眉武术诸拳种、门派，虽然由于师承的不同，有各自的独特风格，虽有高桩、中桩、矮桩，满手、半手，主刚、主柔，有腿、无腿之别，但基本上都有含胸、拔背、沉肩、坠肘、敛臀、束肋、扣膝、悬裆的要求。手法上都讲究掌不离腮，肘不离怀，紧骤机灵，圆转多变。步法讲进如追风，退如着火，起伏转折，难于捉摸。劲力方面认为似柔非柔谀之“绵”，似刚非刚谀之“脆”，都讲“绵劲”和“脆劲”。远取用“指”，近取用“五峰”（即头峰、肩峰、臀峰、肘峰和膝峰）、“六肘”（即顶肘、砸肘、架肘、盘肘、坐肘和压肘——也有称“上肘、下肘、左肘、右肘、回肘、倒肘”者）各种击法，具有“一撒通身皆是手”的特点。应敌则讲背“孤”击“虚”，后发先至，从而与少林拳的多用长手与武当拳多用短手的风格迥异。

峨眉法象拳不同于目前在全国各地流行的猴子拳（指以模仿猴子的生活动作而少技击方法的猴拳）和醉酒拳（指以醉态、醉形为主而少技击法的醉拳），也不完全同少林龙、虎、豹、鹤、蛇等拳。以蛇拳为例，少林蛇拳主练形，体柔掌快，步活身灵，形态逼真，演练风格其姿态宛若一青蛇斗雀；而峨眉蛇形拳外练手眼身、内练意气心，从动作上表现出身要颠、手划圆、步绕行、柔腰晃肩击法全。冲拳、插掌、戳指、踢腿、点腿、蹬腿、扫腿无不在运动中击发。其变幻莫测的演练风格与少林派蛇拳有很大的差别。

在内功方面，峨眉内功也有其自身的特点，它是通过形体圆运动、呼吸、导引、发声、炸气，形成体内功力核心，从而释放出强大的爆发力。

第三章 川渝本土拳种和门派

川渝本土武术拳种、门派是峨眉武术的重要组成部分。

几千年来，中国武术的延续和发展，主要都靠身传口授，虽然不少门派内部有自己的拳谱，但多半秘而不宣，至于公开的拳谱记录，则更为稀少。这种情况在峨眉武术表现得尤其突出。周德潜教授在《四川武术大全·序言》中就曾说过，峨眉武术"既无全面介绍的书籍，也无系统资料可循求探索，史籍论及者，寥若晨星，欲研习者，成为憾事。"①

虽然峨眉武术史料与存谱甚少，但是各种拳种、流派在民间却广泛流传。长期以来，四川习武成风，高手辈出，峨眉武术发展有着厚实的基础。为了摸清四川传统武术情况，在 1983 年以后的几年中，四川省武术挖整组对本省武术进行了大规模普查工作。挖整组遍访武术名家，搜集了大量徒手、器械、对练、集体套路，练功方法及击技运动项目。这些成果收集在 1989 年出版的《四川武术大全》一书中。虽然本书存在着某些不足，但是它将四川流行拳种、流派源流，分布情况，风格特点，拳理、拳法、练功方法，以及各门派创始人、传人、代表人物，做了全面系统的介绍，弥补了峨眉武术史籍的匮乏，因而是一本全面、系统记载峨眉武术的资料性成果。本读本对于峨眉武术门派的介绍，也自然以之为主要资料来源。1989 年问世的《四川省志》的《体育志·武术》也对四川传统武术介绍甚祥，是本书编写本土门派的又一重要资料来源。尤其是 20—21 世纪之交出版的一

① 毛银坤主编. 四川武术大全(上)[M]. 成都:四川科学技术出版社,1989:1.

些介绍独立门派的研究成果,则提供了更加详细的资料。

在20世纪70年代时,有一名为“峨眉拳”的拳种已流向河南开封,80年代普查川渝地区传统武术时,因而未能被《四川武术大全》《四川省志·体育志·武术》等书所收录,但这一拳种的确曾经存在于四川,因而在本章补充介绍。另在《四川武术大全》中尚有一种名为“峨眉十二桩”的气功功法,与各武术拳种、门派并存,学界有专家认为“气功与武术有交叉、有融合,但本身应是独立于武术之外的一种独特养生功法,虽然有些功法有一些技击的影子,但其本质是为了祛病延年,并不严格属于以‘杀人术’为本质的武术”①,因而非武术拳种,不应归入峨眉武术之中。但本书编写者考虑到该气功因被认为是南宋白云禅师所创②,而被一些峨眉武术史研究者赋予相当重要地位——因其存在而有峨眉武术“自成体系于南宋”之说,为此,读本依然将其保留在本土拳种中,并且还将另一来源和功法均不相同的同名气功,也因之一并介绍。

2009年9月,四川省武术协会副主席肖家泽称:“从1984年起,通过追根溯源、找传承人,以及武术风格特点综合论证,25年后,省武协终于确定了正宗峨眉的三大发源地,即川西一带的黄林门、峨眉山本土的拳种、内江资中的盘破门。”③此论十分重要,但缺乏可信史料的支撑,因而未为研究者普遍接受,本读本也不采纳此说。

一、盘破门

四川本土拳种。陈建国主编的《峨眉盘破门》对拳种名称有过详细的诠释:从手法上看,该拳种讲究刚柔相济,攻防兼顾、攻守平衡。“盘”指盘功,以勾、挂、挑、宰、绕拨、分花、盘缠、关割等手法为防守;“破”指进攻,用破锤、箭锤、凤眼锤、盖锤、鞭锤、造锤、穿目指、锁喉手、标铲手、提宰手等手法攻敌要害。盘为守,破为攻,盘中有攻,攻中有守。打法上有高桩盘破、中桩盘破、矮桩盘破、红门盘破、转门盘破、齐心盘破、羊尾盘破等。套路上有盘破拳、盘破手、齐心盘破、四门盘

---

① 程大力等.“峨眉派”详考——兼论峨眉派武术绝非峨眉山武术[J].中华武术研究,2015(4):19.

② “白云禅师创峨眉十二桩”之说,前面已有过批评,此处从略。

③ 任翔.25年追本溯源 峨眉武术首定三大发源地[J].武当,2009(11):5.

破、十二盘破、七星盘破等。从手法、打法到套路名称上皆构成特色,从理论到实战上都体现了“盘”“破”①,故名为“盘破门”。

2009年9月,盘破门被四川省武术协会列为峨眉武术的三大发源地之一,但应当注意的是,在川渝地区流传的主要有七支中,其中来自外地的也不少:

其一,清朝乾隆年间,资中县罗泉井人“刘赣将本土武术和流传于巴蜀大地的峨眉派武术融会贯通,所开创的‘齐步云脚高桩盘破’打法”,是最重要的一支。“齐步”意指头正身正,挺胸收腹,提气贯力等体姿,“云脚”则指身体前后左右运动中,要一步一并,步伐大小均匀。刘赣也因而被称为盘破门开山祖师。该拳手法以盘破为主,步法以齐步云脚为主。关于刘赣创齐步云脚高桩盘破问题,在1989年出版的《四川武术大全》记载不同。据《四川武术大全·盘破门》说,刘赣(刘杠)“为父报仇,曾三下河南学武。刘赣前两次到河南少林寺学武返家后,每次与人比试均遭失败。有第三次到河南,得一老僧授盘破拳法,终得盘破之技以归。”

其二,清朝道光年间,资中罗泉井人刘光达,聘请广东武师刘厚斋,到罗泉井的新桥刘家传授中桩盘破技艺。此说提示盘破门武术与广东拳术有关。

其三,清朝嘉庆初年,资中罗泉井西家坝李家有一老僧师(其名不详)传授盘破武艺。此艺也是中桩盘破。

其四,清朝道光末年,资中罗泉井阴阳湾的李南山从广东人李幺广处学得中桩盘破武功。

其五,清朝道光十三年,有名为唐发德的武师自远方来,在川东南酉阳黑水乡传授盘破功夫。此技在当地辗转相传,最终为石姓家族所继承。

其六,关于四川盘破门武术的记载,最早见于清朝雍正年间,有绰号为“吕烧酒”的拳师因事逃回荣县,并在当地传授盘破门拳技。

其七,民国16年(1927),陈德三习得盘破门拳术,在宜宾国术馆任教,直至去世。

盘破武技虽然高桩、中桩、低桩都有,但却是以高桩为主,因而上肢动作多,

① 陈建国主编.峨眉派屏门[M].内部发行,2009:13-14.

腿法较少。实战中讲究审时度势,以意攻敌,动中求打,善寻战机,打法上以桩为先,身法手法次之,小手连环多变,手不离胸,拳峰自怀中出,疾步疾行,抽脱稳准,步伐轻快,干脆利落。

盘破门主张争先,即宁输于前,不输于后,要求能乘能脱,争取主动;强调审时度势,善寻战机,机前抢先发手,机后善于补攻;神速急进,强攻红门;攻心胆怯,一怯而乱,乘乱而击。

徒手套路有盘破拳、盘破手、四门盘破、七星盘破、十二盘拨、齐步进桩、七步云脚、齐步云脚、四破掌、霸王挑车、脱靴拳、判官脱靴拳、猫猫跳墙、猫猫吐痰、大洪拳、一路洪拳、三路洪拳、练步、大练步、脚步练功、一马三箭、花剑桩、花进桩、三门桩、四门进桩、四门桩、四平桩、六角桩、中桩拳、小进桩、大东门、大中门、小中门、大四门拳、小四门拳、三会拳、六合、六合掌、六合拳、一马六合、绿肘、红扣拳、摆步连环、梅花拳、宰劈手、铁牛耕地、三拳六照十八掌、八普练桩、点斗拳、双连环二十八宿黄道大法、二十四串子手、韦驮法、南拳十八招。而批评小手、霸王挑车、108 滚是经典套路。

器械套路有三星单刀、四门单刀、六合单刀(二套)、五虎单刀、大梅花枪、子午花枪、子午打马单头棍、中南单头棍、大战单头棍、中南双头棍、大战双头棍、五虎爬坡单头棍、春秋大刀、单手插、缠腰双锏。

对练项目有连环对打、单刀破双锏。

练功方法有嗨字功、大鹏功、解牛皮疙瘩、通臂功、双坠功、单坠功、卧虎功、打木桩、踢打吊包、踢打龙桩(亦称草龙桩)、批打桥把、劈铜板、卷桦子。

该拳种现流传于内江市、自贡市、宜宾地区、德阳市、川南一带,以及重庆市。代表拳师有杨培之、马云光、彭炳成、兰竹君、刘承欢、刘兴无、詹敬魁、赵竹修、石栋梁、刘承栋。

二、黄林派

四川本土拳种。2009 年 9 月,被四川武协列为峨眉武术的三大发源地之一。其名称来源有四说:

其一,黄林门相传是峨眉山万年寺的一位道长开创的。峨眉山万年寺旁有一个黄林坡，道长经过长期观察群猴互斗及蛇兽相搏的各种形态，创立了以火龙滚为主的独特拳术，并在这里习武、传武。

其二，相传清雍正间，一些武林高手为避祸来到四川彭县（今彭州市）九峰山，他们在此切磋武艺，各献精粹。久之，逐渐汇集成一种具有各家之长的风格独特的拳术。因练武之地银杏树较多，在秋天时呈现出一片金黄色，拳术也因此而得名。

其三，峨眉山在《山海经》中被称为“人皇之山”，故峨眉山古为“皇山”，因避讳改为“黄山”，“黄林”即为黄山之林。此条也证明黄林门与峨眉山有着某种联系。

其四，黄林派据传由陕西传入，故也称“黄陵派”。

黄林门形成于川西，这里属于古蜀。据传黄林派的创始人是火龙真人，他即是被当地推崇为火神和龙神的古蜀王。因此，黄林派的拳名几乎都被冠以“火龙”之名，如火龙拳和火龙滚拳等。

黄林派的技法优美阴柔，用拳多，用腿少，掌和指当先，致力于打击对手的薄弱要害部位。黄林派特别强调步法灵活，因此运动中，讲究“脚似蛇形腰柔软，快速活变步为先”。

此派武术以道家哲学思想为指导，强调阴阳互动，两仪四象，八卦数术，讲究内外兼修，刚柔并济，以柔克刚，其训练方法严格，击技之术高深莫测，实战理论独步武林，自门派形成后，历代高手辈出，传承有序。

徒手套路有四平拳（以练步为主）、等桩拳（以练身为主）、成都市火龙拳（以上肢动作为主）、都江堰市火龙拳、内江市火龙拳。

器械套路有燕林刀。

对练方法有美人桩。

该拳种主要流传于成都、攀枝花、内江、重庆市万州区等地，其代表人物有钟方汉、宋德炲、傅思齐，邓善堂、何绍清。

三、弦虎门

四川本土拳种。四川冕宁县石长屯钱德云家传拳技。由于该门拳术有“拳不外传”的“门规”，因而该拳流传不广。

据传，清嘉庆十八年（1813），“癸酉之变”后八卦教五虎上将之首的钱仲明隐居于川西南安宁河谷冕宁县的石长屯。钱仲明经潜心专研，结合易经、八卦、儒、释、道、医各家理论及实践，创编出“弦虎功”，后武林称之为“弦虎门”。各代均只择最优秀者单传一人，并定下“造福于自己、造福于家人，造福于后代！不得外传”的门规。20 世纪 70 年代，弦虎门第七代传人、钱德云之子钱兴勇在成都体育学院学习时曾演练过该门拳术，因其风格独特引起师生重视。20 世纪 80 年代，钱兴勇整理和贡献出部分套路。

弦虎门分为“生部”和“武部”。“生部”有沟通内外，协调阴阳，促进真气运行和气机的升降开合作用，故有延年益寿的功效。“武部”步法敏捷，招招身法灵活，步法敏捷，行似游龙，手疾眼快，发如猛虎。其拳术特点为：身法灵活，手法多变，刚柔相济，拧旋翻转，变化多端。

徒手套路有弦虎开手拳（拳法多使用虎爪旋拿、旋腕旋腰、旋臂滚肘以及发螺旋劲而得名）、弦虎游身功、龙虎肘、弦虎套式连环、弦虎捶、鹰虎功法。

器械套路有折手剑、煊花斧、弦虎大刀、单趟扣手刀、龙尾枪、三星护手捶、弦虎闭门拐、缠龙鞭杆、梅花游身剑。

该拳种现主要流行于凉山冕宁县、西昌市。代表人物有钱德云、钱兴勇。

四、子午门

四川本土拳种。据传该拳种系因源于四川峨眉山，且练功定于子、午两个时辰，故称“峨眉子午门”。

在巴渝地区流传的子午门主要有两支：

其一，清末，峨眉山仙峰寺神灯法师和太空法师，外出云游，与少林、武当僧道交流拳技，又与紫芝洞清虚道长反复切磋，创编出具有内外两家拳法之长的拳术。名曰“峨眉子午门”。1920 年拳师李丹将其传人重庆。1940 年，峨眉山云游道人傅鹰子所传巴县张玉良子午功即为此门拳术。

其二，相传为峨眉山道人福音子云游四方时所传拳术。

子午门拳法多变，劲力突出，讲究内外双修，阴阳相照，其理论强调阴阳螺旋，以鸳鸯手、连环法致用。步法采用三角步、蛇形步为主。有二十单字拳经，注重防守，先防后攻，以攻待守，以巧取胜。

徒手套路有小四门拳、大四门拳、子午拳、梅花子午拳、化桩子午拳、子午联珠。

器械套路有子午刀、子午棍、子午枪、子午剑。

练功方法采用六部子午功（又名内养功，要求内外兼修，阴阳相照，练功时刚柔并济，气势逼人）、回门桩（即是在原地练习马桩、弓步、冲拳、云手动作）、嗨字功、万字功、打草龙桩、滑车、滚筒、抓（打）沙包。

该拳种现流传于重庆市、乐山市等地。代表人物有李丹、刘秉章。

五、方门

四川本土拳种，为清末什邡县（今什邡市）方顺懿（绰号“方蛮子”）以少林刚拳为基础，兼采龙、虎、豹、猴、鹤、蛇六式形意特点创编并经不断演进形成的拳种。其拳种冠以“方”名是后学为纪念方顺懿而以其姓命之。

方顺懿创编拳种后到成都，绵阳，中江等地传授拳术。清光绪间，其中江县弟子吴理明等学成此拳。清末，三台县孙显志（绰号“孙韦陀”）也得真传，并再传多家。1930 年遂宁的邬守朴等从吴理明的弟子吴炳奎处习得此拳。

此派拳术讲究拳势勇猛、高桩步活、强攻硬上、刚劲有力，发手重且快，出腿较少一般不过膝。

徒手套路有协战歌、血战（刚劲、勇猛）、傲步手法、拗步连环一式（技击过程中击手讲究应手，出腿多采用齐步开合。套路攻防严密着重于穿招直式）、拗步连环二式（要求先拗后顺，以拗为引，以顺为攻，整套功法攻守相连）、九捶连环步（速进急退，灵活多变。稳步进攻，要求拳、掌、肘、腿结合）、形意缠绵连环拳、虎拳、九捶拳（二套）、四平拗步。

器械套路有南刀、疯魔棍、达摩棍、九龙棍、龙形大刀等。

该拳种现流行于成都，重庆、德阳、乐山、内江、绵阳、遂宁等地，代表人物有刘学渊、杜茂休、陈敬永、郑子洲、罗海汉、舒型。

六、自然门

四川本土拳种。在雅安和达县各传一支。

雅安自然门:相传晚清的四川雅安,有一徐姓(不知其名)武师。此人身材矮小,世呼“徐矮子”,武林则称之为“徐矮师”或“徐侠客”。徐姓武师自幼习武,成年后闯荡江湖,遍访名师,后隐居深山老林,朝夕潜修,终于创造出一门独具特色的拳法,即“自然门”。徐武师传有两弟子:一为湖南慈利人杜心五。杜传李丽久、陶良鹤、万籁声等。而万籁声又传万枝鸣、万慕通、高运富等。这一支使得自然门广泛远播。二为雅安当地弟子金禅子(法号),金禅子再传金鸿声,金鸿声又传杨文钊等。这一支是留守雅安地区发展、传播自然门的主力。

达县自然门:清末,有达县武举人彭越亭习得自然门,后传与本县人赵天璋,后天璋再经多位武林高手指点后,武艺更精。1931 年前后,赵天璋在达县一带传自然门拳法。达县也成为四川的自然门基地。

自然门法天地之理,顺自然之律,故“自然而然,妙在自然,难在自然”。此门腿手相连,随心所欲,既有长腿出击,又寓短手护身,无一处不可打击,无一处不可防守。

徒手套路有心意拳、八阵拳、八路拳。

器械套路有飞龙剑、火龙棍、八仙拐。

该拳种现流行于四川达县市、雅安市、重庆合川等地,代表人物有杨文钊、赵心炬等。

七、杜门

四川本土拳种。因以杜姓创始者之姓冠之,故名。

杜门,拳种来源,一说是以传说中诸葛亮八阵图之“杜门”而得名。《四川武术大全》的另一说较为流行:明朝末年,四川成都郫县(今郫都区)有一个叫杜官印的武师在成都传授武艺(据传杜观印拳法源于自然门)。杜官印受徒有方,能结合不同弟子的特点,传授武功,深得弟子爱戴。后学者为不忘宗师授艺之恩,便以杜官印之姓立为派名,故称“杜门”。此说也为《四川省志·武术》所宗。

1931年，四川乐山五通桥荀烂眼（真名不详）传授夹江县城北街黎瞎子（真名不详）该门拳法，黎瞎子后来成为杜门武功在夹江县的发扬光大者。

杜门以《易经》“知机其神”为基本理论，主张先识对手来路，趁其未发之际出击，强调以静待动，以逸待劳；此门有一气，二力、三心、四向、五虎、六合、七星．八卦等项。每项之下再分八个单手。其特点是架势高，拳多掌少；粘擒善跌，封锁严密，也是操作中必遵原则；出拳用腿，形如推磨，上贯下盘，上盘下挂，左右循环，因而拳诀曰：“磨盘功（‘功’《中国武术大辞典》作‘劲’，也通）贯其中，出拳用腿如卷风”。

徒手套路有四门拳、白鹤桩、七星拳、三角桩、六台拳、贴身靠子等。

器械套路包括子龙枪、鱼龙棍、三十六禅棍、三尖两刃刀、双戟。

技击项目有阴阳手、太极手、五行手。

练功方法有以练人体气机升降开合为主的大鹏俯仰功、六通神臂铁砂掌。在《四川省志・武术》中，还补充有胶棒、扭签、打泥袋等功法练习。

现该门功夫主要流行于成都市、重庆市、乐山市、自贡市等地。代表人物有赵子虬、童德成、谢兆熊。

八、八卦门

本土武术拳种，又名八卦拳，通称八卦掌（最早称其“磨门”），主要是一种以掌法变换和行步走转为主要特点的拳术，因运动时与“周易”八卦图的卦象相似，行拳运动方式讲究纵横交错和四正四隅八个方位，且八个方位又代表基本八法，以卦理解释拳理，故此拳名“八卦门”。

八卦门派系众多，但理论相近：八卦门采《周易》之说，化阴阳之理，循八卦之道，观鸟兽之出没，察天地之变化，取之诸物，法象自然，经数代研练而成的一种攻防一体、内外合一的拧旋坐顶之掌术。有“八字、八方、八形、八身、八步、八势掌、八力、八合”之论，又有“手捧太极、动作形意”之说。

此派动作以掌代拳，以掌法变化为主要手法；以行步（蹚泥步）和提、踩、摆、扣为主要步法；以腰胯转动，转圈为主要形式。步法轻灵，起落摆扣，行如游龙；掌分阴阳，上下翻转（形如穿梭），外柔内刚；动静虚实，腰腿敏捷，变化莫测；步走圆圈,连环交错,接连不断。

太极拳宗师吴图南在《国术概论》中说:“八卦掌,走为先;走如风,站如钉,摆扣转换走法清;腰为轴,气为旗,眼视六路手足先;行如龙,坐似虎,动似江河,静如山;阴阳手,上下翻,沉肩坠肘气归田”。现代著名武术家、武术教育家、武术理论家姜容樵在《八卦掌·前言》中总结八卦掌的风格特点是:“一走、二视、三坐、四翻。”八卦掌在技术手法上讲究:推、托、带、领、搬、截、拦、扣、提、拿、勾,打、封、闭、闪、展等十六字手法。

四川八卦门是中国整个八卦拳种中的一支。据《中国武术拳械录·中国武术系列规定套路》载:天津市塘沽田如鉉所传阴阳八卦掌(又称田氏阴阳八卦掌),便诞生于四川。

田如鉉,字相甫,号豪杰。田氏祖居山东,明代后期迁居河北塘沽(现天津市滨海新区)邓善沽村。田如鉉一次远游至四川峨眉青城山一带,路遇不平,见义勇为,危难之时有两位道长相助,化险为夷。田如鉉随拜道长为师,后得知师名碧云、静云,李姓,同胞兄弟。田学艺十余年,得其真传,明朝亡后辞师归里。由于他不满清朝的专制统治离家出走,并带走了年少的田宣,加入“反清复明”组织。数年后田宣受命回乡秘密传授八卦掌,八卦掌才传入田氏门中。因只传本族,多年来一直是田氏单传,至今始传外姓之人①。该拳种被《中国武术拳械录·中国武术系列规定套路》认定为八卦掌流传较广的三个流派之一,是中国武术源流有序、拳理清晰、风格独特、自成体系的129种拳种之一。田氏八卦掌今在天津已传九世,在四川省达州市开江县也同时可见,张维林是其代表人物。

据传,四川八卦掌对于董海川八卦掌的产生也有直接的贡献:清末肃王府侍卫董海川(河北人,约1813~1883)曾到峨眉山,见道家修炼,遂将武术动作引入其中,再经整合、完善,创八卦门拳套。后八卦门从峨眉山走向全国。

据河北省武术挖掘整理组提供的资料,河北邢台高仙之从峨眉山习得“硬八卦”。

---

① 《中国武术拳械录》编纂组编.《中国武术拳械录.中国武术拳械录》[M].北京:人民体育出版社,1993:29.

除阴阳八卦掌外，八卦掌在川另有三支：

其一，清朝光绪末年，西安人宝鼎来川，传八卦掌于三台县武术团体——“潼川积健武术社”。

其二，抗日战争时期，河北拳师郭子平、丁世荣和郑怀贤来川，曾先后在川渝地区传播八卦拳。

其三，1929 年，李曾功在四川保宁（今阆中市）教授八卦掌。

八卦掌内容丰富，在四川有：

徒手套路有游身八卦连环掌、游身八卦掌、八卦连环掌、龙形八卦掌、太乙火龙掌、先天八卦掌、八卦掌、形意八卦掌、八卦梅花掌、八卦连环掌。

器械套路有八卦龙行刀、八卦刀、龙行八卦剑、鸳鸯钺。

练功方法有无极八卦桩、桩步功架。

技击项目有八卦十二技击摔打法、对手功夫。

该拳种现流传于成都市、自贡市、雅安市、宜宾市、重庆市，代表人物有张维林、冯致光、赵子虬，傅银章、王树田。

九、任家教

四川本土拳种。任家教又名任家教南拳，也称任门拳（与万州、梁平、开县一带流行的“任门拳”名同而实为不同拳种）。

任家教为四川永川县三教乡（原属铜梁县，1953 年划归永川）人任思镇（号晓楼）所创，故称“任家教”。清道光末年，面对民族和国家的危亡，忧国忧民的任思镇弃文从武，开始研读兵书，学武强身，更远赴嵩山少林寺拜师学艺。在长期武术研习实践中，他精心吸纳融汇了南北各派武术之长，于清咸丰年间创编出一套独特的拳技，即任家教。

此派讲究肘中夹手，长手变肘，手功肘击，长攻短防，手脚相应，力发一瞬；要求步活桩稳，矮身侧进，脚步擦地进退，靠身进击，擅用扯、钻、捶配合肘法疾速连发。

徒手套路有任家拳八路。第一路突出肘法、手法变化，身法、步法灵活；第二路靠身近击，拳肘交替，攻防兼备，快速勇猛；第三路突出肩、肘技法配合，拳腿并用，趋避灵活，下盘稳固；第四路拳式主攻，刚猛有力，多直劲冲拳，能放长击远；第五路以弓步、丁步的变化为主，发挥顶肘的攻防作用，四面出击，能攻善守；第六路拳肘交替，刚劲连贯，攻防快速，开合多变；第七路领手、盖捶、剐掌，扯箭捶与肘法结合，招式劲疾、接手就打，桩步多变；第八路伏中云地，四面出肘，转向灵活，攻防兼顾。

器械套路有任家枪一路（以格、压、挑、拨为主，诱敌深入，枪把并用，突出放长击远，滑把迎击的特点）。

练功方法有扯钻捶、打草墩、打沙袋、滚沙筒，据《四川广记》称，八段锦、易筋经也作为练功手段使用。

该拳种现流传于重庆西部地区，其代表拳师有蒋级三、蒋汉初。

十、青城派

四川本土拳种，据川西青城山而得名。该派武术为历代在青城山地区生活过的道人、高僧、剑客、武林豪杰、绿林好汉等不断创造、完善，逐渐传承、发展而来的。因此无法确定其创始人和准确的创立时间。现在四川青城派主要有三大支系。

其一，清朝雍正年间李泰山在青城山一带传艺，经 200 多年传承，形成了现在的“青城派（洪拳）”。

其二，清光绪年间青城派的“冷道人”（或曰“洪道人”）在开县授拳，黄开才等习得此拳。

其三，泸州市余国雄习得青城派的“健身延寿功”，传习至今。

青城派剑术独具特色，其武术借鉴了道家修炼过程中“动功”的“外活四体，内活经络，修命强身”思想，讲究重手重脚，大开大合，要求动作敏捷灵活。

徒手套路有青城洪拳、六合散手、青城八卦掌、古八极拳、玄门九式、二路洪（此拳出拳有力，灵活多变，架高无低势、拳掌腿肘并用，攻防结合）。

器械套路有七星剑、八仙剑、子母棍、大青龙刀、乾坤圈（又名凤凰轮）。

练功方法有健身延寿功（住重动静相兼，形、意、气三合一）、青城派六合内功（相传清光绪年间，黄才先从青城派游方道人处习得功夫，后在开县授拳，自称

“冷道人”或“洪道人”。此功夫练气血、通经路、健强脏腑，有和阴阳，壮内外、祛病延年的功效，其硬气功能承受“撞杆击腹”的重力打击）。

该流派现流传于都江堰市、泸州市、开县等地，其代表人物有周烈光、陈生一、余国雄。

十一、绿林派

四川本土拳种，该派拳术为传统武术中侠家的代表，渗透了中国侠文化思想及侠义精神。据四川省非物质文化遗产保护中心所编《四川非物质文化遗产民间文学艺术集录・下卷》载：该流派“充分涵盖了侠家文化中的积极思想。‘义非侠不立，侠非义不成’，侠文化又秉持着‘义’——道义、正义、侠义而渗入千千万万老百姓的心灵。”由于该拳动作不多，技击性强，于健身、防身甚为实用，故利于在群众中推广流行。

绿林派源起四川灌县（今都江堰市），与雍正间的两个反清组织存在着直接的联系，民国时期，又有进一步传播，形成了三个支流：

其一，清朝雍正年间，号称“千里独行侠”的刘忠从北京流落四川（据传是刺杀雍正败露后出逃），继续进行反清活动，是成都一反清组织的领导人。刘忠在灌县青城山学得绿林派拳技之后，又吸取各家武艺之长，对拳术做了进一步发展，并广传组织中的成员。

其二，另一支与刘忠反清组织同时存在的是成都郫县（今郫都区）以“金舵子”黄二爷为代表的民间反清帮会“剑侠会”。该组织与刘忠组织两相呼应。“金舵子”传绿林派拳术予新繁刘利山。因传功之地芦苇丛生，故称绿林派（芦林派）。绿林派后经刘利山不断总结、充实和发展而更加成熟。刘利山后传当地的刁泽成、吴铁成及成都的马宝等。吴铁成传雅安路军建，马宝传成都傅元亨、乐山杨季冰，绿林派遂在四川各地更广泛传开。

其三，民国初年，王道人（俗称，名不详）传熊柏松绿林派武艺。该派因小手独具特色，所以又有“绿林小手”之称。

本门重功底不重花样。拳尤以南派手法见长，均以小云手开式，其拳理是“人怕盘头（即扰乱视线，难防难攻），树怕扒根”。其动作短小精悍，灵活快捷，紧卷连贯,软硬相兼,善于手上变化,步法多以猿形、箭步、梭步为主。讲究吞如活雀,吐如马奔,快如闪电,贴身短打,手脚齐进。擅长后发先制,借力打力。

徒手套路有豹拳、短打、开四门拳、绿林风、宰手、斗方连城拳、抛铁连城、弓字连城、拗桩十八手、四平箭腿等。

器械套路有绿林单刀、七弦刀、匕首、双卡、绳镖、龙形棍、慈云剑、绿林双卡等。

练功方法有六合功、犀牛望月、单鞭劲、枕头包、麻圈、太子功、斗方崩弹手、斗方六合捶、裁人字手、对成手、太极翻花掌、卧虎功、沙筒、把子、五轮桩、天滑子、沙包、打黄签纸、打草龙桩、批手、双人披手等。

该流派主要流行于成都的温江、新繁、都江堰市以及乐山等地,后经路军健传至雅安,雅安因之成为绿林派武术发展人数最多、内容最为系统的地区。代表拳师有路军建、熊柏松、杨仲明。

十二、余家拳

四川本土拳种,1998 年 2 月,简阳市改由资阳市(地区)代管时,为资阳市市级非物质文化遗产项目。因拳种创造者中有余姓武师,因此得名。

清初从湖广到四川简阳的余姓武师同四川曾姓武师和外来宋姓武师共研苦琢,创编出一种介乎内外两家,南北两派的独特拳技。

据《中国武术大辞典》所记:1918 年,嫡裔传人余发斋偕子余鼎山到成都设擂较技,其武功超群,名震川西,同年父子到重庆授徒。1926 年前后军阀刘湘聘余鼎山为二十一军军部国术教官。1931 年余鼎山在重庆扬武国技社、重庆国术馆担任教练,该拳种也随之传入重庆市及周围区县。1964 年余鼎山之侄余少华,受聘在成都体院传授余家拳术。后来,余少华之子余森详曾在全国性比赛中表演该门技艺。

余家拳分为大架和小架。动作强调攻防连法,以攻为主。手法多,变化快,直进急退,迅猛力整,滚捆擒拿,架势低矮。技击时多以“云手”扰乱对方视线,变换中突然击发。身法讲究缩身藏手,吞吐转折,大小开合,绵软中而发刚、短、快、疾之劲,讲究头、肩、肘、手、髋、膝、脚齐施,刚,柔、弹、脆、明、暗、断、化八劲并用。

余家拳理论参照儒、道之学说——虚实、明暗、阴阳，消长、生剋、制化的应对关系；内重心静神凝，导气归元，目测心算，威肃无畏；外重头正身直，富身仄扁，含机束骸，疾合快张。

徒手套路有铜梁五官拳（又称五观拳）、内江五官拳、铜梁霸王拳、内江霸王拳、霸王腿、洪拳、齐心掌（又称七星拳）、攀花拳（又称探花拳）、重庆探花拳、内江探花拳、拐直拳（又称拐子拳）、拐子、得胜拳（又称得乘拳）、新四水归池、虎豹掌、双擒抱等。

器械套路有凤尾单刀、滴泉枪（又称左把枪）、寒士剑、齐眉棍、铜梁流水棍、内江流水棍、大刀（又称二十四刀半）、板凳拳、双锏等。

练功方法有披砂包、摔沙袋、滚砂筒、打木桩、插豆盆、滑子劲等。

技击项目有对拆手、散手。

该流派主要流行于重庆市、自贡市和内江市，其代表人物有余绍华、余森洋、胡加祥、陈剑声、李清明（女）。

十三、雅安余家拳

四川本土拳种，由清代雅安余正刚所创，故而得名。该拳种已流行两百余年，过去只在家族中代代单传，外界很少有人知晓。1991 年第七代传人余成章，将点穴术等部分资料整理公开。余成章称，此奉旨在留下珍贵武术文化遗产，他写道："点穴术中有许多珍贵的内容并未留下墨迹，而武林中的许多绝技仅靠口授亲继，致使许多珍贵的文化遗产散于烟海。为了使余家拳中流传二百余年的点穴精华不致散失殆尽，今将父母口授之精华和盘托出以飨武林同好。"①

雅安余家拳重视技击也重视养身。其技击的特点是摔跤与散打格斗结合，长攻短护，稳进稳退。强调硬、猛、变、攻，紧迫猛打，硬攻硬守，如其所言"无猛不交战，无敌不行拳。"动作环环相套，式式相连，恰似"行拳如流水，起腿如浪飞"。

雅安余家拳进攻时，"攻他三路倒大树，跌打摔拿随手翻"；防守时，"犯中莫慌乱，三盘肘为先，若遇搂抢先自倒，断指掏裆带拿翻"；破围时，"一对一来直取，

① 余成章. 武打点穴与解穴[M]. 成都：四川科学技术出版社，1991：343.

一对二左晃右翻,一对三绕后避难,一对五抓死替拳。未打先看后,开打必照拳,击头最为先。莫纠缠,虚晃一招走为先。”散手要求“急攻对急攻,安全在其中。中锋来,侧锋入;上盘来,下盘还。拳高不格架,蹲步手掏丹。底来犯拨手,攻头不怠慢。”

徒手套路有三十六肘。

器械套路有实战性很强的余家十三棍(该棍法不重花彩,每一动作都是有效的打击动作。其中没有回环跳跃,故不宜用于表演,主要用于上阵对敌)。

练功方法有神力功、铁桶劲、大力功。

该拳种现流传于雅安市,其代表人物有余正金、余成章。

十四、余门拳

四川本土拳种,因其传承者姓余,故而得名。据传,余门拳是由后东汉末年华佗所造“五禽戏”演变而来,经历代相传,到明中叶成为四川东乡县(今四川宣汉县原名东乡县,因与江西省东乡县重名,且设置在后,又为汉朝宣汉县地,故于民国三年改名为宣汉县)余氏家族世袭拳术。清乾隆四十年(1775),第八代传人余有福在东乡县南坝镇下场口泡桐树(现南昆大桥下边)设馆教徒,余氏家族世袭相传的武功,始传外姓,人称余门拳。余有福弟子熊学能晚年回开江授徒,又将所学余门拳传给弟子天台乡上董坪人向平。嘉庆年间,向平在赤溪寺收徒传艺。当地丁承寿学得全部武功,成为余门拳重要传人。民国时期,其孙丁宪章等继承其技,丁宪章在20世纪30年代被军阀刘存厚聘为川陕边防军国术教官。40年代,又在当时已由东乡县更变新名的宣汉县、达县、大竹县、重庆市等地传授武艺。丁宪章侄子丁举高学会此拳后,创编了“马步双劈拳”“支了”“挂印封侯”三套拳术,余家拳有了进一步发展。中华人民共和国成立后,丁举高将余门拳传给儿子丁世玉,侄孙丁长福、侄曾孙丁耀庭。余门拳在宣汉县相传了10代之久。

据《四川武术大全》载:余门拳在万县地区还另有两支:

其一,清朝咸丰年间,有周老拳师(不知其名)到万县地区云阳县的云安授“余门拳”,周传本地富户曾伯山;1935年曾再传云安朱志雄。辗转相传至八十年代,有李宗茂、胡乾伟等人为该门嫡系传人。

其二，清末民初，开县余门拳师唐兴畅传艺于胡寿昌，胡于1934年在万县国术馆教余门拳术，传程云生、余生堂等人，同时开县铁峰人骆洪春也习“余门拳”，后传万县谭金优等人。

此派具有短手寸劲，借力还力，架势低矮，发劲刚脆；手法多变，攻防严密，手法多，腿法少，短小精悍，爆发力强。技击上讲究巧打快，快打慢，不贪打（贪打必挨打），但有机必打。步势基本用弓步、马步、仆步、并步、箭步；步法稳健，脚踏实地，脚法较少。套路运动均有一定的路线，多数是原地变换步法，素有“拳打卧牛之地”之说。以探花、霸王腿为主。

此派基本理论认为：攻防运用上要求出手要稳、准、狠、疾，充分发挥拳、肘、肩、跨、膝、腿、脚各部位的作用，做到眼到手到，出手有风，出脚有坑，手脚并用，封闭严密，刚柔相济，刚在力前，柔在力后。

徒手套路有一马三箭（二套）、火盘架子、大燕青（二套）、小燕青、连掌（二套）、铲手、掺手、长捶、七星链、二路黑虎链、马步双劈拳、支子（二套）、桅子拳、挂印封侯、精华拳、返风、正桩、游城、翻沉子、总拳、头路拳、波浪拳、余门拳、三战、蜘蛛爬壁、三路盘拳。

器械套路有余门挑刀、老八刀、小环单刀、滚龙花枪、滚蹬剑、余家棍、齐眉棍、余门右手棍、南征棍、少林双头棍、南阳刀、沉香拐、青龙双刀、滚瞠双刀。

练功方法有打沙包、掖木桩、裹滑车、扣木牛、站桩等。

该拳种现流行于四川达县市各区县，以及重庆市万州区、云阳县、开州区等地，其代表人物有丁举高、朱志雄、程云生。

十五、满手拳

四川本土拳种，因练习时，“满手满脚”，勾挂开掌如满月之弓，故而得名。

相传清朝末年，有一武林高手赴贵州，途经江津市，因见当地有一青年习武不得要领，甚为惋惜，乃直言相告。青年不服，与老人比试，结果被老人满弓掌击于一丈开外。青年心服，遂拜老人为师，老人也开始在当地教拳。岳宏顺和汤元兴等学得此拳。卢宾山拜二人为师，后在当地授拳，使该拳在江津一带流行。

此派风格特点为：拳路朴实无华，姿势舒展大方，满手满脚。发手刚劲快速，刚中带柔，攻中有防，连“消”带打；脚走四方，手到眼到，手脚相随，转向灵活。

徒手套路有单路两套、滚肘雪花盖顶、雪花盖顶、迎面铁扇、二反手、大六肘、小六肘、小练步、三调身、小路、三碴梭、梭步、捆手。

器械套路有南阳刀。

该拳种现流传于重庆市、江津市一带，其代表人物有卢宾山、王建初、卢化熙。

十六、周家拳

四川本土拳种，此拳以拳种周氏创始者姓氏冠名。

清乾隆年间，身为团练教习的宋宗海曾向峨眉拳师铁官道人学武，乾隆末告老还乡，归于鱼嘴沱（今复盛乡）。嘉庆、道光年间，授技于儿子宋文书，武艺大进。父子二人遂共同总结经验，写《教练拳谱》欲传后世。同治元年（1862 年），周玉峰向宋文书学艺。9 年后，赴华蓥山黄龙寺等地访友交流，取精华融于拳技中形成体系，在家乡和涪陵等地授拳。经其徒周应雄（第二子）、张昆仑、黄楚湘等人广为传授，名震一时。人们称此拳法为“周家拳”。

《重庆·江北县志》谓：此拳桩矮步稳，掌拳变化大，指掌交替使用，多用手腕制化敌劲，借力乘势，避实就虚；重视单手练习，“巴、探、挂、拿”，常“掌不离腮，肘不离怀”，力求手轻足稳，善使柔劲，柔中带刚。发力迅猛，有“肩腰起首软似棉，出拳发劲如推山”之说。

周家拳有《拳谱》《少林媲美论》《棍法十二诀》手抄本流传民间。

徒手套路有拾托缠手、六肘、三十六破手连环扣、青龙拳、虎豹拳、梅花拳、小地盘等。

器械套路有白鹤单刀、南洋刀叉、白虎鞭、五子棍、钩镰等。

对练套路有擒拿十七法、十面埋伏。

练功方法有打沙包、批铁砂、靠木桩、举石磴、嗨字劲、太子劲、白水劲等。

该拳种主要流行于重庆市，其代表人物有周玉降、张昆仑、高中强（在台湾）。

十七、化门拳

四川本土拳种。《四川武术大全·化口门》引张华《博物志》和干宝《搜神记》以证化门拳属四川。《博物志》卷三《异兽》曰:"蜀山南高山,有物如猕猴,长七尺,能人行,健走,名曰'猴玃',一名'化',或曰'猳玃'。"《搜神记》卷十二曰:"蜀中西南高山之上,有物,与猴相类,长七尺,能作人行,善走逐人,名曰"猳国",一名"马化",或曰'玃猿'。"《四川武术大全》认为:"化门的拳,不是取猿猴之形,而是取猿猴之能,即是取它灵活多变,以制服对方之能而来,足证化门源出四川,土生土长,练习于今。"

《四川武术大全·化口门》还认为,四川的化门拳,就是《纪效新书》中的"囮"(音 é)拳,囮即媒鸟——捕鸟时用于诱捕来鸟之鸟①。陈晓东《拳略》:"技击之妙,全在于诱,若能善诱,敌人束手。"一般人认不清囮字,后读写为"化",称为化门拳。

虽然如此,但囮门实践者或研究者并不完全将囮作为诱惑之鸟解,他们对化门拳的阐释依然是从古典哲学理论来阐发。由此出发,他们认为化门的"化",从哲理上说,就是阴阳五行,八卦上讲的"生、尅、制、化"。生,即两者并存之意;尅,是两者对抗之意;制,即制服对方之意,化,《易经》讲爻变,主张万事万物都在变化。从技术上讲,化,就是借力乘势,化险为夷之意。

此派以柔化、小巧为主,重单手,注重化劲,借力巧打,手脚轻快,无大开大合动作,多用手腕"制化敌劲,引进落空"。手法讲究抡、拿、断、擗。善用"寸劲"。技击上要求:打时以快、硬为上。讲究有形打形、无形打化,采用"缠绕短线一炮"取胜。

虽源流和传人不同,但在川渝地区流行的化门拳风格相近,主要有四支:

其一,清光绪年间,峨眉山修德禅师将此拳传授张烈武。张烈武传达县五显庙张多福。

其二,清光绪年间,袁继山在军队中习得化门拳后,1910 年在长寿巡回教学。

其三,清末,王钉峰传此拳于马吉山(《重庆·江北县志》作"马锡山"),1919 年马吉山传重庆江北县(今渝北区)赵子虬。赵子虬于民国 32 年定居江北,遂传

---

① 在盐源县至今流行一种名为"野鸡媒猎"的传统娱乐活动项目,其中用于引诱野外野鸡的笼养野鸡便是这种囮的现实版。

技于该县。

其四,民国初年,杨石臣在成都传授此拳。

徒手套路有“徐徐旋搅,乘撩攻击”的火连拳;以“捶为主,挑拨闪躲,以柔克刚”的化门单拳;“手法连续,刚劲有力”的挂四门;“动作连贯,藏而不露”的八化拳;二十四贴身靠子(突出五蜂、六肘和挤、靠、挂,踏的变化)、四门拳(以腿为主,乘虚而入)、八福拳、二虎下山、正桩拳、杨家桩、三门练桩、魁里、七星捶、一字桩、十响、双救驾。

器械套路有七步连针棍(突出点、崩、狠、准的特点)、擅杀棍(突出提、亢、抱、砸、闯、扯等六法的变化)、白虎鞭(主练鞭发“胎力”,以铲为主的鞭法)、抱月双刀(猛砍直进,轻灵步稳)、双锏(着重用棱击打,动作迅急,犹如乱锤劈柴)。

练功方法主要有七星拜月、披棍。

该拳种现在主要流行区域有成都市、达州市、南充市、内江市,及重庆市等。代表人物有赵子虬,李孟常、杨德明、宋莲波、孙吉、张文渊等。

十八、联门拳

四川本土拳种,其拳名为传授该拳术武师王联方自拟。

清咸丰年间,王联方在四川开县温泉地区传授“联门拳”,王联方传杨玉龙等人。杨玉龙再传唐顺藩,唐顺藩传李千禄,上一世纪 80 年代末已传四代。

此派风格特点为:讲究出拳用旋拳,用拳栽砸拳,一拳有三用,拳拳要旋转;迈步弓马步,进退用虚步,攻防要跳跃。功架大,下盘宽,便于进退和躲闪;躲躲闪闪寻同隙,见缝插针一瞬间,上盘旋带手,攻防两相兼,前催步,后吞步,进退跳跃自如。莫嫌联门不好看,技击运动此为先。

徒手套路有练八捶、虎子捶等。

器械套路有碧风单刀。

主要练功方法有籽衣裤、批手、沙杠、站桩等

该拳种流传于重庆市万州区、开州区等地,其代表人物有杨玉龙、庸顺藩、李千禄。

十九、任门拳

四川本土拳种,后传弟子为纪念拳种创造者任姓武师而以其姓氏取名(此拳名与任家教别称同,但实为不同拳种)。清朝末年,有一任氏武师在四川万县、梁平、开县一带传授拳术。当地人伍国治习得其艺后,传于伍世民,伍世民又传伍文斌,伍文斌再传伍华阳。

《四川武术大全》载:"此派讲究功防坚硬,满捶满掼;动作舒展大方,快速有力;气从丹田生,力由四肢行;腰为轴,手似轮,两腿迈步如行云。"

徒手套路有金鸡独立拳。

器械套路有秋风扫落叶单刀等。

主要功法有合十站桩功、鼻鸣呼吸功、披手、沙杠等。

该拳种今主要流传于重庆市万州区、梁平区、开州区等地,其代表人物有伍世民、伍文斌、伍华阳。

二十、自门拳

四川本土拳种,因其传承者强调该拳种的内源性,即为自己所创,特意以"自"定名,故称"自门拳"。

上一世纪80年代初,四川省武术挖整组在南充调查时发现,双河唐家河坝有唐氏家族自行编创的一套拳术,名为"自门拳"。这套拳术唐家世代相传,已多代。

此派风格特点为:拳法短小精悍,发力沉稳,并伴有发声。四面进抬,变幻莫测。出手讲究以奇取胜。

徒手套路有十字拳[以勾、抄、顶、挂、压等方法配合各种步法为主要演练手段,以四面(前、后、左、右)为目标,攻守进退,借力发力,步到手到,伴有出气声。有拳打卧牛之地的特点]、过门拳(以勾、抄、顶、挂、梯和腿法的协调一气贯通,有起有落,灵活多变;出拳多以直拳,刚劲力沉,手脚并用;以直线来回返复,引进自如)。

该拳种现主要流传于广安市广安区、武胜县、岳池县等地,其代表人物有唐显国、唐明良、唐明照。

二十一、峨眉十二桩

气功与武术存在一定的联系。本读本在第二章《峨眉武术:一颗璀璨的明珠》的《峨眉武术沿革·关于峨眉武术的传闻异说》部分,特意提出了“白云禅师创峨眉十二桩”的问题。笔者征引学界研究成果,否定了“南宋时峨眉山白云禅师创编峨眉十二桩”之说,但峨眉十二桩却是一个事实存在,只不过其产生时间较晚而已。鉴于武术与气功的密切关联,本读本依《四川武术大全》例,将峨眉十二桩收录读本。

在川渝地区有两种同名,但在起源、功法方面都不尽相同的峨眉十二桩,故分别加以介绍。

1. 蜀地峨眉十二桩

蜀地峨眉十二桩被一些学者称为“养生动功”或“峨眉桩气功”。于20世纪中期已在医界流行。其风格特点为:圆空法生,神与桩合;文武合用,擒拿八法;点穴击要,松沉虚实;动静相兼,以静制动;调整气脉,协调阴阳。

峨眉十二桩的练习步骤是先练外面架子,后练呼吸吐纳,再练内景气脉运行。有研习者认为:此桩要求练九个层次的功法(但一般只练一至三个层次的功法就行了),针对五脏六腑的不同疾病,配合峨眉小练形练法,使之体会和掌握“松沉虚实内外柔”的要领。

练功方法有天字桩、地字桩、之字桩、心字桩、游龙桩、鹤翔桩、拿云桩、旋风桩、大字桩、小字桩、幽字桩、明字桩。

代表人物有杨德明。

2. 巴渝峨眉十二桩

明末清初,湖北麻城县(今麻城市)孝感乡姜一怀在四川峨眉山,拜金顶朝天洞长老为师,习得峨眉十二桩真传,后在四川南充县(今南充市)就业,传峨眉十二桩于姜氏子孙后代,时至今日。

据《四川省志·体育志》,此派风格特点为:以矮桩短打为主,手法多变,结构严密,突出手、眼,以快取胜。技击讲究“眼似铃珠手似箭,脚似藤牌身似圈,细雨飘飘挠风帆，顺水推舟无处难，奇功异术似电闪，快中取胜直往来。”

徒手套路有跳六步、蹭六步、大红拳、冲天拳、火连拳、鸳鸯腿、大云手。

器械套路有边堂棍。

主要功法有一指劲功、卧虎劲功、批砂包、批铁砂等。

本桩在南充市流行，其代表人物姜汉清。

二十二、唐门

四川本土拳种，因该拳种为开县唐氏家族所创而得名。刘登平《开县文史资料》第四辑《四川唐门考》云：

据唐家武学弟子李千禄《开县唐门考》所述，明朝末年，张献忠自陕入川后，攻克了开县城。其部分人马驻扎在城外老关嘴至南河一带。在这里，农民军得遇善唐门武术的唐姓长工，他用锄头击败几位军人，甚至连总兵也敌不过他。这是关于唐门武术的最早传说。

另一传说是关于清代的唐门故事，据说清乾隆年间，唐氏掌门人唐天泰曾为清宫庭侍卫，与八卦掌创始人董海川同朝当执。唐天泰告老还乡后回开县继续传授唐家拳术，经与湖北拳师的武技交流，唐门武术更加充实。

万赖声于1928年出版的武学名著《武术汇综》记载了唐门武术，使之从传闻进入历史：“又有操‘五毒神砂’者，乃铁砂以五毒练过，三年可成，打于人身，即中其毒，遍体麻木，不能动弹，挂破体肤，终生脓血不止，无药可医。如四川唐大嫂即是！”刘登平《四川唐门考》引当代武侠文学研究家叶洪生结论，认为“这个唐大嫂实有其人，即四川（今重庆）开县人氏。”近年也有不少史学家考证，从明末传至今的“蜀中唐门”“四川唐门”“峡江唐门”均指开县的唐家拳。

唐门拳术的特点：一、实战中以腰为轴心，侧身面向对手，受攻击面相对较小，易攻易防；移动时，腿呈环形，使身体重心下移，保证其稳定性。二、进攻多是对手的“黑档”——对手防守薄弱地方如背面或侧面，少进攻“红档”——对手易防守的正面。三、对抗时全身放松，进攻路线圆活，不易被对手发现进攻目的，同时利于防守。四、近战中，身体多个部位——头、肩、肘、腕、臀、膝、踝等，都可作为进攻武器使用。五、进攻中掌形的多变，如柳叶掌、八字掌、荷叶掌等，可攻击对手的不同部位。六、肩是出拳出掌的发力部位,手的内旋外转,极为迅速。七、腿法追求力量和变化。八、出招奇特。每个套路都有不同的绝招。

唐门徒手套路有九滚十八跌、连八腿等。

器械套路有定唐大刀等,此外,还会使用暗器(尤其是竹标),但并不用“毒”,武侠小说唐门用“毒”之说,当属武侠小说作家们虚构演绎而成。

该拳种现流行于重庆开县等地,其代表拳师有唐兴畅、张锦成、李千禄。

二十三、象形拳

象形拳是模仿动物特长、技能和形态,或模仿某些古代人物的搏斗、生活的形象,结合武术的技法而创编的一类拳术。鹤拳、猴拳、龙拳、蛇拳、虎拳、豹拳、鹰拳、鸡拳、狗拳、螳螂拳等,以及八仙醉酒、鲁智深醉跌、武松脱铐等,均以形神兼备,惟妙惟肖而称著于世。

然而在形神兼备,惟妙惟肖之中,却蕴藏劈砸之势、搂抱之法、按推之术、翻盖之巧、勾挂之力、折扣之能,因而象形拳不是技巧之舞,而是技击之武。

1. 猴拳

猴拳是象形拳的一种,是吸取猴子敏捷机智、灵活轻巧、好动等特点,结合攻防技击手段而编成的独特的拳术套路。本土猴拳主要有两支:

1. 肖氏猴拳猴棍

该拳术是由成都体育学院武术教师肖应鹏创编的,肖应鹏通过长期观察猴子的生活习性和琢磨猴子相互搏斗等动作,结合武术的踢、打、摔、拿等攻防技击方法,并根据武术套路创编的原则和规律,模仿猴子一般生活故事情节,经过提炼加工,创编而成。在《四川武术大全》中,邹德发整理了肖应鹏猴拳的徒手套路的拳谱,从拳谱克制肖氏猴拳由预备势到收势的共 8 段 48 式。

猴棍是猴拳技术和动作的延伸。邹德发整理了肖应鹏先生猴棍,从预备势到收势共 6 段 39 式。

另外,肖应鹏还创造了猴刀、猴剑、猴枪,以及醉汉擒猴等套路。

肖应鹏猴拳、猴棍现在民间和学校都是受人欢迎的项目,其主要继承者有王金宝、郭洪海、吴信良、熊长贵、杨啸原、邹德发、朱兴云、刘伟、白美元等。

2. 白氏猴拳

该拳种是由有川西“灵猴”之称的眉山白云飞所创。民国时期，白云飞曾在军中任武术教官，1933 年在丰都国术馆执教，传此拳于丰都。此后该拳种流传于川西、川南、川东以及资阳河一带。

白氏猴拳的特点身灵步捷，机警好动，形象逼真，神传意达。

徒手套路共 26 式，含从猕猴亮相、抖毛、扑蝶、跳涧、偷果、坐山观景、下泉饮水、滚沙、打挺等动作。

该拳种现流传于川西、川南、川东和重庆，其代表拳师有丰都张秋松等。

2. 青龙拳

疑是四川本土拳种。此拳据现有资料只知，资中县孟鸡口有名叫崔敬成的道人善青龙拳，富顺人郑思成从其学得此拳。崔敬成道人是该拳术的创造者还是中途传播者，并无确凿资料证明，另外河北沧州盐山先生也有同名拳种，但仅有 27 式，动作与本拳术并不相同，显然二者并无传承关系，因此青龙拳的来源，只能存疑待考。但是，青龙拳确实最早现身于四川资中县孟鸡口，因此本读本将其归入四川本土拳种之列。

该拳术身灵步活，神形合一，动作连贯，手法紧凑，身如游龙。以快打慢，以掌、爪、指为主，缠、滚、钻建仓。

《四川武术大全》所记，本拳术含 3 段 32 式，从拨云见青天起，中间穿插日月锤、金剪刀、弹腿、打虎势、扫堂腿、一钉掌、下冲锤等式，至并步收桩。

该拳种现流传于四川省内江市、自贡市，其代表拳师郑思成。

3. 猿拳

疑是四川本土拳种，因模仿猿猴动作而得名。有作者称，此拳产生于南宋时，据云：“一名僧人德源长老是令峨眉功夫自成流派的重要人物。他模仿猿猴腾跃的动作，编出一套猿拳。由于德源长老眉毛纯白，彼人称为‘白眉道人’，功夫界又将猿拳称作‘白眉拳’。”①关于峨眉山“白眉道人”创编猿拳之说，已在前面作了否定，这里不再赘述。

---

① 康玉庆编著. 奇迹天工 · 功夫[M]. 天津：天津教育出版社，2014：46.

但是，据《四川武术大全·形意拳》万县曾国昌所记，在当地流行的猿拳拳路有十一式，即“震脚虚步”“左右侧屈”“弓步双戳掌”“摘果”“观望”“抢背”“抓手退三步”“拉手上三步”“翻身旋风脚”“虚步左右过脑”“收势（拱手）”。这十一式不是“白眉道人”“白眉拳”之类的虚构，而是实际存在，这是二者的重要区别。

这十一式与河南焦作市的猿拳并不相同。焦作猿拳共 108 式，风格迥异，“近靠短打、弹抖显威，似太极雅风未尽，恰长拳英姿别味，放长击远要敌真魂，功法快慢相兼，老少皆宜。”主要内容有：“四刚四柔，回八路拳，劈砸冲撩摔掠滚抹拿托搂叉拥拽挑拍搅切翻盖拎拨按推 24 手法，前踢后撩、里摆外跺、高蹬低踩、溜地挂、盖步跪、抛脚分 9 种脚法。”①由此可见四川万县猿拳与河南焦作猿拳名虽同，而实非同一拳种，因此，无确凿证据证明该拳种为外地所传之拳，故本读本将其归入本土拳种一类。

该拳种现流行于重庆市万州区一带，其代表拳师曾国昌。

4. 八虎拳

四川本土拳种，因动作简单练，直来直往，形象逼真，适合少年儿童习练，因而又称童子拳或少年八虎拳。

清光绪间，四川巴中县（今巴中市）断垭场杨文广，到南江县大河口将八虎拳传予王健。王健得此拳后，融汇南北各门拳技之长，再结合技击予以改进，从而使少儿用以习练的简练拳术成为了既可健身，又可防身自卫的青壮八虎拳。民国初，王健传此拳于成都、绵阳、达县。巴中市南江县开展较好，1980 年以后，八虎拳成为南江县运动会比赛项目之一，大河镇王瑞图父子的八虎拳十分有名。

风格特点：眼神明如鹰，身桩稳如熊，辗转捷如猿、闪扑威如虎，腾挪灵如龙，翻钻巧如燕，步态舒如鸡。

该拳种现流传于成都市、绵阳市、南江县等地区，大河镇王瑞图父子是代表拳师。

5. 虎爪拳

四川本土拳种，据《四川省志．峨眉山志》所记：“清宣统三年（1911 年），付

① 焦作市史志办编. 焦作市志 1987－2000（下卷）[M]. 郑州：中州古籍出版社，2005：1099.

云和尚创编虎爪拳,后流传自贡一带。”①

风格特点:自贡市虎爪拳拳师杨俊成:“爪势凶如猛虎,以静待动,伺机寻扑;发爪出声,以气催力;步矮势稳,腾跃轻灵。”

该拳种含二段25式。从“腾空分爪”起,经“虚步亮爪”“左穿弧形步”“转身双扑”“左拨右抓”“上步挂面掌”等式,于25式并步收势。

该虎爪拳种现流行于自贡市一带,其代表拳师杨俊成。

内江市老拳师黄克明、彭高杰等又提供了又一种虎爪拳。据说,这种虎爪拳起于元明间,清代,有峨眉剑仙肖天露搞长虎爪拳,后传徒谭普年(外号人称谭莽子),谭传赵云山,赵传钟玉书和银宾臣,黄克明和彭高杰分别学艺于钟、银二人。

主要功法:坠子功、打铁沙袋、插萝卜、插速豌豆、插铁沙等。

该拳种现流行于四川内江一带,代表拳师黄克明、彭高杰等。

6. 浪子燕青拳

四川本土拳种,据《四川省志·峨眉山志》所记:“清乾隆五十年(1785年),大坪寺僧创编‘浪子燕青拳’共46势,流传于富顺一带。”②

民国年间,资中著名拳师崔敬成(崔道人)从峨眉山和尚处学得此拳。民国24年,崔敬成又将此拳传授给富顺县郑思成。据说至今已相传数代,有近200年的历史。

此拳架势高中低结合穿插,手法快速多变。动作直臂劈打,肩背用力,以攻为主,攻防结合,轻灵巧妙。

该拳种含6段,46式。从“并步抱拳”起,经“燕子展翅”“燕子抄水”“魁星点斗”“浪子观燕”“观音坐莲台”“马步打虎”等46式,最后采用退步收势结束。

该拳种现流行于自贡市,其代表拳师郑思成。

7. 跛子拳

四川本土拳种,是以爪手、驼背、跛子三种残疾人象形动作为特点,结合武术击、打、摔、拿、行步、仆步、扫腿等步行、步法创编的拳术,故而得名。

---

① 四川省地方志编纂委员会编纂. 四川省志. 峨眉山志[M]. 成都:四川科学技术出版社,1996:25.

② 四川省地方志编纂委员会编纂. 四川省志. 峨眉山志[M]. 成都:四川科学技术出版社,1996:21.

相传此拳术为峨眉僧人所创,目的在于以残疾人爪手、驼背、跛子之动作迷惑对手,以出其不意,攻其不备,达到制胜的目的。民国年间,峨眉山净云(也有作"静云"者)禅师云游安岳时传予当地人周祖德。此后,跛子拳在当地不断发展。

该拳术特点,据张平《"跛子拳"奇中显法度》(1986 年)所说,该拳种架势矮小,步法短快,矮打矮击,借力打力。运动中讲究顺身,顺步、顺法、随身、随步、随形。进招多以勾手正反击打,手肘连用,隐肘峰于挂手之后。善翘首,卸不正视对方;虽驼背,但又似弓非弓;是爪手,然则勾直相间;腿瘸跛,但求屈中有直。行走讲究双膝内扣,起腿则是弯曲不伸,上脚即用后跟挂人,近战多以膝盖上击。从而是"五峰六肘"俱出,"一撒通身皆是手"。

拳术共有 80 式,从耸肩起势,"跛子出门""跛子挑水""跛子斟酒",一忽儿又是"驼背观花""驼背敬酒""驼背回门"。爪手,驼背、跛子三种象形动作贯彻始终,在驼子回门后,垂肩收势。

该拳种现流传于四川省安岳县,其代表拳师是周祖德。

8. 蛇拳

四川本土拳种,因以蛇的形象运动结合武术攻防技击编成成拳,故而得名。有关蛇形的拳术,类别很多,如形意拳有以蛇形为动作的拳路;少林拳有以蛇形为主的蛇拳;南拳有以蛇形掌为主的蛇形拳,也有以模拟蛇的各种运动形象结合技击的象形拳类。今广东、浙江、福建、四川、台湾、香港均有蛇拳流传。

四川蛇拳是原万县梁徒箱(已故)于 20 世纪 20 年代从峨眉和尚学来的。梁氏擅长诸多拳、械,但尤好蛇拳,视为护家拳不外传。梁氏晚年将蛇拳传与其孙梁守渝。梁守渝掌握了三套蛇拳的全部动作要领、技击方法和理论,并形成了独特的拳派风格。1981 年梁守渝代表四川,参加在沈阳举行的全国武术观摩交流表演,参赛的"蛇拳"引起了大会及武术界、报界的极大关注。随后梁守渝将此拳传綦卫华、李蓉等。

《四川武术大全》谓:四川蛇拳讲究"身颤步潜,蛇形绕走,手内旋,掌插肋、指喉箭,勾啄人顶巧柔软"。动作刚柔相济,以柔为主,要求肢体松柔,步活而桩实。其手型一似蛇头,名蛇形掌,二似蛇舌,名蛇信指。手法有穿、钻、插、劈、压、摆等。拳法有崩、钻、按、冲、劈、横、劈、勾。步法灵活多转绕。实战时要求身颤步转,应巧柔还,并常以呵、哈、丝声助势。传统蛇拳的动作开合得宜,刚柔相济,以柔为主,柔中有刚;上体要求松柔,下肢则要灵活,做到步活而桩实。

该拳种流行于重庆市万州区、云阳县,及成都市等地,其代表人物梁守渝(现已移居加拿大)、綦卫华、李蓉。

9. 鸭形拳

四川本土拳种,相传,明朝年间,四川峨眉山有禄鸭道人(也称“陆雅道人”),在深山长期观察鸭群的形态动作,终以鸭的嬉斗形态结合武术的攻防动作,创编了鸭形拳。该拳流传至今已有几百年历史。

此拳以形代义,内含攻防。鸭形拳举手投足间模仿鸭子走路时上身下体左右摆动、两蹼着地步履蹒跚、头颈后伸缩等形态。鸭形拳特色是两臂自然甩动、双腿交替、脚蹬撩踢、身体前后左右摆晃。

手法以掌为主,有勾、搂、托、插、穿、摆、掖、掷等,前撩后拨,左右伸按,柔中含刚。步法有弓步、虚步、行步、拖步、击步、挤步、跳步、辗转步等,多处于半蹲状态,要求腿部功力要好。头颈前探后拉,身体左右扭动,要求有很好的协调性。

该拳种流行于宜宾一带,已传三代,第一代张锡顺,第二代曹作儒,.第三代李恩贵。现宜宾地区的袁长荣,经过多年的苦练和不断地摸索、体会,在原套路的基础上不断创新,本着不失鸭形拳特点和武术的基本原理,合理运用攻防,丰富内容,把鸭形拳带入了新的境界。

10. 鹞子拳

疑是四川本土拳种。以模拟鹞子动态为本,结合武术招法,配以攻防,融合以成拳。

该拳种有主要动作41个,如左侧跪步掀拳、下叉十字手、弓步按压爪、靠步张爪、击并步下蹲按掌、撤手平抹下按掌、仰身右点腿等。

该拳种现流行于四川省内江市,其代表拳师有彭高吉。

11. 黄鳝拳

疑是四川本土拳种。清朝,陈西么爷出川学艺,回川后创编了此拳在本族内相传,至今已五代。

该拳模仿黄鳝,结合拳法及攻防动作以成拳,套路短小精干,形象生动,技击性强。

徒手套路27式,其中有头上击掌,翻掌、擒、插掌、后插掌、左照掌、右照掌、追步、左洗脚、右洗脚、左腾风、腾风、右腾风、推掌、双推掌、左插拳、苏秦背剑等式。

练功方法:五步神沙掌。其法为:用一块见方石头,放入厕所里泡七天,然后取出,用水冲洗干净,再阴放七天。同时,用铜砂、铁砂、童小便和其它药配制泡酒洗手,每天练习掌功。

12. 夜行刀

四川本土器械套路,因模仿武士夜间临敌迎战路数创编。全国多地流行,如江苏等地流传的套路便含有36式。主要动作有直门刀(封面刀)、敌蛇刀(吐蛇刀),反身刺刀等,但无清晰的传播途径。四川流行的夜行刀是清道光间由宣汉人李正云学得,后李正云传其子李云举,云举视此刀为至宝,并在本族中代代相传。至此,此刀流传于宣汉县尼姑洞一带。

风格特点:此刀变化无穷,神妙异常,意不得苟且,行不得冒进,特别讲究手、眼、身法、步,刀法。战时神速,身轻如燕,落地生根,步步为营。

动作机灵,象形取意,进退快速,转析巧妙,夜行探物,察找夜斗,动静相兼,伏如灵狗,动如泼风。

夜行刀刀术套路,共有67式,主要动作有交刀圆行步,提膝转身托刀、跃步转身藏刀、跪步缠刀、马步平斩、歇步捧刀、抽刀前蹬、跃步按刀、跪步扫刀、回身下扫交刀、歇步下插、虚步抱刀等式。

该套路现流传于四川达州市,其代表人物张永辉。

二十四、北碚峨眉拳

原存在于四川北碚的拳种,源传不明,本书因该拳最早现身地为重庆市北碚区而暂将其归入四川本地拳种之列,并冠名"北碚峨眉拳"。1979年,国家体委国家武术挖掘调研小组定性为"纯技击性"拳术。该拳种为20世纪50年代重庆市北碚区体委武术教练员吴先绪在当地所传授武术项目中的一种。有研究者依据《开封方志》中《峨眉拳在开封》一文(1989)说法,认为峨眉拳的根在河南少林。据此文称,400 年前,明王朝时代,曾有一道姑在河南登封少林寺学艺。学成,与男子较量,拳路力弱不敌;与女子过招,却欠灵巧而不能取胜。道姑只好博采众家之长,另创了一门新拳术。新拳术轻柔飘忽,“手如三春杨柳,步如风摆荷叶”;迅猛有力,“出手似闪电,发力如雷霆”。但是,道姑少林学武、学成与男子较量、与女子比试,最后再创新拳,新拳种以“娥眉”冠名,其名因与峨眉山之名谐音而成“峨眉拳”……但是上述故事并非信史,而且在上一世纪 70 年代以前,开封并无此拳,直到上一世纪七〇年代吴光绪徒弟孟宪超北迁开封后,当地才始有峨眉拳之说。

该拳种规定:其一,由于该拳种创设者与世无争,不欲将此拳作为与人争强斗胜的工具,因而将拳种定位为“娱身的”“御侮的”,而不是扬名的,并因此为其弟子立有三规:一是不言师,二是不在人前演艺,三是不寻人争高下。其二,峨眉拳有不拜师的规矩,20 世纪 60 年代,吴先绪收孟宪超为徒时,孟欲行拜师礼,而被吴先绪拒绝。

峨眉拳传人董如军为拳种总结出了 4 个特点:其一,峨眉拳属内家拳技法。初练时,主要练习发力,打一面花、斜射虎。其二,动作讲究刚、柔、曲、直。其三,峨眉拳“拳不接手,枪不走圈,剑不行尾,方是峨眉。”与敌交手,未知敌虚实,不可贸然出手。其四,技击战术讲究诱敌深入,后发先至。

拳法中有“十脚”:裙里腿、倒拖裙、斜插花、倒踩莲、单出墙、穿心脚、玉女问路、燕子穿帘、龙女取珠、观音转莲;有八手:一面花、直射虎、观音转莲、斜插一枝梅、玉女按莲、玉女抽身、闭月羞花、沉鱼落雁。

器械有剑法、簪法、针法等。剑法有童子扣门、拂花掠影、玉女抽身、龙女拂袖等;簪法(峨眉刺)明末出现,清代已见于小说《三侠五义》中。其“簪”,头端微圆,中有皮环,可套于中指,其长短适中,以不露指端为度,战时用以点穴击要,平时可用以簪发髻。针法用“玉女针”,针长约两寸,蓄有蛇毒,此法太毒,慎用,且随带解毒药。

功法有三:

1.“峨眉大刀鹰爪童子功”——此功法练习可为擒拿术增强功力,专练阳刚之劲,主要是靠练丹田功来达到目的。若练内手功夫,则无须展露其丹田功的习练,用其意足也。

2.“峨眉排打软气功”——此功用于实战,其习练重点也是丹田功(本功法所指丹田为下丹田)。是一种软气功功法,其方法是身体处于自由状态时,不须任何蓄气过程,借助内气的瞬间爆发力抗击外部的打击力量。

3.“浑圆一气按莲功”——也称“玉女按莲”,简称“按莲”,属于上乘功法的内手功夫,是峨眉拳的不传之秘。功成之后,出手无形,可收隔软打硬,力透脏腑之效。练此功不讲究丹田——整个人体即是个大丹田,讲浑圆之气,求浑圆之力,集全身之力于一点。因而此功不同于其他打沙袋、打千层纸、打木桩等功法。

该拳种主要流行于河南开封和武警部队,其代表人物有孟宪超、董如军。

第四章　外来武术拳种和门派

成都体育学院邹德发老师在其《蹲桩拳》中使用的“客架拳”概念，是指明末清初那些从外地传入四川的拳种。照邹先生说法，它们包括外来的关西路拳、关东路拳、少林拳、江西拳、湖北拳、湖南拳、福建南拳、广东南拳等。在四川长期流传中，这些拳种经民间不断改造，最终完成了在川的本土化过程，从而形成了著名的“僧门、岳门、赵门、杜门、洪门、化门、字门、会门”，以及六合门、拦手门、螳螂门、昆仑派、松溪内家等40余个拳派。这些业已本土化的外来武术门派既保留了原拳路的主要特点，又具有四川地方拳术风格，与原来少林拳、洪拳、查拳、弹腿、形意、八卦、通臂、太极拳等的套路大异其趣，已经成为峨眉武术的有机构成部分了。①

一、孙门

外来武术拳种。据传源于福建少林寺，明末张成虎在四川传艺，历经数代后，孙楚南学得其技，并著书立说。后学为纪念先师，命拳名“孙门”。

在巴渝地区流传的孙门主要有五个支系：

其一，清朝光绪年间，成都刘堃山学得孙门拳术，后传成都李国鑫、王子清等人。

其二，清朝光绪年间，眉山人何松林学得此技，1934年传于成都的成庆三，何

---

① 邹德友. 蹲桩拳[M]. 成都：四川科学技术出版社，1997：5－6.

松林1941年回老家眉山传该技于任俊杰。

其三，清朝光绪年间，灌县人周德山学得此艺，20世纪30年代传王裕康等。

其四，清朝末年，郫县（今成都市郫都区）人周大鹏、温江人郭敬之、周春山等，学得此门拳技，并分别在郫县和温江推广。

其五，1936年，郫县人薛德修由重庆到华阳，传此门拳技与当地赵生章和谭其义。

孙门五个支系因最早均由南少林传出，属佛家传承武术，同源异流，具有一定的相似性。但灌县的孙门，受青城山道教文化的影响，变成一种不尚功力、追求巧打的武功，与郫县仍保留的南少林风格的孙门已经有了一定差异。

此派总的风格特点为：多拳少腿，靠身短打，滚转刁巧，灵敏似猴。讲究阴阳开合，攻防齐出，意识逼真，全神贯注，靠崩内转，俯仰吞吐。技击上讲究势烈刚猛，灵活多变，彼动我静，百战百胜。

徒手套路有大练步拳（龙拳）、单鞭拳法、虎抱拳、虎抱头拳法、缠丝拳、缠丝拳法、钩镰缠丝拳、六通拳、六通拳法、六林拳、九宫拳势、八仙拳势、连环靠子、定甲扫堂拳、花拳手法。

器械套路有练步单刀、怀金靠子刀、八母枪法、六合枪、一七星棍、天干棍。

练功方法有立太子功、铁汉碑。

该拳种现流传于成都市都双流区、都江堰市、雅安市、乐山市等，其代表人物有李国鑫、王裕康、任俊杰、彭金山、成庆三。

二、生门

外来武术拳种。在巴渝地区流传的生门主要有两支：

其一是清末民初，四川郫县（今成都郫都区）金授云把福建少林拳法融入青城易学，创出一新拳种，即生门，因儒家《周易·系辞》“生生之谓易”之句而得名。这支拳也称“金家拳”。

其二是在清朝年间四川人黄广三（后人不知其名，因其曾三下广东学艺，便以“广三爷”尊称）历经20余年，博采四川诸家之长，创“生门”传于后世。黄广三传技于曾打鱼（曾以打鱼为生，世人以“业”代名，真名已不可考）。清朝末年宜宾拳师马德胜(回民,身不满五,体瘦短小)跟随曾打鱼学技。马德胜后又拜武术家刘教古为师(刘擅长点穴法),进而提升了生门技艺。马曾多次“设棚”授徒,后来又在公立国术馆任职,生门因而进一步得到发展。

据庞廷华、尤再清《中国武术——生门》介绍,此派风格特点为:“动作明快、刚中寓柔,动中有静,快慢相兼,拳架清晰,姿态比较舒展、优美。既具有外家拳法技击精华,又具有内家拳法之功力。”“手法细密,架势开展、腿柔而刚,劲发快猛,讲究盘、拨、砍、宰、穿、绕、撩、挂的纵横变化以及一法多变、一掌多用。步法灵活,在蹿蹦跳跃,腾挪闪展,起伏转折中体现出轻、快、稳、准、美等特色。”①

徒手套路有八卦拳一、二、三路、犀牛照角、五虎下西川、单鞭救主(小单鞭)、单鞭救主(大单鞭)、练步拳、挝封拳、转门拳、勾扒四轮。

器械套路有白鹤滚堂刀、沥泉枪、虎头双钩、大弯刀。

对练套路有八挂打引。

练功方法有划子功、铁砂掌、搧膀子、起手、抖炮捶、擀子劲、金牛坠墩、将军桩、打吊包、“嗨”字劲(又名海子功)。

该拳种流行于宜宾市、成都郫都区等地,其代表人物有李厚云、何鹤龄,侯佐臣、黄晏庭、王登舟、卢金友、刘秉谦。

三、僧门

外来武术拳种。该门拳法因多半与僧人传播相关,尤其是与少林僧人传播相关,故曰“僧门”。僧门在四川有七个分支:

其一,相传在隋末唐初,有河南少林寺一高僧(相传为僧云昙)曾传少林拳法与功法与峨眉山僧道,后来峨眉山僧道在此功法的基础上,结合佛教修习禅观之法,吸收了道家的养身功和民间攻防技艺,融合一体,形成了自己的风格,开创了“僧门”派。

其二,与一个名为“马朝柱”的拳师关联的两个分支。一是清朝中叶马朝柱(人称赵麻布)在四川新都传授河南少林拳法,故所传拳术又称“新都僧门”。后

---

① 庞廷华,尤再清. 中国武术——生门[M]. 北京:北京体育大学出版社,2011:5.

人为纪念先师拳法的“僧”源，故名“僧门”。二是马朝柱将少林拳法传入四川后，在清末，少林僧人杨顺唐把拳法传与洪雅人邓卫江。民国初年，邓卫江在天全县设棚传艺，陈治详、陈治湖、彭泽高等是其高徒。

其三，内江市僧门拳。清道光年间，邓和威（福建莲池县人），在河南嵩山少林寺学得武艺，后因祸到四川内江白马镇避难。当地拳师邱光明见邓和威武艺高，便拜其为师，此拳术遂入传内江。后经邓炳奎、左延相、钟玉书、王巴拿手等再传重庆等地。

其四，荣昌县（今重庆市荣昌区）僧门拳。来源有二：一是清朝末年，河南嵩山少林寺 108 房僧人在重庆传僧门拳术予李姓老人，老人的第四代传人王海青把拳术传予荣昌熊鸿举。熊把此拳术带回荣昌。二是 20 世纪 20 年代以前，荣昌国术馆馆长彭子云、教练丁淮江学得此拳术。后丁淮江将拳术再传游树廷，游将拳术传到黔北。

其五，云阳县“僧门”拳，于清光绪间，由河南吴志赞老和尚传来。四川云阳县陈济生学得此拳，陈传其子陈敬修。

其六，雅安市僧门拳，据传为外来和尚李发珍所传，时有佐发神、龙发林、倪太子、李权责、吴发清、毛必清、竹国全等曾学得此拳法。

其七，据传，四川原达县僧门拳为罗江口一卖中草药老者所掌握。一次老者不幸病倒，当地农民熊方采怜其孤苦，遂接回家中医治。老者深感其情，传熊方采僧门拳术。此拳术在熊家世代相传。

此派风格特点为：多拳少腿。长短相应，刚柔互用，窝裆行步，讲究重硬，步法稳固，招式分明，发力沉脆，劲刚有力。技法讲究擒拿短打，换肩挤靠。歌诀曰：“丁不丁，八不八，才是少林真妙法。”

技法上讲究擒拿短打，挨肩挤靠，打中有拿，拿中有打，注意克法、雇法、截法，行门过步，子母相连（八卦为母，七十二手为子）。你慌我不慌，来者必遭殃，你忙我不忙，双手护胸膛。多走边门，稳扎稳打，步步为营，粘手就打，打了就走，脱化干净（以跑打步法制人）。步法以“长三步”为主。所以歌诀曰：“丁不丁，八不八，才是少林真妙法”。劲道分刚、柔、长、短劲，沾、缠、裹、推，一力化三劲，中藏起随返。

徒手套路有大连拳（亦称猴虎功劲拳）、练步拳（有乐山、云阳两种）、单鞭拳（有自贡、内江、达县三种）、单边拳（重庆有风格不同的两支）、单边拳式、蛇拳、缠丝拳、虎拳、六通拳谱、跳六步、蹭拳六步、大红拳、小红拳、冲天拳、鸳鸯腿（亦称云中刁）、大云手、上五捶拳、罗汉拳、火龙拳、青龙拳、僧门八卦掌、五虎归山、七星拳、佛手心意拳、六肘、拗步拳、八步拳、八步拳法、四门勾弹拳、地法小手、关四门拳、开关四门、四门拳、滚桩拳式、扣桩拳、山拳、六合拳、石陀残手、汤拳、一支枪、七十二短打、十二同拳、跳九锤。

器械套路有单鞭刀、白虎刀、白虎单刀、六合单刀、靠子刀、扑虎刀、僧式十三枪、八母枪、风蛾棍、牛尾棍、边堂棍、大杖棍、短棍、十二练步棍、少林子午棍、阴八棍、八仙剑（二套）、双锏、林泉剑、风尾剑、筷子拳、板凳拳一路、板凳拳二路。

对练套路有大练对扣法。

练功方法有易筋经、吙字功、铁钾太子功、达摩功、草龙桩、打狗皮包、扭滑子、上滚筒、穿沙背心带锡瓦走梅花桩。

该拳种现流传于成都、内江、南充、达州、乐山、雅安，绵阳，以及重庆市等。代表人物有侯坦、彭元植，姜汉清、刘秉谦、胡学成、何敬廷、彭金山、熊孝贵、姜家成、毛必清，陈敬修，张竹禄、竹国权。

四、岳门

外来武术拳种，源于山西，该拳种假托为南宋岳飞所创，故称“岳门”。岳门自成一家，在四川有十个支系：

其一，清代中叶，由直隶（中国旧省名，特指今河北省）人张天虎（人称“麻溜张”）传入。后双流陶汝阶继承其衣钵，将拳术在四川代代相传。各代拳师以原拳法套路为基础，再经不断改进而逐渐形成现有的岳门拳。

其二，清咸丰年间，温江县（今成都市温汇区）人赵华山传于川西一带传授岳门拳。清光绪年间，郫县（今郫都区）人张尚明学得后，将此拳法传于成都、眉山等地。

其三，清同治年间，钱江（曾任太平军军师）因太平军兵败大渡河后，在三台县出家为道士，其间秘传岳门拳予该县安居乡孙显志及其子孙昌立、孙兆祥。此拳种开始在三台县流传。钱江后隐居青城山，人称“青城大师”。

其四，清光绪年间，威远县总兵府教头袁四喜善岳门拳，民国初年，袁将此拳传叶文祥（时任川军刘文辉部 24 军第三师国术教官）。后叶再将此拳传余应怀、吉伍兴、倪付兴等。

其五，清末，重庆江北县（今渝北区）赵子虬从四川广安肖秀堂、侯炳森处学得并发展了岳门拳

其六，清末，有名叫武志成的武师从山西来四川，任提督衔赵鸿猷的镖师。20 世纪 20 年代，在其任川军部队武术教官期间，曾传岳门拳予王旭。

其七，有绵阳有雷剑尘家族世代相传岳门拳法。

其八，清末，宜宾杨步云从湖北吴道人处学得岳门拳技，杨步云再传荥经县人唐在政。

其九，清末，南部县人何明武从陕西太白山道人处学得岳门拳，后在川东、川北一带传授此拳法。

其十，清光绪末年，成都刘玉成学成岳门拳，并在成都及周边地区传播。

此派有矮桩和中桩之分，讲究重硬，肩臂用力，直臂劈打，拳势八巧，勇武刚捷，意气合一，四平短马。在技术讲究多变，一变三，三合一。进伸软，打扰重，出拳软，力在臂。六合手是其主体，要做到三节相合，三尖相照，五行四梢周全，内外六合相贯，意形紧随相连，内外五行一家。有拳诀称“势势相连，首尾呼应，上下周全，变化无穷。”

徒手套路有头部拳（在成都、重庆有多个分支）、连城拳（在原灌县、乐山有不同支系）、岳门头步、岳门连城、大连城拳（在成都、奉节有两个分支）、过江连城拳、黑虎连城、小连城拳、三星桩、烈马拳、黑虎拳、岳门三步、岳门拳、进桩拳、绿肘、六肘拳等。

器械套路有八卦单刀、王五大刀、雁翎刀、袖林刀、双刀、梅花刀、梅花双锏、梅花四门枪、六合花枪、左把梅花小金枪、怀枪、子龙枪、岳家匕首、萱花斧、柳叶双剑、夜行剑、板凳拳、齐林棍、九牛造拦单头棍、五马破槽双头棍、清泉棍、二郎棍、投唐棍、子午棍、一线镖、三拐九节鞭。

对练套路有打对子。

练功方法有八段锦、十条桩法、坐包、基本四势法、打草龙桩、黄荆靶。

技击项目有六合对练、手法。

该流派主要流传于成都，内江、乐山、雅安，宜宾、达州、南充、绵阳、德阳、重庆等地，其代表拳师有李国鑫、周汉卿、徐茂昌、张承国、唐泽西、刘秀承、汪泽银、雷剑尘、余德渊、王旭、赵子虬。

五、赵门

外来武术拳种。相传起源于宋代。因后人假托宋太祖赵匡胤所创，故称“赵门”。此门拳技是借鉴少林拳、长拳等拳法特点而创制。清嘉庆、道光年间，直隶（中国旧省名，特指今河北省）武师张天虎（绰号“麻溜张”）曾在陕西三原县传授此拳，后又将拳术再传四川。张氏在川去世后，其弟子以张氏在陕原来授艺之地“三原县”名为拳冠名，遂称“赵门三原派”。另一支以张天虎的祖籍“直隶”命名称“赵门直隶派”。

1. 赵门（三原派）

在四川赵门三原派主要有八支：

其一，清朝咸丰年间，杨板雄在成都传授赵门三原派拳术，后其弟子把拳术带到在川西，川北一带。

其二，清光绪间，西安赵门三原派武师张腾蛟（又名张云龙）入川，传授三原派武艺，有重庆、成都、万县学徒学得其术。

其三，民国初年，山西赵门三原派拳师安定邦来四川躲债，授三原派拳术，有成都、重庆学生学得其术。

其四，民国初年，陕西武师黄春魁传赵门三原派予成都人陈大章，陈再传王雨苍、刘震南、成庆三、刘俊义等。

其五，20 世纪 20 年代，陕西张益民在四川传授三原派拳术，有成都杜茂休学得其术。

其六，20 世纪 30 年代，张晋臣（据传张曾任冯玉祥私人镖师）在四川宜宾传授三原派拳术。

其七，宋四毛牛传自贡的刘志芳三原派拳术，刘志芳再传刘宗海。

其八，1932 年，北京德胜镖局武师李俊在乐山卖艺，曾传赵门三原派武术予张凌霄。

此派大开大合，气势勇猛；重视腿功，定根发腿，柔中含刚，定势每招慢，住势留半拳，动作见棱见角，非常细腻。技法上讲究两拳不离心，双肘不离肋，出手势破竹；技击时边走边打，步法轻快；运动中寻机先发制人，躲闪还击，后发取胜。三原派多以“老陕步”出势和“左顾右盼”收势，及动作转换以“关过”而别于直隶派。

徒手套路有十字拳、七星拳、太祖红（南充、重庆各支系动作与风格不同）、太祖拳、大红拳（绵阳、重庆、内江、自贡各地支系有所差异）、小红拳、新路二红拳、二路红拳、关东拳、红门子午拳、燕青拳、青拳、大燕青、小燕青、小宴清、燕青路、燕青拿法、六趟燕青、浪子燕青拳、一酒拳歌谱、一九拳、酒拳、花打四门、奇拳、小霸王拳、大霸王拳、白鹤拳，等等。

器械套路有单刀、四门单刀、五花单刀、六合单刀、鹤恋梅花刀、虎啸刀、梅花单刀、白鹤单刀、凤尾刀、白鹤滚堂刀、金枪、善才枪、杨氏梨花枪、梨花八母枪、八母枪、回马枪、鸾凤剑、八仙剑、青龙剑、盘龙剑、龙吟剑、鞭棍、扭丝棍、七星棍、春秋大刀、青龙偃月刀、春秋大刀法、双手代（又名仆刀）、定唐鞭、青龙鞭，等等。

练功方法有十二行功、十大盘功、五腑功法、步法基本功、身法基本功、手腿基本功、铁头劲（顶功）、打沙包、练石锁、健身十八法等。

该流派现流传于成都市，重庆市、达州，绵阳、乐山，自贡市、宜宾市、内江市等地，其代表拳师有林建章、杜茂休、王雨苍，刘震南，海安康，祁玉祥，杨清合，成庆三，刘宗德，张凌霄，赵麟，刘森荣，夏龙斌、丁德培。

2. 赵门（直隶派）

在四川赵门直隶派主要有四支：

其一，清光绪年间，回民马镇江传赵门直隶派拳术于四川成都，后此支在成都、都江堰市等地流传。

其二，清光绪至民国初年，马鹤亭传直隶派拳术予成都丁国基。丁再传曾全忠、陈志清、周宗明、刘俊义等。

其三，民国初年，赵门直隶派拳师马绍堂来川传艺，成都詹晶山、周生民等学得其术。

其四，民国初年至二十年代，直隶派拳师叶宝堂在川传授技艺，传拳术予成都石济洲、曾俊臣（女）等。

此派手腿并用，以腿为主，且发腿神速，腿法力重；攻防兼顾，气势勇猛，舒展大方，大开大合；大起大落，变化莫测，节奏鲜明，造型稳健。直隶派多以“叉手”出势和“勒马收缰”收势，及动作转换以“云撩”而别于三原派。

徒手套路以“红拳”为基础，有大红拳、小红拳、二路红拳、老红拳、青龙拳、白虎拳、黑虎拳、前后梅花拳、梅花拳、霸王拳、七星拳、三星桩、罗汉捶、罗汉拳、十八罗汉拳、白鹤拳、小连拳、小莲拳、四门拳、驾鸯腿，等等。

器械套路有白鹤刀、白鹤单刀、泼风刀、定堂刀、青龙刀、七星单刀、七星刀、四门刀、梅花刀、子龙小花枪、七星剑、梅花剑、盘龙棍、飞龙棍、夹枪棍、八仙棍、梅花棍、太子十三鞭、鞭杆、白鹤双刀、梅花双剑、线镖、走线锤，等等。

练功方法有盘功、气功、铁汉碑、三角桩、梅花桩、沙包吊打。

该流派现流传于成都市、内江市，绵阳市、攀枝花市，西昌市、雅安市、德阳市、南充市，重庆市万州区等地，其代表拳师有曾全忠、周生民、刘兴无、杨清合、陈志清、刘俊义、李福成等。

六、洪门

外来武术拳种。洪门是清顺治十八年（1661）由明代遗民组织的以“反清复明”为宗旨的门派。据说洪门是以明太祖朱元璋年号“洪武”之“洪”字立门，故称“洪门”。辛亥革命后始半公开。历史上有过反抗清代民族压迫和帝国主义侵略的斗争。

洪拳是南少林拳术中的一大代表，相传已有 300 多年的历史，在广东十分流行，是广东“洪、刘、蔡、李、莫”五大拳之首。其流传区域甚广，四川即是其流行地之一。在四川的洪门拳主要有八支：

其一，清朝嘉庆年间荣昌县（今荣昌区）河包乡人“王狗屎”（绰号）在河南少林寺学艺后回荣昌传艺。

其二，民国年间，刘青云、曾治廷、刘义华等人在荣昌一带传洪门小手。

其三，民国初年，成都李文金在成都等地传洪门拳法。

第四，民国初年，河南人洪森（刘湘部队国术教官），在四川巴中传授洪门拳技。

其五，清朝乾隆年间，少林寺五经和尚等在南方沿海一带传授洪门拳术。后辗转传至万县张千里等人。

其六，1936 年，云阳双江熊登炳从代云佐处学得洪门拳技。

其七，1908 年湖北拳师李国操在四川传洪门拳法。

其八，民国初年，陕西汉阳县拳师黄正堂在万县、达县一带传授洪门拳技。

四川洪门风格有南北两派之分。南派对眼神的运用很重视，并且要求神、意、气、力、声合于一身，高度统一；主张以力服人，以威取胜，硬打直上，劲透过身，沉捶二力，哼哈二气，力抵千斤，刚劲有力。要领是勇、猛、灵、劲，铁；形、声、意、气、神相结合。以道家养身的观点，结合中医理论，讲究内修外炼，发气吐声（口吐五音：嘎、哼、咿、嘿，哈）以气摧力。北派讲究拳势舒展，招式清晰，四平大马；挤封劈连，消身走马；含胸塌腰，旋腕翻臂；折腰踢腿，闪展灵活；扁侧进击，腾挪敏捷；善攻善守；发劲含蓄，拳势威猛，刚劲有力。

此派基本理论为：视如钉，趾如板，行如鼠，动如虎，眼似铜铃身似碑，手似钉耙脚似锥。

徒手套路有大洪拳、小洪拳、地支青龙出海捶、天干黑虎炼丹捶、偷梁换柱、支子、子午捶、十字拳、千斤砸手法、葡萄架捶法、莲花拳、双手拱珠、四门拳、太祖子午捶、三合身（亦称三角墩）、戳地龙、十字桩、六合（以称六步桩）、镖翻、撕撕拳、九兑飞（也称九堆灰）、刚劲拳、洪门头路、洪门捶、洪门手、红门手、龙捶、青龙手、虎捶、五虎捶、武松手、缠丝手、钢手，等等。

器械套路有武绣单刀、游龙枪、青龙剑、峨眉短棍、杨家梅花棍、棍术、拐力棍、春秋大刀、飙步杆子、七星杆子、三星锤、月牙铲、钢杈、盘龙板凳、泼风双刀、虎头双钩。

练功方法有十二把劲、托箭一支功、八卦立、英雄桩、千斤坠、活气功十三式等。

技击项目有袖内藏珠。

该拳种流传区域有四川成都、乐山、达州，重庆万州区、涪陵区等地，其代表拳师有李国操、敖明元、李茂堂、胡剑秋、李树山，李道敏，冯道生、徐茂昌等。

七、鸿志门

外来武术拳种。此派原为湖北武昌一带拳种，因其奉祀鸿钧老祖取其“鸿”，又因融汇“志门”拳技，再取其“志”字，故合称“鸿志门”。1937 年，湖北拳师董自有来渝传授鸿志门技艺。

此派极其重视气功，要求练习者沉肩塌腰，式正姿满，大开大合。

基本理论：重视手、眼、身、法、步的基础训练，要求三尖六合（即鼻尖、手尖、脚尖相对，手、眼、脚、意、气、力相合）。以单边功，败步连环为实战之法，辅以活气功为抗敌之本。并有“窝身侧扁，吞吐浮沉，封闭擒拿，腾落闪展，刀岭逼洗，坑死勘跌”二十四字诀，作为练功之要领。

徒手套路有鸿门手、钢手、二步辊子、五虎拳、仙人掌、小洪拳。

器械套路有盘龙棍、板凳拳。

练功方法有活气功、练眼法、打造板、甩沙袋、打沙包、千斤坠、蹲高桩。

该拳种现流行于成都市、重庆市等地，其代表拳师有董自有、舒邦武、刘良才、周法源、王定华。

八、会门

外来武术拳种，也称“慧门”，练拳时强调“观师默像”（即拳术习练者在练拳时默想师傅音容笑貌及传授时情景），有一定的迷信色彩，练拳时掺杂着一些咒语，并常伴随发出“嗨”“吁”“嘘”等声音。此门重视气功和拳技结合，健身性和实用性较强。今川渝地区流行着同名而不同宗，风格特点各异的三种会门：

会门（一）

清光绪间，江西一刘姓拳师（人称“刘江西”）云游入渝时传入。后经其徒刘彪魁传至合川县（今重庆市合川区）。继承人有化良臣、朱庭章、陈双和等。

此派动作简练，以攻为主，手翻阴阳，步行八卦，气沉丹田，内外一气，气、意、力配合。

徒手套路有总择手、总择(亦称十三式)、七星拳、总择二十回式、雷花拳、矮子总择、总册拳。

器械套路有板凳拳。

该拳种现在流传于重庆合川区、大足区、南岸区,以及四川的内江市等地,其代表拳师有彭金华,周丙全等。

会门(二)

该派在川渝两地因传入渠道不同而为两支:

其一,源于河南少林寺,由黄法庄法师引入,辗转多代,由王德盛继承并发扬。

其二,1942年,重庆罗正荣及其徒合川周玉平在川北一带传授会门拳法。

此派动作简练朴实,刚柔兼备,步稳身活(下盘稳固);气势磅礴,出拳有力,发力有声;聚气敛神,呼吸自然,吞吐浮沉,意、气、力配合;神形贯注、头正身直。

徒手套路有择拳二路、气功南拳(亦称蓄气总择)、七劲发(也称七次功)、总撤内功。

器械套路有吕公拐(亦称鸳鸯拐)。

练功方法有六把劲、马步站桩功、抓沙袋、打吊包、打坐包、举石锁、举石担。

技击项目有散手。

该拳种现流传于川东、川北和遂宁市等地,其代表拳术师有周玉平、王良辉。

会门(三)

清光绪间,雅安天全县杨绍清从外地赴川传授会门武术的袁姓和曾姓拳师处学得此拳技。1929年,杨绍清再传本县吴文升、姜可彬,名山县(今重庆名山区)王志,金堂县曾虎臣等。

此派以“吞、吐、封、化、贴”等五字为诀:“吞为虎猫卧伏,吐如蛇猿出洞,封似千臂如来,化似轻烟一缕,贴似炎日骄阳”。手法多变,出招奇特猛狠;身法灵活,桩步低短敏捷;步法以长三步,胸字步、梅花步,六合步为主;桩形为虎坐桩;手型为枪指、虎掌,凤眼、柳叶掌;腿法以短腿(寸腿)为主,以磕、弹、蹬、踹助以擒拿跌摔。有“眼似电,身多变,手如利爪,腿似钻”之说。

徒手套路有进风拳、抢风拳、追风拳、折风(侧风)拳、卷门拳、金部拳、木部拳、水部拳、火部拳、土部拳。

练功方法有填功(静坐吐纳功)、击抓棉球、插铁沙(又名铁沙手)、上罐功、拉滑车。

技击项目有散手训练。

该拳种现流传于四川雅安市的天全、名山区,以及成都金堂县等地,其代表拳师有吴文升,王炳全,汤福明,陈亚西等。

九、字门

外来武术拳种,也称“智门”;因收势为字形,故而得名;也有人以为“字”与“智”谐音,故该拳术有以智取胜之意。今川渝地区流行着在起源、功法等方面各不相同的两种字门:

字门(一)

该拳术在川有两支。一是清末资中县潘庆华从重庆一嵩山少林寺高僧处习得,后潘庆华将此艺传与长女潘彩霞。二是清道光间,河南一吴姓拳师受聘富顺县仙市乡罗姓人家传授此拳。罗家有一 12 岁子罗利田(因微跛,在兄弟中排行第三,人称“罗跛三爷”)学得此拳,后罗利田再传陈文斋等。

此派风格特点为:讲究长手高桩,手手带劲,手脚齐出,神形合一,以字①取意。动作可多可少,练习时间可长可短。

该拳练习时要求气沉丹田,除杂念,以意领气,气摧力,力达指尖,势无敌。

徒手套路有自贡、内江字门拳各一套。自贡字门拳动作名称为一、十、挂、扑、照、子、分、八、走、田、劳等 42 字构成;内江字门拳由川、赵、之、挂、卜、子、分、人、走、田等 28 字构成。

该拳种现主要流传于内江市,自贡市等地,其代表拳师有潘彩霞、刘少作。

字门(二)

该拳种源流有三:

其一,清嘉庆间,河南武师陈钰避祸来川,在渠县三汇场传字门武术。孙辅

---

① 该拳种没有固定的套路,一个字就是一个攻防动作,又是一个练功方法。

臣、曾步云学成后，在川东开馆授徒，之后其弟子在达县、大竹、通江、南江、巴中等地大力推广该拳种。

其二，清光绪间，桂林周大侠在峨眉僧人处习武，后在开县传字门拳法予蒋银胜。随着字门拳术在开县、梁平和下川东一带影响的不断扩大，习练该拳者也不断增多。

其三，清同治间，有退役武将李拳师，在四川云阳授徒。

此派套路动作不多，也以字取意，每字一动。起、收势为规定的“字”形，属高桩长手。功架起伏大，腿法少，出拳时鼻孔呼吸发声。要求以气催力，以静待动。讲究内外结合，动静相兼，发力刚劲。练时要求排除杂念，气沉丹田。

徒手套路有七锤两套、八捶拳、九捶、九捶（九式）、九捶（十二式）、正桩九手、探桩九手、桥桩九手、滚桩九手、劈山拳、炮捶、四门捶、四手拳、棉捶、九子连环拳、顺气功拳、小功劲、六步头、拗桩、工捶、单鞭捶、铁罗汉气功、十二掌功、反攻拳、十二神手、字门六合拳、单开门、一路绷拳、四路绷拳。

器械套路有六合齐眉棍、凤凰双刀。

练功方法有四托天、龙归海、虎钻山、抱月功（二套）、子午功、顺气功（八式）、顺气功（九式）、顺气功、石包、吊包。

技击项目有走地盘。

该拳种流传于四川达州市大竹县、渠县，重庆市渝中区、开州区、梁平区、云阳县等地，其代表拳师有冯兴碧、孙安辉。

十、蚕闭门

外来武术拳种，又称蚕门、缠门、缠闭门、缠丝门、残字门等。“蚕”意指行拳如蚕之吐丝，连绵不断，“闭”即应敌时紧封敌手以固本，故而得名。尽管在川各支系因传人和地域的不同，因而名称与风格有异，但在以缠绕紧封化解的技击方法这一点上，却是一致的。

蚕闭门在四川的五支是：

其一，明末白一龙传入四川，目前传人主要分布在内江和绵阳地区。

其二，清初，“朱剃头”（姓名不详）在四川垫江传此拳术，其弟子传承其术一直至今。

其三，清嘉庆间，江西人黄益川将蚕闭门传入四川，后演繁出三支：

1. 合川魏三峰（又名魏三炮），其技经李厚安、丁炳恒、秦修绪、丁绪良及其子丁俊才相传至今。

2. 四川大足县（今重庆市大足县）龙水镇杨为善（又名杨白毛）传何世福、尹思宾等。

3. 广安县钟文任，及其徒唐图之、唐传鱼等。

其四，1943 年，成都邓跃龙传徐仕金蚕闭门拳法，后徐传技于四川阆中。

其五，清咸丰年间，涪陵土坎李照林从江西刘聋鼓处学得此技，并在当地传播。

此派以缠绕化解为本，突出缠法，善用指掌肘腿封闭缠拿。拳路短小精悍，有半手、满手之分，以中桩为主，高低桩兼有，多手上动作（用腿较少）。动作轻巧灵活，缠、化、脆、沉四劲具备。要求步稳势猛，招式多变，用劲柔中寓刚，行拳时手法以蚕、闭、斗、挂、提、领、翻、钩、梭、砍为主。讲究举手七发，一发三响，以手缠手。出拳臂不宜直，技法上讲究身正仄肩，含胸拔背，沉肩坠肘，功架紧凑，封闭缠拿，偷点伶俐。

徒手套路有缠丝拳、缠丝、缠丝掌、一路缠丝、二路缠丝、蚕丝十二手、缠丝烈马拳、缠丝连环拳、缠丝盘龙拳、红缠三十手、缠尾真诀、八步缠丝、六合缠丝、十二闭门拳法、大练桩、小练桩、十四手、翻连环、连环、连环拳、反抢连环、九子连环锤、转连、十二时辰、平桩、六肘、十六肘桩、肘桩、三十六肘、三十六闭手、滚龙桩、总桩、水擒十字拳、观音扫殿、燕青拳、迁青、引闪、链捶、青龙拳、四象拳、梅花卅手、八法缠丝，等等。

器械套路有子午单刀、风尾钻花刀、回马双头枪、虎头枪（亦称双头）、梅花七星剑、三拦棍、子午棍、扭丝盘龙鞭枪棍、南阳大刀、子午双刀、双锏、流星锤。

对练套路有二人对练。

练功方法有达摩易筋经、打沙袋、搓筷子、打桩、练桩、练功十八法（配合气功练习）、打吊包、抓包、啄围包、打草龙桩、扭绳法（即马步裹滑轮）、八郎筒、插豆（沙）盆、十二段锦等。

技击项目有十二小手。

该拳种现流传于四川的成都市、南充市、内江市，重庆市的永川区，荣昌区，大足区，涪陵区，万州区等地，其代表拳师有胡学成、徐仕金、余森云、胡绍林、宋正国、陈开荣、吴寿金、陈铭均、丁俊才，刘仁锡，曹启明、张吉良。

十一、向门

外来武术拳种，以传授者之姓冠名。

清咸丰间，自幼在少林寺习武的向奎在万县传授武功，向奎所传武术为少林短手南拳，得意门生有对县乡（老县城长江对面）周家坪周廷举、巫山大溪唐世仁、信水宫徐容。

风格特点：此门动作偏侧短手，短小紧凑，封闭快速，步法轻快，偷身闪躲，封闭为主，讲究坚硬攻防。以铁沙炼掌，黄荆条披腕，终至手腕功夫过硬。

徒手套路有小弓拳、大弓拳、退法、猫子拳、六合拳、燕青拳、梗子十三手半。

器械套路有南征棍。

该拳种在重庆市奉节县流传至今，其代表拳师有丁崇信。

十二、罗门

外来武术拳种，有“老罗门”和“新罗门”之别。据传罗门为隋唐武将罗艺、罗成父子所传。罗艺传授的为“老罗门”。罗成曾拜洪道人为师，并把原罗家枪104枪发展为108枪。后又把洪道人处所学武艺和“老罗门”20个套路融会贯通，再创编为10个套路，称为“新罗门”。历经唐、宋、元、明、清各代辗转传播至今。

罗门在四川有四支：

其一，原四川万县附近一支。清光绪间起，本支系又有三个小分支。一支为万县罗正洪所传；一支为开县观音坝魏朝和所传；一支为安徽人潘树堂来云阳所传。

其二，清末年起，原四川涪陵地区流传据说是出自唐朝罗通（罗成之子）的罗门拳术。四川石柱县石渠里十甲马田沟李存善在当地传播该门拳术，相传至今。

其三,清中期,原四川丰都县出现“罗门”拳术。少林高僧李二师传陈双珊“罗门”拳术,经过多代流传,延续至今。

其四,20 世纪 40 年代以前,有名为“饶篾匠”的拳师在璧山一带传播“罗门”拳术,1941 年前后,璧山武术馆长曾应之继承并发展了该门拳术,流传至今。

此派风格特点为:动作古朴,取“南北”两派之长融为一体。以力为基,多上肢动作,腿法较少。套路短小精悍,桩矮式小,手法快速。依崩、挤、靠、掌、腿相济。腿不高发,细腻多变。技击上讲完侧身偏挂,一法变三法,一硬当三打,接打就挨打,满出满挂,勇猛迅速,首尾相顾。

新老罗门的不同点如下:

第一,老罗门为大架;新罗门为小架。

第二,老罗门用扬叉步;新罗门用弓、马、虚、仆步。

第三,老罗门徒手套路 20 路;新罗门综合为 10 路。

第四,老罗门攻防套路分开编排;新罗门攻防套路配合编排。

第五,老罗门为古老简朴的拳种;新罗门在此基础上自然演化,发展。

基本理论:不动如山岳,出手如闪电,拳风威猛,以快为上,以活为主。技击上讲究攻守自如,力争主动,善寻战机,见空急上,机前抢手,机后补攻。眼似铜铃身要转,十趾抓土稳如山,眼如铜铃手是叉,拳脚出去看到他。

技击风格特点:此门动作古朴,讲究一力、二猛、三技击;以内外八法为主,内八法是:呼、吸、应、对、吞、吐、浮、沉;外八法是:桥、磕、宰、剁、挑、撩、掩、肘。

徒手套路有罗门一至四路、反铎擒拿短打软手十三肘、二路犯手(亦称二合拳)、黑虎投唐、四合拳(亦称罗门四合手)、定根手、张棍掸墙、暴风、大踏丝、黑虎拳、单四门、翻手、龙门内家拳、望月连环拳、正桩拳、反风拳、五战腿、西翻手、花益智拳、燕青拳等。

器械套路有中字刀、五马破槽、老八刀、六合枪、七星枪、张棍掸墙(短小精悍、动作迅速)、一至三路齐眉棍、子午大成棍、震天棍、锏术、四门板凳、条凳术等。

练功方法有练功八法、罗门定根手、罗汉功、子时吐纳功、距离法、鸡爪功、易筋经、猫子功、搓梗子、籽衣裤。

该拳种现流行于重庆市万州区、开州区、涪陵区、云阳县、石柱县、忠县、丰都县、彭水县，以及湖南省常德市武陵区，其代表拳师有熊道贵、周长明、陈生一、石安荣、伍驭龙、谢上云等。

十三、六合门

外来武术拳种，其得名有多种说法，但都与“六”之数相扣合，或与“东，南，西，北，上、下”六个方位相合，或与六姓武术家相合，或与人体内外“三合”（心与意合，意与气合，气与力合——此谓内三合；膀与腰合，肘与膝合，肩与胯合——此谓外三合）相合。其中与人体内外“三合”的扣合尤为重要，是该拳习练的理论的出发点。因而该拳特别看中人体六合之要，要求练拳者循此原理，以自觉外练手脚灵活协调，内练气血运行顺畅等。

据传该拳有着较为悠久的历史，于今已存在有 400 年，在明戚继光《纪效新书》中早已有所记载，而进入四川则是入清以后。据说川北喻祯麟在道光三至十一年间（1823—1831），从河南释光处学成后回归四川，在蓬溪县开始传习。后北方六合拳同门拳师相继来蜀，其中有于抗战前夕和抗战期间由河北沧州来川的冯思和以及冯致光等。他们为四川六合门增添了很多奇技，使六合门拳技更加丰富。

拳术特点与拳术原籍直接关联，因其源于北地，故有北派拳术风格，长于腿法，重练下盘。动作刚柔相济，舒展大方，招式清楚；拳法注重一打、二拿，三摔，其守门套路是手部多变的散手；技击上强调先发制人，强攻猛打，使对手见而生畏（在强攻无效时，也转攻为守，攻守灵活，不拘一格）。

该拳种注重行气聚神，行气通络，行血状体。心意沉着，骨劲内敛，劲从意发，以气摧力。意到、气到、力到。心合于气，气合于神，神合于动，动合于变。

该拳术也要求三尖对，六绝腿。即鼻尖对指尖，指尖对脚尖；六绝腿为捆腿、转环腿、连腿，弹腿、撩阴腿等。

徒手套路有六合弹腿、初步六合拳、六合拳前四趟、六合拳中四趟、六合拳后四趟、六合拳一路、六合短拳、六合飞龙拳、六合黑虎拳、虎豹六合、六合炮铲。

器械套路有六合单刀、飞龙刀、滚堂单刀、六合枪、六合双龙耀武剑、飞龙剑、青龙剑、八仙剑、六合棍、六合大刀、滚堂双刀、虎头双钩、六合三节棍。

对练套路有空手夺刀、三节棍进枪。

主要功法有金钟罩铁布衫、童子功、盘功、罗汉功、桩功、排打功、打沙包、丢沙包、抛石锁、呼吸吐纳功等。

该拳种现在成都、宜宾、南充、绵阳、遂宁，重庆等地流行，其代表拳师早期有喻俊卿、冯致光等，当代有张玉林、成朝鲜、王世雄、孔繁冬（女）、唐林等。

十四、拦手门

外来武术拳种。相传宋明两代，该拳种在江南、江北一带就已经相当流行。明末清初，河南人郑天兴、郑天隆兄弟先后在天津传授“拦手门”拳法。1933—1962 年，天津拳师张震中在重庆传授该拳法。

此派风格特点为：刚柔相济，攻防兼备；动作舒展，缠绵如游；踢打摔拿，手腿并用；避实击虚，以虚行实。技击上讲究快、猛、狠、毒。既有南拳短打之技法，又有北方动作舒展之形态。

主要手法有揉、缠、崩、挂、拦、撕、搁、撩、抖、抹、引、靠、抓、贴、砍、摇；腿法以弹、簸、扫、锉、踩、截、踹为主。身法讲究斜中寓直，桩架可大可小，可高可低。

此门拳法要求先练本门气功（以求先强壮内脏），然后练套路。注重开合吐纳，刚柔虚实，直横斜上，以及身法、劲法、眼法、神意。

徒手套路最初仅有上下两路的拦手拳，后经发展后成为除拦手拳外更有四大操拳，翻拳、五花炮、燕青架等和弹腿的体系。

器械套路有跋步刀、四门枪、拦门枪、六路连环剑、玄门剑、盘龙棍、万胜双刀、拦马、五指梅花夺。

对练套路有桃花盏、八打、梅花盏、五步击等。

练功方法有达摩易筋经、抓坛子、抱杆子、甩链子、拧棒子、拉沙袋。

该拳种现流行于重庆市等地，其代表拳师有张震中、张勇等。

十五、燕青门

外来武术拳种，又称“燕青拳”“秘宗拳”“迷踪”“猊猔”等。其名称由来有四种传说：

第一种传说为宋代梁山好汉浪子燕青所创编，他以“燕青十八翻”和“摔跤”名震江湖，后独创了燕青拳这一武术门派。

第二种传说也与燕青有关：燕青武艺超群，求学其拳者甚众，为避免官府怀疑其聚众谋叛，燕青只传授技艺而不提及师傅之名。长此远久，弟子竟然不知师傅为谁，故该拳法被称为“迷宗拳”，而有人再依据发音将“迷宗”理解为“迷踪”或“猊猔”等。

第三种传说仍然是燕青故事。相传燕青案发后为迷惑后追的官兵，巧妙地掩盖了雪地上的脚印，从而使官差不知其踪影而得以脱险，因此其拳法也就有了“迷踪”或“迷踪拳”之名。

第四种传说则是一名少林僧人与一只老猿的故事，说他在山中偶见一只老猿，见其动作灵活，精气内含，僧人根据老猿动作创造此拳术，故而此拳称“猊猔”拳。

燕青门在川主要有四支：

一是赵锦才于1927年（或1928年初）在重庆传此技。其来源为清朝雍乾间著名拳师孙通所传，赵锦才是经多代传承后才学得此技的。

二是原万县市的谭白成、刘世昌等从沧州刘振山（孙通第五代传人）处学得此技，后此拳法在原万县传播。

三是20世纪80年代云阳剧团李高兵等人，从徐梦侠处学得燕青拳武艺。

四是抗日战争时期东北大学内迁四川三台，该校刘堃教授（北京人，回族，任武术教师）在三台县等地传授燕青拳。

此派风格特点为：燕青门演练者多以健身自卫为目的，既练四肢百体筋骨皮，又练五脏六腑精气神。习练内容广泛，既练拳脚，又练器械；既练表演套路，又练实际应用的散手和对练等，而且既练武，又练德。因而重视理论学习。习武先习德，尊师爱友扶弱团结。在练功过程中要经过长久的苦练才能融会贯通。该拳种强调，“内练浑元气，外练筋骨皮”，要达到这一目标，离不开六合：心与意合，意与力合，力与气合，气与血合，血与脉合，脉与筋合。心为主帅，心动则百动。武功讲究轻灵敏捷，动作朴实刚健。行拳时重视腰腿功，步法多变，腿下厚实。技击时异常迅猛,防守时迅速,多以先发制人。姿势高低急变,手法强调打拿结合。

该拳种徒手套路有燕青拳、大燕青、小燕青、二路燕青、五虎下西川拳、面掌、鱼星转斗拳、滚桩、绵掌拳、五虎拳、马门拳。

器械套路有七星刀、万胜刀、六合剑、昆吾剑、青萍剑、四门棍、形格棒、雁翎大刀、太师鞭、虎尾三节棍等。

该拳种现在今重庆市区、万州区,以及四川绵阳市等地流传,其代表拳师有赵锦才、谭百成、刘世昌、李高兵、姚海等。

十六、螳螂门

外来武术拳种,是我国武术"象形拳"中的一种,因为该门武术是一含有大量套路及练功方法等的门派,遂特与各门类并列,而不归入作为象形拳单套路内容介绍。

川渝地区的螳螂拳是从 1921 年宝鼎在三台县的"潼川积健武术社"传播开始的。20 世纪三四十年代,中央国术馆师生入川丰富了螳螂门技艺。在重庆的发展始于抗战时期,河北沧州赵锦才在此地的传播。

此派风格特点为:手法以短打为主,刚柔相济,软硬结合,劲力占先,势力紧逼;"快袭"见长,厉似闪电,动作快捷(即眼快、手快、步快、身快、式快);步法灵巧稳健,进退自如,行似浮云,一气呵成。拳谚:"腰送客走,胯坐帅府,移动靠脚腿,力蓄在裆腰,拦风阻雨两臂摇"。

徒手套路有崩步拳、八肘拳、一路拦截拳(亦称小拦截)、二路拦截、三路拦截、摘要拳、一路摘要拳、三路摘要、螳螂拳、翻车拳、梅花螳螂拳、螳螂长拳、白猿偷桃拳、白猿出洞拳、梅花镳拳、插捶拳、十八凑散手。

器械套路有久连刀(亦称七世螳螂刀)、六合单刀一路、六合单刀二路、六合单刀三路、五虎剑、螳螂棍、三十六匕首、三节棍。

练功方法有练功口诀、打木人、插铁沙、抓沙包、打沙袋、走簸箕、木杠功、十路弹腿。

该拳种现流传于成都市、重庆市、攀枝花市、达州市、南充市、绵阳市等地,其代表拳师有赵锦才、朱先志、李毅立、肖德森、彭章全、熊延中、姜汉清、刘志星。

十七、潭腿门

外来武术拳种，又称谭腿、弹腿，是中国武术“南拳北腿”中“北腿”的代表。

据说唐末宋初，山东临清龙潭寺的昆仑大师依据十二活佛腿创设了潭腿，因在拳术创于龙潭寺故称为“潭腿”，也称“临清潭腿”。另有一说是，该拳术为河南谭家沟一姓谭人氏所创，故称谭腿。再一说认为，此拳腿法出腿迅猛，弹伸突出，故称弹腿。霍元甲精武体育会的基本训练课程类也有潭腿。

据传原共10路，称十路潭腿，后有一少林寺僧云游到龙潭寺，与该寺拳师切磋拳艺，于是在10路潭腿基础上增加了2路发展为12路潭腿。有歌诀曰：“潭腿本是宋朝传，出在临清龙潭山。临清潭腿共十路，十一、十二少林添。这是少林潭腿法，不是临清正宗传。”

在川渝地区潭腿门主要有两支：清末民初，孙瑞生（河北燕京人，赵尔丰的镖客）在原万县地区传授“潭腿”拳法，其弟子为一支。1927年，李关圣（河南人）在四川三台县清真寺传张尊礼“弹腿”，又派生出另一支。

潭腿特点为：潭腿有高腿门（即教门潭腿）、低腿门（即少林潭腿），及中腿门之分，但各门均以腿法为主。高潭腿发腿要求与裆平，低潭腿发腿不过膝（又叫寸腿），中腿门发腿则在于二者之间。潭腿套路简朴，功架整齐，一路一法，左右对练，步法灵活。技击上要求拳打三成脚打七，着重腿踢人；远击拳打脚踢，近击肘、肩、胯、膝。踢腿要求处处顺劲。强调威则能动，逼则能用，以简克繁，以逸待劳，变无形象，攻缺击要，巧打击梢，出奇制胜。

徒手套路有十二路潭腿，器械套路有六合单刀。

潭腿现常常被用来作为武术基本功训练的手段之一，因而广泛用于各门武术的训练中，其代表拳师有徐典隆等。

十八、慧门

外来武术拳种，该拳种由山东深县人宋鲁华在原四川万县地区奉节县所传授，其弟子为毛建国。

该拳种要求观师默像(即拳术习练者在练拳时默想师傅的音容笑貌),用意导动,顺其自然。在实战中强调化刚为柔。步法多以小步为主,使用矮桩,弯弯腿为主。

徒手套路有杨戬拳、哪吒拳、蛤蟆拳、蝴蝶拳。

器械套路有蛇头刀、绳镖。

代表人物有宋鲁华、毛建国。

十九、法门

外来气功,亦称气功十八段。相传,明末清初道士齐真人创造了法门气功。清朝雍正年间,清政府挑选了一批"血滴子"(暗探杀手),诛戮反清复明志士。涂云龙(法门气功第二代传人)对此不满,便到四川峨眉山隐避,苦练法门气功,并收徒秘传以对付清政府的镇压。后经陆广等传人把法门气功传承给道士李天尚。李天尚到达县地区的石桥镇文昌宫、巴中县杨家山(今平昌县境)传授功夫,其所授功夫流传至今。法门拳在江西各地流传甚广,四川流传的法门以气功为主。

此派风格特点为:套路风格古朴明快,多发寸劲,出手刚柔相济,步法圆活快捷,重视以意导气,以气导动,行之自然,自然即成。

练功方法有升功、骑马功、立马功、各联功、大罗汉功、天平功、一字功、望青天、玄功、小罗汉功、独脚功、反背功、诸天功、撑功、观劲功、锁喉功、顶心功、铁牛功。代表人物有郑宗周、郑德君。

二十、智门

外来武术拳种。清咸丰年间,安徽邓定国传武功于其子邓继达,后其孙邓祥忠继承其衣钵。1933 年邓祥忠在丰都县创办"丰都县立田术馆",并在此传智门拳。

此拳法柔而不散,刚而不僵,潇洒自如,舒展大方。

徒手套路有旋风扫落叶,此套路神形合一,内外结合,刚柔相济,快巧制胜。

练功方法有白云座劲功(也称内功十八式)。

该拳种现流传于成都市、重庆市，其代表拳师有邓定国、邓继达、邓祥忠、谭在有、代礁国、刘青云、张秋松。

二十一、于门

外来武术拳种，于门因奉明朝名臣于谦为祖师而得名。

清朝末年，开县三尊铺蔡平川学得于门武术，石柱县石渠里十甲班九洞秦本培从蔡平川处学得此技。现流行于重庆市开州区、万州区、石柱县等地。

此派以柔为主，刚柔相济，以柔克刚；步法主要为虚步，灵活多变，躲闪进退自如可攻能防；注重防守，以静待动，防中有攻，后发制人；眼观四路，耳听八方，虚实变化，连贯一气。

徒手套路有支子拳、绵掌拳、半个燕青。

器械套路有南阳刀、滚龙刀、无名刀、棍路。

该拳种现流行于重庆市开州区、万州区、石柱县等地，其代表拳师有秦本培、谭光然、谢上云。

二十二、昆仑派

外来武术拳种。坊间称昆仑派是因山得名的拳种，也有人称是因创始人为昆仑大师而得名。

据传昆仑派源于周朝武王时期。鸿钧一道传老子、元始、通天。到东晋时期，传人为铁棱道人。到唐代有圣天云、天风、天雷三道人，擅长昆仑剑、乾元功、天罡掌。到了宋代有以八卦龙形剑术见长的王龙。元代昆仑双鹤、玄真、玄机三道人擅长乾元功、玉龙天罡剑掌。明代昆仑七剑“紫阳、紫霞、紫明、紫光、紫微、紫星、紫云七道人”以乾元七星玉龙天罡剑掌为能。清代昆仑三英“一心、正心、恢心三道”擅长乾元七星怪龙剑术。

抗日战争时期，泸州市合江县李清明在张云楷处学得该派拳术。

1947 年，原四川万县国术馆刘惠元传授昆仑派武功，本地人刘裕隆学得。

南充中医师梁光荣曾学得昆仑派乾元功和奇门卦掌等。

此派内容丰富，即有技击护身之功，又有健身益年之术；动作舒展、节奏明快;技击上讲究避重就轻,长手远发;避实就虚,短肘近打;练虽千着,一快为佳;拳脚是运用,功夫是根本。演练中要求舌顶齿扣,提肛吊顶,气沉丹田,运行周身,力从脚发。此派认为德行十分重要,主张以礼相待,后发制人。

徒手套路有文明拳、插腰贯腿、奇门卦掌、昆仑拳、一路查拳、二路七星拳、大鹏择炼拳。

器械套路有金锏双刀、棍、独龙棍、关刀、四门大刀。

该拳种现流传于四川南充、泸州和重庆万州等地,其代表拳师有张云楷、李清明、李国清、刘裕隆、梁光荣等。

二十三、松溪内家拳

外来武术拳种,因尊明代内家拳名家张松溪为宗师遂得此名。

清光绪年间,宁波人张午亭(自言松溪九代孙)传松溪内家拳予南充陈晓东。陈晓东经过数十载的刻苦研究,对原拳术进行了发展和创新。1923 年陈晓东派弟子到上海精武会学习办会精神和章程。1925 年陈晓东、邱海东、陈中甫等六十多人在南充市黉墙街南华宫内成立了“四川精武体育第一分会”(又称“南充精武体育会”,为上海精武体育会的分会)。l927 年陈中甫筹办了“南充精武体育学校”;1936 年,陈伯庸(陈晓东的长子)创办了“南充精神小学”(既上文化课,也上武术课)。此拳在南充影响较大,当地人称之为‘陈家拳’。”

此派要求斗智不斗力,闪展巧取,乘势借力;讲究以静待动,以逸待劳,后发先至;动急则急应,动缓则缓随,缓急虚实相间;刚柔相济,内外兼修;手法翻钻多变,避实击虚;步型低矮,跳跃少,后发制人。有“敬、紧、劲、径、切”五字为理论概括。

徒手套路有启蒙拳、六步拳、咫尺拳、光明拳、问津拳、探马拳、七肘拳、七星拳、两仪拳、指迷拳、鹞子拳地盘、鹞子拳天盘、松溪太极。

器械套路有六乘枪一至六路(亦称长兵短用)、白虹剑、一苇棍、大刀、虎尾鞭、连环锏。

练功以内外兼修作为原则,方法有大鹏顺气功、六步法站桩功、易筋经,通臂功、鹰爪功、擒拿桩、滑车等。

该拳种现流传于四川成都、南充、内江，重庆市万州区，其代表拳师有陈晓东、陈季康、陈志学、王绍清等。

二十四、高嘴山李家拳

外来武术拳种，因入川后在威远县高嘴山李氏家族世代相传而得名。

清乾隆间，西游入川的湖斌在四川威远高嘴山传拳术于李氏，李氏把它作为家传拳术，世代相传，距今已有八代。在民国年间，曾出版该派拳术著作。

此派拳分六路，反则十二路。套路短小精悍，功架矮而步法灵活稳健。动作起伏转折，闪展腾挪；潇洒舒展，虚实分明；挨肩挤靠，腿随掌出；势势相连，以腿见长。讲究以意行气，以气运身，意气结合，内外合一；要求练活劲，不使蛮力，初练时不用劲，以达到自然发劲。

徒手套路有练步拳、梅花拳、金鸡拳、猛虎拳、魁星拳、初步拳。

器械套路有五虎刀、连环刀、大车刀、凤尾刀、南洋刀、反顺十二路。

该拳种现流行于威远一带，其代表拳师有胡斌、李成素、李合素、李丙初、李仁国。

二十五、子母南拳

外来武术拳种。子母南拳，又称武当内家南拳。

清朝光绪年间，四川叙府（今宜宾市）人彭瑛习得此拳，并于民国 21 年（1932 年）回川住永川受徒。

此派拳术以五行八卦为方，以母法化子法生化出子母连珠手法、身法、步法（头、臂、身、腰、背、腑、脚都要求相应连珠）为形，以内功外应，圆动舒展为本。动作刚柔兼施，节节贯穿，绵延不断，圆活舒展，柔化刚发，腿手兼用。内功外应，贯穿十法。技击上讲究以静待动，静如泰山，动如闪电（猫儿捕鼠）。

徒手套路有武功十法太极拳、霸王拳、岳飞破阵两狼关、李逵双打虎、井阳冈上武松打虎、混阳太极拳。

器械套路有岳家枪、霸王双刀、无形太极。

练功方法有内功密法、体操法。

该拳种现流传于重庆市永川区、巴南区，四川省梓潼县、安岳县等地，其代表拳师有叶道正、张忠诚。

二十六、明海拳

外来武术拳种，该拳种以创制者“明海和尚”之法名冠名。清同治间，少林寺僧人“明海和尚”西游巴蜀，在原四川万县长岑乡回龙寺研习巴蜀武艺。最终将巴蜀武艺与少林功夫融为一体，经不断发展，逐渐形成有独特风格的一派拳法，即明海拳。

该拳种讲究阴阳分明，浮沉吞吐；拳多腿少，此拳满手夹半手；发劲迅猛，刚劲有力；步型为“丁不丁，八不八”，迈步如粘；身灵心静，随心所转；技击上讲究“你不来，我不发”。另有“十字歌诀”曰：“一字剪步硝砂；二字锁脚勾拨；三字阳面勇手；四字震天雷打；五字铁臂三连；六字金玉扭拿；七字七擒背肘，八字三剪回马，九字连环意划，十字黑虎标法。”

徒手套路有正桩拳、腾步拳（又名杨家庄）、侧势、勾拨、七擒、震天雷（又名防身之便）、明海总拳。

器械套路有二路朴刀、滚龙刀、撒手锏、子午棍等。

该拳流行于重庆万州区、云阳县等地。代表拳师有五安国。

二十七、梅氏拳

外来武术拳种。梅氏拳，俗称“九堆灰”（梅氏拳练拳时，需要先绕行九堆灰，待到功夫熟练后，再上梅花桩练习，所以俗称“九堆灰”），又名“梅丝拳”。源于中原。相传清光绪间河南人梅氏（人称“梅氏老姑”，名不详）在龙永镇张家湾收张先烈为徒。张先烈学成，在当地设棚收徒，使该拳在大足广为流传。因感梅氏授拳之恩，故称拳曰“梅氏拳”或“梅丝拳”。

梅氏拳注重下盘功夫，讲究步灵、桩活，多弹腿、蹬腿；以缠提断割，封闭擒拿为主。身法以吞吐浮沉，纯圆侧身而进。要求速如奔马，超腾似捷猴；旋转如巨轮，缓慢如老牛。有拳歌诀曰：缠提断割随桩变，吞吐浮沉八卦先，上下擒拿封闭手，无义切莫露机关。

徒手套路有总桩、二路、八门、八捶(卦)、扭链、流连、猫儿拳。

器械套路有三拦棍(亦称上拦)、镜耙。

练功方法有十二练功法。

该拳种现在重庆市大足区、荣昌区、永川区等地流传,代表拳师有张自洲、张乐山(外号“张狗儿”)、张鹏程、张维舟、张厚之弟兄。

二十八、江河拳

外来武术拳种,该拳相传起源于河南开封(如今在开封已经失传),四川南充和尚孙福益学得此拳后,在川北一带受徒传播。

该拳术动作严谨,攻防细腻,身灵、手巧、眼疾,意、气、神三统一。

徒手套路有上五捶、皇宫拳、阳州拳、白马摊。

该拳种现主要流行于南充,其代表拳师有孙福益、王树提。

二十九、苏门拳

外来武术拳种。该拳又名苏家教、舒家教。其起源有三种说法。一是,明朝正德年间河南一舒姓裁缝在四川永川松溉板桥传授武艺给苏金财,苏金财感师傅传技之恩,便将拳术取名为“舒家教”。二是,明朝正德年间,河南刘鹞子传武功于江津石门的苏金财,苏金财融合自身武功,创出新的武功,成为“苏家教”。三是,清朝道光年间,四川泸县的苏氏兄弟(佚名)利用醉拳的身法特点,糅合南北拳之长,创编出一套拳法,称为“苏门拳”。虽然三种拳法名称、起源各不同,但风格、特点、套路极为相似,故认为是同一种拳法。

此派拳术讲究基本功训练,对各种桩、步,腿法、手法都极为重视。技击时拳多腿少,靠身近战,捆挨靠沾。出拳多用反捶,掌法多用标掌,身法讲“六身”,腿法讲“六脚”,步法常用“催脚”。技法上讲究连消带打,拳肘结合,六身六脚,刚脆快速。

徒手套路有六角桩、分对、老分对、新分对、三角桩、黑虎头、大摆队、大对、四门战捶、冲天炮、大洪拳、小洪拳、宰拳、十字拳、面步、单边、单挺、四门、拜四门、大面拳、挑刨拳、双飞燕拳、十二练步拳、游塘、游坛拳、成滚手。

器械套路有单路挑刀、四门挑刀、南阳短刀、关公挑袍大刀、春秋大刀、四面春秋刀、南阳春秋刀、板凳拳法（单路）、板凳拳法（双路）、搅扒法、镖子法、三轮棍拳法、双马刀、双锏。

练功方法有八段锦、达摩易筋经、水磨功、卧虎劲、三盘落地海字劲、举石锁、打草墩、滚沙筒、插豌豆、营胄功、锁精功、披功、单提劲。

该拳种现流传于重庆市永川区、江津区、荣昌区、大足区、北碚区，四川省泸州市、内江市等地，其代表拳师有李大中①、廖正伦、邓新辉、陈树忠等。

三十、翻子拳

外来武术拳种，翻子拳又称“八闪翻”“翻拳”“翻子”，属短打类拳种，是以其技法特征而冠名的。

相传翻子拳为南宋岳飞所创，认为是用于当时军中训练的拳术。但学界并未附和这一臆说，认为流传至今的《翻子拳赞》中“武穆留下翻子拳”之说，以及翻子拳中的“岳氏散手”，也都是后人寄名岳家创编的。到了明朝时期，翻子拳流传甚广。抗倭名将戚继光所著的《纪效新书 · 拳经 · 捷要篇》就曾称翻子拳是“善之善者”，也记述过“八闪翻”拳法，在他编著的三十二势中便吸取了属于翻子拳的招法，其中更有“当头炮”“拗鸾肘”“顺鸾肘”“旗鼓势”等势流传至今。俗称翻子拳为“八闪十二翻”，实际上是出自戚继光《纪效新书 · 拳经》中的“八闪十二短”。到了清末，翻子拳进入盛期。清道光年间，太平军中有个精通翻子拳和戳脚的名家冯克善。太平军失败后，冯克善化名为赵灿益（有的记为“赵灿意”“赵洛串”的）在河北饶阳授拳。尔后，他在当地的翻子拳和戳脚弟子，又相互交流，从而诞生了具有两门拳术特色的“戳脚翻”。

20 世纪三四十年代，翻子拳在四川地区已经较为流行，尤其在中央国术馆师生入川后，更推动了在川的发展。20 世纪 60 年代，东北三省的翻子拳拳师在支援渡口（今攀枝花市）建设时，该拳也进入当地，并逐渐向全川发展。

---

① 李大中，永川人，在四川近代史和武术史上有一定地位：他不仅精通“苏门拳”，并对川剧、中医药也颇有研究。他担任过四川保路同志会秘书兼干事、四川省学联主席、四川省绅班政治学堂学生，曾于民国初年赴南洋邦加岛一带传授“苏门拳”技艺，1932 年至 1933 年出任重庆国术馆副馆长。

此派短小精悍，变化无常，神妙莫测，声东击西，虚实结合，结构严谨，架势俯伏闪动，一气呵成；短促多变、近战快打，争取主动，讲究拳不空发，手不空回；手法灵活，“可连”“可分”“可变”，一法多用，多法合用，每一招式中均含多种技法；腿法多走下盘，踢腿不过膝，移动要求往返连环，衔接迅疾；演练时要求松肩松肘，抡臂游捶，力达拳掌，拳到身到。

此派学习经验是：初学翻子拳，不要周身带力，要活腰，步捷灵，侧进斜击，气沉丹田。讲三尖、三心、三意、三到、三弯、三节，四梢、五行、六合；三尖要照、三心要贯、三意要连、三弯要明、三节要对、四梢要齐，五行要顺、六合要合，无有功夫不到之理。

徒手套路有绵掌翻、叉子翻、燕青翻（又称燕青十八翻）、一字翻、脆八翻、捋手翻（又称摔子翻）、龙行翻、插手翻、鹰爪翻（鹰爪拳和翻子拳融合的产物）、六手翻、鸡爪翻、滚膀翻、站桩翻、散打翻子、翻子拳、靠粘连拳，等等。

器械套路有青龙剑、虎头双钩。

该拳种现在攀枝花市、成都市、重庆市等地广为流传，其代表人物有朱先志等。

三十一、通臂拳

外来武术拳种，亦称通背拳、通备拳等，属长拳类，是仿效猿的生活形态而创建的拳法。

通臂拳历史悠久，流传广泛，其源流众说纷纭。明末学者黄宗羲在《南雷集·王征南先生墓志铭》的《六路歌诀》中有“佑神通臂最为高”的叙述。其子黄百家在《学箕初稿·王征南先生传》中，特别注释：“通臂，长拳也”。这是明代已有通背拳流传的证据。

清末道光年间，浙江人祁信进一步发展了通背拳。其子祁太昌在其父的基础上新创“六合通臂”。后世称祁信所传为“老祁派”（又叫“大祁派”），称祁太昌所传为“少祁派”（又叫“小祁派”）。

抗战期间，因战乱入川和迁往重庆的中央国术馆拳师们，使通臂拳在四川逐渐流行。其中王树田传授的“六合通臂拳”是在原来通臂拳基础之上进行的创新。20 世纪 60 年代中期通臂拳名家修剑痴(河北人)的传人因支援渡口建设进入四川,在此传授通背拳,也为该拳种在川的发展做出了贡献。

此派拳路结构严密、布局合理、衔接自然、一气呵成;动作流畅,舒展大方,势势相连,绵绵不断;步法轻灵敏捷,进退急撤、拳势火爆,闪展灵活;纵横交错,虚实分明,上挂下连、上下相随;劲力讲究冷、弹、脆,快;习练者要眼法似鹰目猿神,目光敏锐、明快;要精神饱满,气势贯串。此派重视“七操”:运指、摇腕、坠肘、伸肩、折胯、提膝、蹬步。

徒手套路有六合通臂、通臂功(二套)、通臂掌、大连环、五行通臂拳、白猿奇势大连环、白猿奇势小连环。

器械套路有通臂连环刀、断门枪、齐眉枪(亦称通臂连环棍)、混元剑。

练功方法有八种抡臂练法、五行掌、六状、八大手、十三种劈山练法、二十一法则。

该拳种现主要流行于攀枝花市、成都市、重庆市,其代表人物有王树田、向吉生等。

三十二、湖南南拳

外来武术拳种,是源于湖南的地方拳种。相传为南少林拳与湖南当地拳种结合而成的特殊拳种。

在川渝地区流传的湖南南拳主要有二支。

其一,1928 年至 1930 年间,蒲汉成在安徽南陵从龚汉清、高茂林处学得湖南南拳。抗战期间,蒲汉成在重庆传授此拳。

其二,抗战初期,王珉琪(原国民党二十九军国术教官)传孔锦星湖南南拳。

此派套路短小精悍,结构紧凑,手法多变,短手连打,刚劲有力,势如斩钉破竹。以气催力,发声慑敌。步法稳健,攻击勇猛,步型以矮桩为主,腿法以铲腿见长。

徒手套路有洪门卫身拳大练、洪门卫身拳小练、洪门卫身拳二套、南功拳、荷叶掌。

器械套路有龙灯板凳拳、丁字三角凳、梅花棍。

练功方法有三门桩、十二把劲、大连环、小连环。

该拳种现流传于重庆市，四川省达州市、绵阳市等地，其代表人物有蒲汉成、孔锦星。

三十三、形意拳

外来武术拳种，又称“心意拳”“行意拳”“心意六合拳”“六合拳”“际可拳”。有人认为，形意拳是模仿动物活动的一种拳术。它模仿动物进攻技巧，动物活动的内意，所以叫形意拳。另外一种说法是，形意拳需要“心意诚于忠，肢体形于外”，即外形和内意的统一，故称形意拳。形意拳要求修炼时要使内意与内气、内劲与外形、外气与外力相合，故而又称“六合拳”。

根据现有史料记载，形意拳形成于明末清初，山西省永济市（原蒲州）姬际可（字隆丰）所传。据清乾隆五十五年手抄本《姬氏族谱》中就记有姬际可曾在嵩山少林寺学艺，后游历名山大川，借鉴飞禽走兽的身法走势，自创一套拳法，称“心意六合拳”，并传授弟子。

形意拳在巴蜀主要有 6 支：

其一，1870 年前后，山西祁县的范百川从河南鲁县买壮图处学得形意拳，1928 年后在四川的名山县等地传授此拳术。

其二，1921 年至 1934 年，长安（今西安）人宝鼎在三台县创办“潼川积健武术社”，传授形意拳。

其三，1932 年后，重庆江北区（原江北县）国术馆老师传授形意拳。

其四，抗日战争时期，朱国桢、郑怀贤在成都和重庆教授形意拳。

其五，1930 年甘肃人马占奎来川传授形意拳。

其六，1937 年后，丁世荣（又名丁华丰）在重庆和宜宾等地教授形意拳。

该拳法以锻炼人体内在的精、气、神、意、劲为宗旨。以形取意，以意象形，形随意转，意自形生；动作简洁、朴实明快，形神统一，身正步稳，动作严紧，刚柔相济；基本步型为三体式，拳法为五行拳（劈、崩、钻、炮、横），以十二形为主，即龙、虎、猴、马、鼍、鸡、鹞、燕、蛇等（也有十形之说，即龙、虎、鸡、鹰、蛇、马、猫、猴、鹞、燕）。要求出式一定三尖相照（鼻尖、手尖、足尖），手不离心，肘不离肋。

徒手套路有五形拳、十二行拳、进退连环拳（亦称五行连环拳）、形意拳十二横捶、杂式捶、鸡形回把拳（二套）、形意连环拳（二套）、提龙炮、二节撤手、形意八式拳、形意拳八字功、出洞入洞、形意拳出入洞、形意燕形、六合心意拳、形意六合拳、新池拳、五形合一举、基本功法、守洞拔尘、熊出洞、形意母拳。

器械套路有五行连环刀、武侯夜战刀、形意五行连环枪、剑母、形意五行连环剑、形意五行连环棍、华子棍、五行连环双手带、白虎鞭。

练功方法有形意拳五行相生相克、形意拳安身炮、形意拳五花炮。

现流行于四川成都、雅安、绵阳、攀枝花，重庆市渝中区、万州区等地，其代表拳师有张应人、马振岱、杨国忠、赵子虬、李毅立、王树田、张应荣。

三十四、八极拳

外来武术拳种，又称“开门八极拳”“八忌拳”“巴子拳”“八技拳”等。以“八极”命名的缘由主要有四：一是北方称练武为练“把式”或练“八式”，称“八极”者为将武术练到极致地步。二是在练此拳法“啊”时要求将头、肩、肘、手、腰、胯、膝、足这八个部位炼到极致，因而得名“八极”。三是汉代刘安的《淮南子·地形训》中就有“天地之间，九洲八极”之说，“八极”为“八方之极远处”之意，八极拳乃取此意。其四是此拳源于河南嵩山少林寺一套八种拳技（剪、爪、太、八、形、劈、罗、花）组成的拳种，所以有“八技拳”之称。

八极拳起源于何时尚无定论。在河北沧州一带大约已经流传了二百多年的历史。在清康熙间，沧州孟村吴钟（回族人）曾是南方云游高僧癞魁元之徒。据云八极拳即为所创，因而该拳也称“吴氏开门八极拳”。雍正年间，吴钟三闯少林寺，未被暗器所伤，在武林颇负盛名。

在川渝地区，八极拳主要有两支：

其一，抗战时期，中央国术馆师生入川，王树田等在成都、重庆等地传授八极拳。

其二，抗战后四川渠县杨维龙在天津学得吴秀峰（河北沧州人，八极拳第六世掌门）的八极拳，后回老家传授。现流传于成都市、重庆市、达县地区、南充地区等地。

此派套路短小精捍，动作简洁、朴实，以六大开（指“顶、抱、担、提、挎、缠”六种基本方法，是各种动作的母系）、八大招（阎王三点手、猛虎硬爬山、迎门三不顾、霸王硬折缰、迎风朝阳掌、左右硬开门、黄莺双抱爪、立地通天炮）为技术核心；猛起猛落，硬开硬打，运行中以气摧力，变化多端，技击上突出以短制长，贴身近发。

徒手套路有八极拳、简化八极拳、二十四势、八极十二趟、八大顶、六大开、八大招、八极开门式、十二抱、十二提、八极拳六十四手、八极新架、单鞭拳。

器械套路有六合大枪、双盘枪点（滑大杆子）、耗大枪架、子龙枪、大六合刀、小六合刀、雪片刀、万胜双刀、拦马撅（朴刀）、春秋大刀、月霞剑、青萍剑、震山棍（行者棒）、双戟双钩、鸳鸯钺、雁翅镗等。

对练项目有八极对接拳、八极对劈挂、八极对爪拳。

练功方法有气功贯顶、打沙包、蹲桩、金刚八式等。

该拳种现主要流行于四川成都、达州、南充，重庆等地区，其代表人物有王树田、杨维龙。

三十五、杨家拳

外来武术拳种，又名杨八郎拳。杨家拳清同治六年（1867）霆军①被遣散，其将鲍超贴身卫士刘镇江（江西省人，人称刘江西）流落华蓥山地区以教拳为生，长期在刺竹场老屋基艾家居住授技。艾家仆人杨德广及其 8 子向刘学拳。人们以姓命名为“杨家拳”，因与宋朝杨家将的八子相偶合，故又称“杨八郎拳”。

20 世纪 30 年代，重庆江北茨竹乡人周善情（《四川武术大全》作“周善倩”）在邻水县高滩乡杨桂林（杨德广孙）处学得此拳法，后在重庆江北县（今渝北区）等地传艺。

《重庆 · 江北县志》谓：“此拳高桩长手，少腿少跳，手手带劲，肘技多变；桩稳拳急，腿狠身灵；冲劈凌厉，踹踢刚猛；拳棍混合，以逸待劳，沉着取胜。技击上讲

---

① 霆军，清军将领鲍超所部。鲍超由川勇投湘军，旋入湖南协标，充哨长，以湘勇为基础，编练霆军约三千人。1867 年 12 月因鲍超被革职遣散。

究‘扬手不离耳,扣手不离肩’,勇、猛、灵、静,心身配合。”

徒手套路有杨家一合拳、杨家二合拳、五马破槽、罗汉丝、五马归槽、三十六丝。

器械套路有杨家一、二、三、四、五、六合棍,以及单刀、大刀、戒尺等。

练功方法有穿石鞋、举石担。

技击项目有二人对扣、二人对打、棍术对打。

练功方法有穿石鞋、举石担、嗨字劲、金钟罩、铁布衫等

该拳种现流传于重庆市合川区,及四川广安的岳池、邻水等县,其代表武师有杨德广、杨桂林(孙)、周善情、蔡思明、唐清华、周双正、骆华等。

三十六、太极拳

外来武术拳种,是以中国古典哲学中的太极、阴阳辩证理念为核心思想,结合中医基础理论、古代导引术和吐纳术实践内容,并以实现颐养性情、强身健体、技击对抗等多种目标的一种内外兼修、刚柔相济的传统拳术。

“太极拳”一词最早见于署名为王宗岳(清乾隆年间山西人)的《太极拳论》。其中就已经用了《周易》的太极阴阳的哲理来论述拳理。太极拳的起源说法较多,相传出现为明末清初,一说是武当张三丰所创,一说是河南温县陈家沟陈玉廷所创。

在川渝地区流传的太极拳主要有十支:

其一,1917 年,肖洪法师在四川资阳县(今资阳市)传“武太极”。

其二,1920 年,成都陈柱龙在原四川开县学得“三丰太极拳”,1930 年陈在宜宾屏山县创办国术馆,将太极拳传到宜宾。

其三,1921 年,三台县“潼川积健武术社”的宝鼎传陈家沟长拳太极。

其四,1938 年,李椿年(曾随杨氏太极拳创始人杨露禅之孙、太极拳正宗传人杨澄甫学艺十余年)入川,在成都、重庆等地传授太极拳及太极推手等。

其五,抗战期间,太极名家郑怀贤在川传“孙式”太极拳。

其六,抗战期间,山东人潘文斗、杨发武在重庆传“太极游存”。

其七,1942 年至 1945 年,马岳良在重庆传“吴式”太极拳。

其八,20 世纪 30 年代,北京拳师丁世荣在重庆、宜宾等地传授“孙式”太极拳。

其九,中华人民共和国成立前后,有人在川渝地区传播“陈式”太极拳。

其十,20 世纪 50 年代,有人在川渝地区传播云南昆明的“杨式小架太极拳”。

各式太极拳的共同特点是:静心用意,呼吸自然,中正安舒,柔和缓慢,动作弧行,圆活完整;连贯协调;虚实分明;轻灵沉着;刚柔相济。“以柔克刚,以静待动,以圆化直,以小胜大,以弱胜强”。

徒手套路有杨式太极拳、杨式太极拳(九十九式)、杨氏小架太极拳、陈式太极拳、陈式简化太极三十六式、吴式简化太极拳、吴式太极拳、武式太极决拳、武太极、孙式太极拳、张三丰太极拳、松溪太极拳、绵拳、太极拳捷经、综合太极拳。

器械套路有太极刀术、太极枪单练法、太极十三枪(亦称太极枪)、太极大枪、太极枪、沾沾四枪单练(大枪)、劈採掤缠扔五枪练法、太极剑、太极棍。

对练套路有三才对剑、武当对剑、太极四离抡对练法、太极四粘花对练法、太极对练枪歌。

练功方法有太极动功十二式、太极气功十五式、太极气功十八式、无极站桩功、太极双环功、落地生根功、内气鼓荡功、沉腿养气功、灵猫行步功、绷袋运劲功、松弹腿部功、柔化胸部功、立如平准功、定步放劲功、动步发劲功。

该拳种现流行于四川省、重庆市各地,其代表人物有栗子宜、周子能、杨绍西、李敏弟、陈龙骧、杨文斌、钟厚屏等。

三十七、少林拳

外来武术拳种,中国传统拳种之一,因嵩山少林寺而得名。是在中国古代健身术的基础上,吸收各种武艺之长而形成的拳术。少林拳在中国武林影响极大,世有“天下功夫出少林,少林功夫甲天下”之说。

在巴渝地区流传的少林拳主要有十支:

其一,清朝年间,安岳县宝华乡孟夹胡子在少林寺学得外家拳法,后回家乡传艺。其孙孟国安继承祖技,并有所创新,在川东、川南、川北诸地广泛授艺。

其二,清末,吴佩孚镖师姜正南学得少林外家拳,后来川北传技予营山县张继书。

其三,清光绪间,有湖北人宋奎在南川县(今重庆市南川区)水江镇传少林拳。

其四,清末,袁成义在南川县(今重庆市南川区)传子袁先培。民国 20 年(1931),袁先培再传少林拳予韦定明。

其五,清道光间,青城山天师洞杨通玄天师在三台县云台观传少林拳术。

其六,清末,乐山人杨兆源到河南嵩山少林寺学武,后回川传技。

其七,清末,乐山朱红灯传少林拳法与马前龙,后马再创多人。

其八,清末民初,南充人蒋宝珊从尹其南处习得少林拳法,后在川北一带创艺。

其九,民国 9 年(1920),孙小三(又名孙艳彪,山西人)在川东一带传少林拳。

其十,20 世纪 40 年代,陈之杰在重庆万县让渡一带传授少林拳术。

此派为禅拳一体、神形一片,硬打快攻、齐进齐退。动作刚劲有力,爆发力强,猛脆快速,以刚为主;翻腾跳跃,步法轻灵而稳固;步活身灵,伸腿踢脚轻若惊鸿;身法有八要:起、落、进、退、反、侧、收、纵,讲究浮、沉、吞、吐、闪躲巧取。守似灵狗避击,攻如猛虎下山。

徒手套路有十路少林拳、少林拳、少林练步拳、练步拳、大练步拳、子孙丹、罗汉拳、罗汉拳功、金拳、大洪拳、红拳、二洪拳、六路短打、猛虎拳、奎星拳、六合拳、六六拳、六步拳、七星掌、小七星、黑虎拳、伏魔拳、猛虎下山、十八步拳法、猴拳、五虎拳、少林虎爪拳、踏地仆越、暗腿拳、单连、双合拳、罗汉功拳、五手拳、铁连腿拳、十字拳、黑虎掏心拳、长拳、站桩拳、三燕青拳、十二楼、润月法子母捶、华山、五行八法拳、三十二路长拳、白虎拳、连环拳、小石门拳、双卦印拳、插掌拳、臂化拳、双连环、小战拳、大战拳,等等。

器械套路有白鸽刀、白鹤单刀、南洋刀、梅花刀、梅花单刀、少林单刀、十三刀、夜战刀、战刀、涌泉枪、杨家枪三十六势、杨令公梅花枪、六合梅花枪、梅花枪、锁口枪、小六合枪、双开六舍枪、八仙剑、白猿剑、七星剑、梅花剑、湛卢剑、青风剑、家祖剑、盘龙棍、少林棍、柳丝棍、青龙棍、十八步神棍、梅花棍、单棍、花子十三棍、醉棍、棍术、八仙棍、少林三环朴刀、白虎鞭、达摩杖、兴唐锏、铁尺、板凳拳、袖铜加烟袋。

练功方法有强身健体法、七星功、“精武”盘功、十八罗汉功、十八罗汉劲法、易筋十二式、猿猴功、抓石蛋。

对练套路有搂术拳(亦称对擒拿)。

该拳种现流传于成都市、内江市、重庆市等地,代表人物有罗勇、施德方、蒋伯丰,杨清合、余正、杨兆源。

三十八、少林南拳

外来武术拳种,源于少林拳。少林拳入川后,与巴蜀拳种融合而形成短小精悍,多拳少腿和以短拳为主,少跳跃为特点的新拳种,从而与原少林拳有所区别,故称“少林南拳”。

在川渝地区流传的少林南拳主要有五支:

其一,少林拳流入重庆是通过外来拳师传入或本土拳师外出学技两个途径实现的。通过外来拳师传入之途,如咸丰间北京少林拳武师向奎在重庆奉节的传艺活动;本土拳师外出学技少林拳法者,缪云丛、李岚杰、孙燕侠、刘道人等老一辈拳师辗转从学。他们糅合少林和巴渝拳法,形成了既有北派重腿法的风格,又体现了南派重拳法的特点的拳技流派。

其二,由孙燕侠于20世纪30年代在乐山乌尤寺、重庆等地传少林南拳。

其三,清光绪年间,内江王万庭从少林寺高僧黄净果处学得少林正宗南拳10套,后在内江县(今内江市)桂湖街王家祠堂收徒教武。

其四,清咸丰间,中江肖朝翠于在河南少林寺出家,光绪间返里还俗,在中江传授此拳。

其五,清嘉庆初,三台李坤在河南嵩山少林寺习武,嘉庆十年返川,相继在绵川(今绵阳)设镖局,在三台县城南门外传授少林南拳。

此派套路短小精悍,动作多拳少腿;步法轻快,身段紧凑,封闭为主,攻防过硬;偏侧短手,硬打硬上,势如排浪,声威夺人;以丁八步为主要蓄力防守桩法,步法以长三步为主。要求未练拳先练息数,未学练功先学医;与人交手彼不动己不动,彼若动己先动,以己之竖,攻彼之横,抓筋解脉,打穴击要;拳代掌,手代脚,见机灵活；快速发劲，头、肩、肘、手、腰、胯、膝、脚八合一；不顶不丢打化劲，拈粘随机发寸劲，见机先制人，审时后制人、而先制于人。

徒手套路有穿阳虎、宫花拳、五雷镇地拳、五虎下西川、少林拳、魁星拳、青龙出海、宫花闹殿、登童进宫、七星拳、燕青拳、白蟒出洞、六步、三角桩、少林四十四手、北极拳、九龙拳、九龙爪、九龙肘、九龙捶、九龙腿、二龙戏凤、八法、天罡手、九宫八卦、百步云足、洪拳、七星拳、十八学士、追风漫步、南山拆拗、拗步拳、猛虎拳，等等。

器械套路有五虎擒羊刀、五虎群羊刀、南阳刀、凤池剑、风翅剑一路、锁龙剑、春秋大刀、少林双刀、南阳双刀。

练功方法有双人抖手、批手、压腿、凹腰、站桩、手脚带锡瓦、打沙包、插药铁砂掌、木人桩、练眼、练息、练滚翻、打孽龙桩、抱猪儿、五花飞石功、铁臂功、铁砂掌功、鹰爪功、腿法。

该拳种现流传于重庆市，四川省乐山市、内江市、德阳市、绵阳市等地区，其代表拳师有李岚杰、孙燕侠、刘道人、黄净果、李坤、王万庭、肖朝翠、肖荣松、陈芷亭、吴炳奎、冯海儒、王利宾、刘学渊、敬辉如、谬执中、缪云丛、王金婵、王紫柏、何大显、陈敬永、戴伯方。

三十九、少林形意六合拳

外来武术拳种，清咸丰间，湖南浏阳王钯求学于少林寺，得长老秘传少林形意六合拳。王钯将该拳传入湖南浏阳后，再传孙王海洲。20 世纪 80 年代，王海洲任秀山武术协会教练，使得少林形意六合拳在重庆一带得到流行和发展。

此派把以人体区分为上、中、下三盘（即三焦），照其穴位，以不同拳形，击对方之要害，又以精、气、神为内三合，以手、眼、身为外三合，即：眼与心合，心与气合，气与身合，身与手合，手与脚合，脚与胯合，内外结合，称之六合。以禽兽跳跃、飞翔、入巢、扑食为形象而编创的，讲究腾、闪、刺、扎、擒、拿、封、闭、沉、抬、折、垮、虚、实、巧、打，不拘一格。

徒手套路有形意六合拳、新四门拳。

器械套路有连环子午盘龙棍、连环子午棍对练、棍锏对练，棍剑对练。

技击项目有:二龙戏珠、双凤朝阳。

对练套路:散手对练。

练功方法有站桩功、指法功(卧虎劲)、击桩功、沙袋功、内功、轻功。

该拳种现在重庆市秀山县一代,其代表拳师有秀山王海洲。

四十、查拳

外来武术拳种,也称“查滑拳”“查滑门”。查拳是回族中流传较广的传统拳术之一,起源于山东省。分冠县“张氏”查拳、“杨氏”查拳和任城“李氏”查拳三支。

查拳的起源,说法不一,查拳《拳谱》记有如下传闻:唐朝“安史之乱”时,有一支军队东征路过冠县,青年将领滑宗歧因伤留了下来。经当地百姓的悉心照料,滑恢复了健康。为了报答人们的调养之恩,他便把自己擅长的“架子拳”技艺传授给村民,后随其习武者日众,滑便将旅居长安的师兄查元义请来共同施教。查元义,又名密尔,武艺精良。查将自己擅长的“身法势”拳传与当地群众。

“架子拳”动作饱满,舒展有力,因此被称为“大架拳”;“身法势”动作紧凑,快速小巧,人们叫它为“小架拳”。查元义、滑宗歧去世后,当地人为纪念恩师,便把他们所授之拳易名,用老师的姓氏代之。查元义所传的“身法势”就叫作“查拳”,滑宗歧所传的“架子拳”,就叫作“滑拳”。因查元义、滑宗歧两人既是师兄弟,又同场授徒,情同手足,故查拳、滑拳历来被视为一门。两拳合称“查滑拳”(或“查滑门”),简称“查拳”。

流传在川渝地区的查拳主要是张英振(原中央国术馆一级教授)在抗战期间所传。

查拳属长拳类,不仅动作舒展大方、快速勇猛、灵活敏捷、动迅静定、劲力顺达、节奏鲜明,而且结构严谨、技法清楚、意向明确,有实有华,华实并重。故有“动有法,法有势,势多变,静如画”之说。发力爆脆,出击快速,力度强爆,纯而不杂,奔放饱满,进退虚实。

徒手套路有“架子拳”四套,“身法势”十套,炮拳三套(三、六、九路),洪拳四套(一、三、四、七路),腿拳两套。“三路滑拳”套路长,招法多变,被认为是拳中精华而从不轻传，故有“师傅不传三略滑”之说。

器械套路主要有大奇枪、大花枪、二路查枪、中平枪、大花枪、五虎断门枪、五虎群羊棍、双手代、关公十八刀、太祖十八刀。大奇枪是器械中最珍贵的套路。其特点是枪法严实，每个动作都讲究精确实用，设有舞花，变化大，且枪法与战术相结合。除含有一般枪法外，尚有近战、夜战、群战等枪法，它与“三路滑拳”为本拳种两绝。

该拳种在四川省和重庆市都广泛开展，其主要传人有张英振、任海清、胡奉宪、彭清贤等。

四十一、武当内家拳

外来武术拳种，相传明朝年间，武当山张三丰真人所创。

在四川流传的武当内家拳主要有四支：

其一，峨眉山游方道人王老道将此拳法授予吕氏，吕氏世袭相传，现已传至第十五代。

其二，成都灌县向氏和金堂席氏分别在当地传授武当内家拳。

其三，150多年前，四川岳池县罗氏习得此拳后传与黄忠德。

其四，四川岳池县袁飞雄学得此拳，现已传至第五代。

武当拳法“拳起于易，理成于医”，其拳理以阴阳、五行、八卦、太极之说浑然交替而成。动作简洁、朴实，形神统一，身正步稳，动作严紧；技击灵敏明快，真假虚实，刚柔相济，你高我矮，你矮我高；以气摧力，以声助势；内静外猛，突发刚脆；神气合一，心正神宁；以医理作用于内功，服药以强壮筋骨，防治跌打创伤。

徒手套路有五朵梅花、连三步双十字、刚拳、金鸡展翅、柳叶绵丝掌。

器械套路有撼山易棍。

该拳种现流传于成都市、南充市、内江市等地，其主要传人有向敏灵、吕思洪、黄瑞睦。

四十二、三皇炮捶

外来武术拳种，是短打类拳术之一，亦简称“炮捶”。历史悠久，奉人文初祖轩辕黄帝为祖，即人皇氏，故又称“人宗门”“人祖门”“三皇门”。[①] 但有关该拳种真实起源的资料，却十分缺乏。直至明末清初年间，才开始有了文字记载和文物可考。河北冀县（今冀州市）武术名家乔三秀传授此艺，是关于该拳种的最早实据。据其所记，乔三秀传其子乔龄（字鹤龄）作为第二代。乔龄将此艺精妙真谛传给第三代宋彦超（字迈伦）、于连登、张文彩、王双奎四弟子。宋彦超集平生所学，潜心钻研，创“夫子三拱手”之绝技。清道光二十五年（1845），宋彦超来京投“神机营”报效国家，我精湛拳技震动京城。[②]

三皇炮捶何时传入巴蜀，待考。

此派表里精细，内外兼修；短小精悍，重复较少，朴实简练，易懂好学；以气为主，以理当先；阴阳相济，刚柔并举；静极生动，动极生静；劲随气走，迅猛绵柔。

徒手套路有头趟、二趟、三趟、四趟。

该拳种现流行于成都市，其主要传人有李宗儒。

四十三、山东教

外来武术拳种，又称“山东打”。据传，此拳是山东人秦叔宝所创。

山东人到四川传授的此拳，称“山东打”，在川渝地区流传的山东教主要有三支：

其一，清末，已有山东人在四川传授山东教。

其二，民国年间，荣昌王丙章学得山东教后回荣昌传授此拳。

其三，民国年间，永川人阳成之学得此拳后回技于永川、荣昌一带。

此派有少林拳风格，大开大合，拳掌分明，刚劲有力，身法敏捷，转换快速；技法讲究以快打慢，以长击短，以巧打拙，以力打弱。

徒手套路有七步桩、芙蓉桩、巴拿、鹞子钻林、大四门。

该拳种现流行于重庆市永川区、荣昌区一带，其主要传人有王丙章、阳成之。

---

① 秦义春. 镖行[M]. 北京市：中国社会出版社，2010：112.

② 秦义春. 镖行[M]. 北京市：中国社会出版社，2010：112.

四十四、金家功

外来武术拳种，又名“姬家功”，不仅具有武术拳脚套路的一般特点而且也是一种与“道”相通的技术，故名曰“功”。

据《涪陵地区体育志》记载，清康熙年间，金一旺（山西人）从山东来到四川梁平县（今重庆市梁平区）杨家咀传授金家功夫（亦称心意六合），授徒于袁大义、李少侯，至今已六代。① 姬一旺欲反清复明，失败后改“姬”姓为“金”，化名金道人。后定居梁平县（今重庆市梁平区），受徒甚多，故称“金家功”或“姬家功”。

金家功凶狠猛疾，刚柔灵活敏捷，擅长于格斗，技击性很强。技法以单式（势）为主，功拳结合，套路可任意相连，势势粘连随和，进退起落，空中作有，有中作无，奇穷变化，变化无穷，气合于神，神合于无，强调内外融合，心形一体。

徒手套路有头风、九架膀子（十二种做法）、肩风、肘法、肘风、手风、臀风、臀法（臀风）、膝捶法、膝法（夕风）、膝风、脚风、脚法、四把捶（二套）、简庄四把捶、剪桩四把捶分寸、清身四把、浑化四把捶、虎路三把（手法）、膝提比云、十面埋伏、十架拿法、十二形、十二形单式、十二形综合套路、尾功、过步剪桩分寸。

功法有开合、六合、蛇分草、虎路三把、单抱头、双抱头、轻身肘、裹缠、燕漂水、游龙戏水、铲脚。

该拳种现流传于重庆市梁平区、垫江县、涪陵区，其主要传人有张义尚、高英、陈锡、刘志祥、麻贵廷，文焕章、裴元和尚、张国栋等。

四十五、少林金刚禅自然门

外来武术门派，是中国一个罕见的武术流派，为近年新见拳法，传者奉嵩山少林寺初祖跋跎为祖，称此术秘传于四川佛门，至近代，四川宝龙寺大佛寺静悟禅师始才公开传出。其有关史料，尚待考察。

《中国武术大辞典》谓，此拳的命名，意指其术是取“金刚”之坚，“禅”修之静，技击原则宗法自然，顺应自然——所有套路、动作、功法的取像设形，除佛形

① 余灵勇主编．涪陵地区体育志［M］．四川省涪陵地区体育运动委员会，1990：36.

外,无不“上应天像,下应地物”。

金刚禅自然门,金刚禅是理论,是指导,是内功;自然门的武功,是外相。禅功中有武功,武功中有禅功,融合渗透,成为一体,不可截然分开。

金刚禅自然门包括互相联系又互相渗透的“动”“静”两大功法,与此两大功法相适应,我们称有形者为拳械技法,无形者即为内功或气击,有形功法分为七功、五法、二术、七类、八技。据王信得《少林绝命腿》介绍,七功、五法、二术、七类、八技内容如下:

1. 七功:沐浴功——练习全身不怕打的功法;易筋功——练习拳、掌、衔掌、脚缘、脚趾、子肘、手臂、手指的硬动;桩动——推不动．踢不动,站立如扎根的功法;腿功——练习快速灵活的腿法;膝臂功——也称活肘提裆功,专练膝、肘(包括膝胫．肘胫)两部的功法;静功——无形功、有形功循环的有形合;气功——有形功．无行功循环的有形合。

2. 五法:眼法、步法、腿法、身法、手法。

3. 二术:理脉术．调摄术

4. 实践搏击技法七类:踢法——一百零八腿击法;打法——上肢动作、以拳、掌、指为主形成的各种组合;摔法——各类搏击摔跤法,配合击打;拿法——擒拿术,包括活擒、固擒、破檎、巨擒;扑法——地趟搏击木;推法——利用外发劲,发人至远的技术;撞法——近战技法,包括膝、肘、腰、肩、头 5 个部位的撞击法。

5. 实践搏击战术八技:开门法——自然门和其他 11 种门法;击法——主动攻击法;贴身法——积极近战法;腾挪法——趋敌左右,转移至敌后法;进退法——正面迎敌法;闪占法——上下迎敌占空挡法;腾空法——占领空间、跃起击敌法;倒地法——主动倒地击敌法。

四十六、象形拳

外来武术拳种,同本地象形拳一样,也是模仿动物特长、技能和形态,或模仿某些古代人物的搏斗、生活的形象,结合武术的技法而创编的一类拳术。

在四川各地的象形拳,特点突出,风格独具,因其象形各异,源流不同,为了区别于其他门派,特统归为象形拳。

1. **形意猴拳**

外来拳种之一。“形意猴拳”的含义,是说操习者的姿势形态思想意识——就是说外表与内含,即“神貌”,都具有猴类的特征。此拳种是四川仁寿人郭蜀轩在抗日战争时期得遇著名镖师之后喻岁庚,习得其家传武功形意猴拳。1938 年郭蜀轩所在部队驻安徽石埭县九里喻村,偶遇当地有喻岁庚者,擅操形意猴拳,技艺精深,有“一以敌十”之功。郭向其学得猴拳①。

形意猴拳象征猕猴的机智锐敏、活泼伶俐。有出其不意先发制人的特点。据郭蜀轩称,形意猴拳练功谨严,要求朝夕养气育神和操练,使“形与意合”“意随气合”“形打合一”“形不离打”“打不离形”,故常借猕猴性行戏弄敌人,从而袭击之。它在运用气功上很注意刚柔关系,要“寓柔于刚”,“寓刚于柔”,刚柔相济,乃能攻防兼备。其动作灵活多变,神速敏捷,往往闪电式地发出,令人揣度莫测,有迅雷不及掩耳之感,

该拳种含“摘桃”“钻云”“追风”三部,共五十五式。

在拳术中,形意猴拳的身法、手法是较难和复杂的部分,因此学习本拳术必须在熟练三部拳术的基本手法后,再进一步达到形意和手法、步速的变化、心与意合、意和气和的水平,把握慢中有快,快中有慢的节奏,而且在扭身姿势不离猴形,眼神要追随猴爪。怒目圆睁必须有神,挠痒动作切忌呆板。

该拳种现流行于四川省乐山市,其代表拳师郭蜀轩。

2. **八虎拳**

外来武术拳种。此拳是依据北宋杨家 8 虎将形象创编的拳术,故而得名。1939 年山东拳师杜宗堂在绵阳传此拳予樊鹿春,此后该拳种在绵阳逐渐流传开来。

该拳种动作共十一式,从“老令公扎下望石子”(以右提石状)起,继而是“埋虎锤”“紫金镖”等拳式。

该拳种现流行于四川绵阳地区,有代表拳师樊鹿春等。

3. **虎形拳**

外来武术拳种,系张林在福建跟赵旭东老道所学,1942 年前后张林传此拳于

① 政协仁寿县委员会 文史资料委员会. 仁寿文史[M]. 第 4 辑,1988:138.

自贡一带。

此拳以象形为主，除模仿虎形之外，还配合攻防连打。动作以刚柔相济，猛快为佳。

此拳分五段，共三十八式。

该拳种现流行于四川省自贡市，有代表拳师杨星平。

4. 形意虎豹拳

外来武术拳种，此拳由老虎和豹子的形象，结合拳、掌等手法组成，故称“形意虎豹拳”。四川内江人徐孝清从山东马奎处学得此拳。表现虎形用虎爪、豹形则用拳。动作紧凑，用力顺达，劲刚步稳，内外结合。用于攻防，利于实战。

此拳有 37 式，其中主要动作有弓步左架右虎爪、弓步右架左虎爪、左弓步双虎爪、左转半蹲下宰爪、马步左右虎爪、上马步左右虎爪、左弓步双虎爪、右弓步左推掌、左弓步撩掌、左虚步下削拳、仆步顶肘、弓步左架右冲拳、虚步反扣拳、左弓步双推掌等动作。

该拳种现流行于四川内江市，其代表拳师有徐孝清。

第五章　峨眉武术名人

武术家是武术活动的核心，是武术各种拳种的创造发明者、继承者，也是一个时代武术发展水平的体现者，因此，武术读本不可能不对其加以反映。

一、马静源

马静源（1821—1920），号镇江，回族，祖籍陕西凤翔。近百多年来在成都武林中，著名武术家之一。曾任清荣县把总、茂县把总、十营总管、清皇子果亲王武功教师，授正三品武将头衔。

马静源幼时随父母入川，师从父亲结义兄弟武功异常高超的马黑子，学太祖赵门武功（赵门相传为宋太祖赵匡胤所创）。艺成之后，走南闯北，寻师访友，武功登峰造极，因特别擅长腿功，人称“无影腿马镇江”。他根据自己精湛的武功和丰富的实践经验，博采诸家之长，去粗存精，自成一体，世称“马派”。因本派武功最初来源于直隶的赵门，所以又称直隶马派或赵门直隶马派。马派弟子目前遍布全川。

1856 年马静源参加云南回民起义运动，协助杜文秀起义。在起义军中他曾担任过总教官，训练士兵打拳、舞械、列阵。在这些训练活动中，展现了他的才能。

辛亥革命后，1912 年成都成立了“四川武士会”，四川都督尹昌衡为名誉会长，马静源被公推为会长，当时由武士会在青羊宫举办的花会擂台比武，成为后来每年一度的花会擂台赛的开端。1918 年，打擂得到当时四川军政府的资助，摆擂比武的规模更大了。马静源当时已近百岁高龄，担任总擂主，并为擂台题词“团结尚武，强国强种”，成为以后每次擂台比武的宗旨。

马静源在四川武术界是德艺双馨的武术家，至今流传着许多颂扬他武德、武艺的故事：

一次马静源在一寺庙，一群好事者务必要和他较量，他回避不过，但又担心伤人，便走到大殿的一棵大柱前面，一拳击去，在柱上打出了一个拳印。众人见状大惊失色，不战而退。

又一次，杨氏太极拳祖师杨露禅之子杨班候为了推广杨家太极拳来到成都。因马静源在成都武术界的威望最高，杨班候来后自然找到他。当时马静源年事已高，便叫他的徒弟与杨班候过招。比武下来，杨班候没有占到一点便宜。他原以为杨家功夫天下无敌，在成都传艺不成问题，没想到遇到了对手，他便不好设棚授徒了。

再一次，当时成都有一位名叫马宝的武林高手，练的是绿林门武功，此人高大健壮，浑身筋骨钢硬，尤善头功，人称“铁人马宝”。因不服马静源的武艺，便约马静源较量。在打斗中他用绝招铁头向马静源连撞了三次，被马静源用该派的特技——毒药铁砂掌连接了他三头，他无法取胜，深感马静源武功高深，服输下跪拜马静源为师。

还有一次，陕西有个名叫马振江的武林高手专程来成都会马静源，要与他切磋武艺。马静源热情款待之后，约在清真寺过招。是时，两人并肩迈步进寺门。马静源前脚跨入门槛，后脚正要迈进时，却使出一个“海底炮”打在马振江正要跨进门槛的那只脚底。马振江被踢飞一丈余远，被打出门内，扑倒在地。常说道，练武之人要眼观四路，耳听八方，警惕性要高，反应要快。马振江被踢倒，表明他这方面的功夫还不到家。而马静源这一腿也踢得巧、踢得快、踢得有力。马振江从地上爬起来，对马静源拱手连称佩服。

马振江专程从陕西来成都，找马静源切磋武艺，马静源热情款待，约在清真寺过招。当时两人并肩走向寺门，马静源前足进了寺门槛，后足提起正要迈进门槛时，马静源抬足一个“海底炮”打在马振江抬起准备迈进门槛的那只足底，腾起一丈多远，把他打进寺门扑在地上。练武的人要眼观四路，耳听八方，应有很高警惕,很快反应。马振江被打中,正说明他这方面的功夫还不够深。而马静源这一腿也出得巧、快、有力,马振江从地上站起来,对马静源抱拳佩服。

清皇子果亲王武艺极好,闻马静源大名,聘为教师。随师一年后武艺大进,便想试探马静源的武功到底有多深,便要求与马静源比试一下。

双方架势拉开,果亲王先发一腿踢来,马静源轻跳闪开。跟着果亲王手足齐发,猛冲过来。就在果亲王冲进一瞬间,马静源侧身一闪,避开锋芒,跟着进身,双手五指扣住果亲王双眼,一足绊住果亲王足后,一发力就把他抛了出去。就在果亲王后退要倒地的一瞬间,马静源上前一把又将他抓了起来。这一招要很高的武功才做得到。五根手指扣在一个人的眼睛上,要把他抛出去,用力太小就抛不动;若用力太大又要把果亲王的眼睛弄伤,甚至弄瞎,这是非常惊险的。这下果亲王心服口服了。又认真地随马静源练了几年,由于马静源的武德、武艺俱高,使果亲王对回族的看法得到了改变。

马静源徒弟众多,他从18岁正式收徒到归真,一生中教了无数弟子,为武术的发展做出了重大的贡献,他对徒弟非常严格,不光授之以艺,更教之以德。

二、马德胜

马德胜(1846—1936),回族,四川宜宾城区人,清末民初宜宾生门武术名家。绰号“马汤圆”,因与人比武时,铁索缠绕颈部数匝仍能轻松吃下数十汤圆而得名。马德胜自幼习武,师承甚广,善于融汇南北各派之长,擅长多种拳法套路和刀枪剑戟等器械,内功、外功兼精,并长于点血法和“跌打损伤”骨科医道。清朝光绪时,马德胜曾任四川总督护院,担任过丁宝桢的十营教习,光绪末解职居家,设棚授徒。

马德胜幼年丧父母。其父曾以屠牛为业,开过教门餐馆。父母双亡后,马德胜为舅父收养。舅父苏某本是一名武师,擅长腿脚功夫,并在宜宾设棚收徒,传授武艺,马德胜少年时喜好武术,即从舅学艺。后来任姓拳师在与舅父苏某的比武中胜过苏某,马德胜又拜武功高强的任姓拳师为师。由于虚心请教,勤学苦练,马德胜尽得其真传,学得岳家枪法和其他多种拳术。任拳师去世后,马德胜又到省内外遍访名师武友,不断精习技艺。其中川南名武师黄广三的得意弟子

“曾打鱼”对他影响特大。“曾打鱼”是南岸黄村咀人，以打鱼为生，因此得此绰号。马德胜在“曾打鱼”门下学到了“八卦拳”和“犀牛照角”等拳法。此外，在川、滇著名武术家刘教古处，又获得了“点穴法”“等桩”“练步”等武术套路和功法。清咸丰至同治年间，善使铁棍的名镖师贺四棍子驰誉川、滇、黔道上。马德胜又从他处学得“盘龙棍法”。马还善使“硬虎头钩”（又名“八面刀”）和“流星锤”等器械；还学了南派拳术，如“提盘”“破剑”等套路。北派的腿功拳技，如“大、小红拳”“常用腿”等。

马德胜的武技能取各家之长，兼收并蓄，武艺既广且精，可称博学多能，成为川、滇、黔武道一代大师。他在各家流派的基础上，发展创新，自创了“五虎下西川”拳术。此拳糅合南拳北腿，集南北两派之精华，成为马德胜的绝技，更加的丰富和发展了生门武术。马德胜传人遍及金沙江两岸，宜宾传人尤众，以李厚云、何鹤林为优；云南昭通传人中以抗日爱国将领龙云、彭勤为最。马德胜以毕生精力发展武术事业，培养了不少人才。

三、杨畏之

杨畏之，清光绪年间人，生卒年不详，名禀三，祖籍四川会理。清末民初，一批武术名家活动于中国各地，有侠名者如“京都大侠”“大刀”王五、“南北大侠”杜心武、“北方大侠”王荣标、“齐鲁大侠”丁玉山、“沱南侠”韩其昌，还有许许多多没有侠名绰号的武林高手，如“单刀”李存义、“眼镜程”程廷华、“赛毛遂”魏昌义、“黄面虎”霍元甲、“鹰爪王”陈子正、“玉面虎”韩慕侠、“虎痴”黄飞鸿，等等，哪个不是响当当的武林高手！杨畏之当年便与这些武林高手齐名，人称“川西大侠”。

杨畏之习武初为报仇——小叔被恶霸陷害，万般无奈，只得含冤习武以图报仇雪恨。15 岁那年，他开始开馆授徒，教习武艺，并且在生活中也爱行侠仗义。杨畏之精于击杀之技、飞跃之术，少林内外功夫无不通晓。但凡见到欺压百姓的恶霸，杨畏之便深夜悄悄翻墙跃壁潜入其家，击杀恶霸，在其身上留下利刃，割头而去。老百姓都知道事出杨畏之之手。他是在为民除害，因而大家都额手相庆，在官兵追捕他时，大家还护着他帮他脱逃。

杨畏之在其行侠仗义的十余年间，声名远播，因而追随者也很多。杨畏之交友甚广，朋友中不乏仿效他行为者。于是官府把这些朋友所作案件全都算到杨畏之头上，要抓捕他，而仇家则借此要加害于他。杨畏之虽然身处恶劣的环境，但也认识到，即使不能完全实现自己的愿望，也应当在有生之年尽可能有所作为。于是他最终选择了投军，打算以此报效国家。

清光绪十一年（1885）春，中法战争进入关键阶段，杨畏之带着自己的40个兄弟，投奔鲍超将军，参加了与法国人的战事。在对法作战中，杨畏之带领部下，冲锋杀敌，累立战功，深受鲍将军的赏识，并因此擢升副将，而后更一路升迁至统领。杨畏之恪尽职守，而对当地百姓也关心体贴。因而杨畏之所到之地，老百姓无不携茶带水来欢迎。于是，他的德名远扬，口碑极佳。杨畏之处处以公为心，终致心力交瘁。清光绪二十年（1894），遂告老还乡。

杨畏之家历代精通医术，回乡之后，杨再操祖上旧业。杨畏之精通内科和外科，尤其擅长针灸，其艺堪称绝响。他悬壶济世，分文不取，活人无数。民国以后，隐居京城，闭门谢客，潜心研究佛学。

四、佘英

佘英（1874—1910），原名佘俊英，字竟成，四川泸州小市镇人，辛亥革命烈士，四川武术家，被列入“四川近代武侠”之列。

佘英出生在平民家庭，从小喜欢练习武术。其父早逝后，与母亲相依为命，靠种田维持生计。他曾经当过船工、铜匠，十来岁时就有一身好力气。他喜欢武术，遍寻名师，即便是在看江湖拳师表演武术时，也偷偷揣摩，暗自比画。在泸州小市镇上有一个擅长峨眉派武艺的武举人李孝，设棚收徒，教人拳脚武艺功夫，佘英拜他为师。佘英天赋很高，力大过人，再加之刻苦练习，武艺日益精进。佘英尤其擅长搏击，在20岁那年，考上清末武秀才，被推举成为袍哥会的“舵把子”。

考上武秀才后，他担任“州衙堂勇管带”，负责“领卫队、缉捕盗匪”。但在此期间，他因为不满清廷的腐败而自动辞职，回家开了饭馆。与此同时，他仍然坚持练习武术。1906年，佘英加入中国同盟会，并东渡日本见了孙中山。孙中山委任他为西南大都督。回国后的佘英兼具袍哥和同盟会会员的双重身份,成为川南地区反清运动的重要首领。

在泸州当地,人们都说佘英会飞檐走壁。清兵趁佘英回乡吊唁亡母之时,围捕他。在亲眼看见佘英进入会馆后,清兵一拥而上,但将会馆彻底搜查后,竟然不见他踪影。坊间相传他是用"遁土术"逃脱了。其实,此次脱险就在于他所拥有的精湛武艺,在清兵搜捕的混乱之际,他跳上了横梁,藏于匾后,这才巧妙脱险。

佘英在成功脱险后,积极投入了泸州、广安等地的反清起义,给当地政府以沉重的打击。尽管各地的起义都以失败告终,但佘英仍然不放弃,聚集队伍,积极练兵。

1909 年底,川南革命军再次起义,佘英在这次起义中被清兵活捉,在行刑前,写下一首诗"牡丹将放身先残,未饮黄龙酒不干。同志若有继我者,剑下孤魂心自安。"1910 年 2 月,佘英英勇就义,时年 36 岁,后被孙中山追认为陆军中将。

五、肖书安

肖书安(1893—?),峨眉夹江人,自 12 岁起,拜民间拳师冯成江为师,得峨眉六合拳法真传。峨眉六合拳法是峨眉派武术中高庄短打拳路,讲究拳掌的"伸、挂、劈、砸、盘、宰、挪、架"之生克变化。发功时常伴以"哼"(从口出),"哈"(从喉出),"嗨"(从腹出)发声,借气催力,主要由"左攻右挂""右攻左带""右盘左抱""右砸左宰""左攻右架""盘拔伸插"等六种不同的攻防搏击法组成,要求"形神相合、手眼追随、身法合顺、上下相顾、气力相催、左右防卫。"故曰"六合拳法"。这种拳路颇具峨眉武术特色,1926 年,四川军阀熊克武的中校镖师仗势在重庆沙坪坝摆起擂台,炫耀武功。一时间吹吹打打,煞是热闹。这位擂主阴损狠毒,许多武林好手原想与他堂堂正正地比武,结果都被他暗招所伤,败下阵来。这件事惊动了正在重庆街头游方行医的"肖郎中",他想:"擂主如此厉害,我倒要会会他。"

肖书安一上擂台,只见擂主膀大腰圆、满脸横肉,明露骄横,便暗自叮咛:"勿急勿躁,谨慎对付。"这时,擂主斜眼一视,见来人三十出头光景,矮小精瘦,貌不出众,不由暗暗骂道:“这种人也来打擂,真是活腻了。”比赛一开始,擂主就来了个“饿虎扑羊”,脚下直奔肖书安而去;两掌直取面部,想给他来一个下马威。谁知肖书安早有预防,不慌不忙将身体微微一偏,两脚轻轻一移,猛地闪到擂主身后,回手还击一招“风摆荷叶”。擂主猛然转身来了个“横扫千军”,眼看要将肖书安扫倒在地,只见肖书安两膝一挺,一招“旱地拔葱”巧破了擂主的“鸳鸯连环腿”。

第二个回合一开始,擂主就不断变换进攻方法,时而用“黑虎掏心”,时而又用“毒蛇出洞”,招招紧逼,暗藏杀机。肖书安神态自如,不紧不慢地以峨眉派“六合拳法”生克之术防御对方的凌厉攻势,用“大、小、绵、软、巧”的峨眉拳独特手法,机智、敏捷地与擂主周旋,擂主累得喘粗气,冒冷汗,气得拼命使用“冲天炮”“宰肘靠”“迎面腿”“铁扇迎门”威逼其身,甚至在众目睽睽之下,竟然使出毒招“锁喉箭”,频频向肖书安袭来,企图将其置于死地。肖书安见擂主毫无武德,怒从心起,随即以迅雷不及掩耳之势,用了个峨眉绝招“铁拳功”回击。只见他右手五指并成撮勾手,直戳擂主右肩;紧接着五指变拳,以拳背反击其右颊;旋急以拳面直取其口鼻。这三击疾如闪电,全身气力宣泄于一瞬。台下的看客只见郎中右手在空中划了半个圆弧,紧接着“啪、啪、啪”三响,擂主便“沉肩吊肘”“面目青肿”“口角流血”,倒在了台上。

台下顿时爆发出满堂的喝彩声。

这“铁拳功”是一种拳加上勾手的功夫,即在1秒钟内用拳和勾手猛击对手4到5次,要求用拳背击打一次,拳面再击一次,由拳变勾手再戳击一次。练这种功时要循序渐进,最初是击打枕头包、沙袋,然后击打桌面,松树干,最后击打铁板。力求一准(击点)、二狠(短力)、三快(瞬间九击)、四变(变向、变位、变换左右手)。所以肖书安在打擂时手法又快又狠,令其防不胜防。

肖书安打赢了擂台,可得罪了擂主,结果被熊克武手下抓了壮丁。3个月后的一个深夜,肖书安凭借高超的武功逃出了虎口,隐居在蛾眉山下的夹江县,为了避免熊克武的手下对他进行迫害,因此,肖书安以行医为生,从不显示武功。五十多年来,他都是在夜深人静时练功、练拳,长期以来人们都只知道医术高明的“肖郎中”,却不知道曾在擂台上击败过四川军阀中校镖师的“肖拳师”。直到

20 世纪 80 年代轰轰烈烈的全国武术挖掘整理活动开展后，肖书安才终于以“峨眉六合拳”传人的身份站了出来，向国家无私地展示和奉献自己所学的技艺。

六、春三爷

春三爷，生卒年不详，蒙古族，蒙古族名哈喇奎木特，汉名富景惠（清末人，生卒年不详），正红旗人。春三爷身材短小，须发如银，虽年老而精神矍铄，壮健若少年，待人随和。曾师从杜门拳师罗老汉，得其真传，更加之勤练不辍，坊间传闻说，在八旗驻川二百余年清营中，春三爷武功可称第一。据传某年二月，青羊宫老君会（即后来的花会）上，来了一大群湘勇，其中一人竟在光天化日之下调戏妇女。春三爷一见大怒，上前喝止，殊不知那厮不仅不听劝阻，反而挥拳向春三爷打来。春三爷只好接手，只两下将其放倒。不料一旁的数十湘勇，手拿棍棒，汹涌而来。看来春三爷今天吃不完也要兜着走了。可他面无惧色，从湘勇人群中夺过一条棍子，左敲右打，打得湘勇狼狈溃逃。此事以后，春三爷声名远播，而他却更加深藏不露，闭口不言拳事。

春三爷晚年常与同街朱鲁图老人在西门外正法茶馆喝茶聊天。某日，他侄婿偕一人带着礼物来访，说要向春三爷讨教，这是争个高下的意思。春三爷虽情有不愿，却又不能推脱：倘若不接招无异于认输。只不过担心，稍有闪失会伤了对方。于是略加思量，起身便往不远处的正法寺奔去。一群看客紧紧跟随。春三爷在寺院里伸臂踢腿，越踢越快，到极快时，飞起一腿踢在粗壮的房檐拄上，霎时柱础歪斜，屋瓦震抖。接着，他回头对来者道了声“请”。来人急忙伸出大拇指：“高……高……实在是高！”，说完便鼠窜而逃。

春三爷的幺弟，人称“幺探花”，为光绪某科武探花，本为状元，只因身材矮小，其貌不扬，为主事者抑居第三。他因此怨愤，英年早逝，其名今已不得而知，令人惋惜。

春三爷也是骨科名医，四川著名武医何仁甫早年也曾拜之为师。

七、颜联五

颜联五，生卒年不详，满族。青年即隶籍清营，继任教练，腕力超群，武艺出众，师从满族拳师李马长练习岳家拳、岳家剑、罗汉拳、易筋经、七盘功、气功吐纳之术。

颜联五培养人才甚多，如石继周、朱太康、何仁甫等人，均出其门下。朱太康在四川省第一次国术比赛中获得第一名。此外，尚有门生获得金，银章者。

成都举办擂台赛时，颜联五多次担任评判及四川省国术馆教练职务。

习武者必习医。颜联五青年时从开长斋老师学医，精习骨科损伤各症，擅长接骨，以黄、黑、红三丹为主，疗效显著。行医 50 余年，不仅医术精湛。且医德高尚，对贫苦求医者，免收或少收药费；治愈者，不计其数。

颜联五为成都满蒙古族骨伤四大流派之一。其独特用药方法独特高效，如以螃蟹或小鸡捣烂人药，外敷治疗骨折，几天即可见效。接骨采用柏树皮夹板固定法，松紧易于调整，断端亦不易移位，效果很显著。其子颜辉、颜澄继其业。

八、石继周

石继周（生卒年不详），字金剑。自幼酷爱武术，师事颜联五、马宝等，钻研少林武功及各类兵器，如日月轮、乾坤圈、龙头刺、飞刀、飞镖、甩头一字、虎头钩等。

早年曾在部队任过武术教官。1933 年创办“私立自强国术专门学校”。男女学员超过百人，聘有马宝、颜联五、侯方召等二十余人为教师，对学生取费低廉，教师仅付微薄车费而已、后因各种原因学校停办。

中华人民共和国成立前，成都春季花会擂台赛、四川省国术馆举办之秋季比赛，石继周都一直担任裁判。

1938 年，四川省国术馆评选优秀运动员赴南京参加全国武术国考，石继周参加了这次省考比赛。他连胜 10 轮，最后拳械表演及笔试、策论也都成绩优秀，评为中等武士之一，代表全省参赴国考。后因战乱发生，国考停办，回省后被省国术馆聘为国术专门学校拳械教官。

1943 年四川军阀欲以高新聘为家庭教官，石继周辞而不就。

1957 年省体委邀请历届金章获得者，举办民族形式比武较技大赛，石继周被聘为裁判。

石继周不仅武艺高强，而去也擅长医治伤病。当年向他求治的人很多，对于病员，细心治疗，收费合理，孤贫不取，无力购药者还予以资助。其骨伤医术创一家之秘，为成都满蒙古族骨伤四大流派之一，现其子石宝宗，尚能传其业。

九、吕紫剑

吕紫剑（1893—2012），乳名长贵，1893 年出生于湖北宜昌市的一个武术世家。吕紫剑从小跟随母亲习练武术，为往后习武打下了扎实的武学功底。少年时代即拜宜昌有名的武术家“铁腿”江英为师，并成其得意的大弟子。他在江英门下学得了铁汉碑、铁门闩、铁臂功、将军拜印等硬功夫。成年后对武术痴迷的吕紫剑遍拜武术名家，又相继跟随李国操、丁世荣、李长叶、紫霄道长徐本善等武术名家学习武术。

吕紫剑早年毕业于湖北国医学堂，对医术颇为精通，多年在各地行医，尤其中医骨伤是其专长。对武术和武医的孜孜不倦的追求，他终于成了这两个方面的高手。

作为习武之人，年轻时代的吕紫剑行侠仗义，好打抱不平。据传，吕紫剑仗着自己一身武艺，主动挑战了京汉铁路线上的地头蛇“飞天蜈蚣”冯老大，并且一战成名。20 世纪 30 年代，他与日本武士三井秀夫在宜昌进行了一场生死决战，并且将对方打败，维护了中国航运公司在长江航线上的利益。20 世纪 40 年代，他又击败了美国的拳手汤姆纽汉。从此，吕紫剑名震川鄂，“长江大侠”的名声不胫而走。

吕紫剑曾经担任过重庆南北武术家联盟的会长，也曾经当过国民党的武术教官。解放战争胜利以后，吕紫剑并没有跟随国民党去台湾。新中国成立后，吕紫剑被当作国民党残余进入监狱进行劳动改造，一直到 20 世纪 70 年代末才得以释放。吕紫剑一生并未放弃习武，从 1982 年开始，他获得了各类全国武术比赛的奖项，并担任了多个武术协会的负责人。在不断的研究和学习期间，吕紫剑出版了《八卦养生法》《中国武当内家拳法》等著作，同时集一生所学，根据当代人习武的需求，创编了“八卦浑元养生功”。

此外，由于精通中医骨伤，吕紫剑先后在天津、湖北、四川、重庆各地行医，治病救人。为了传承中华武术和武医，吕紫剑开设了紫剑武馆，收徒讲学。在他的弟子中，最为出色的王清华，继承了吕紫剑的武术遗产，并将其发扬光大。

十、侯坦

侯坦（1896—1952），四川成都人，自幼习武，师从僧门第三代掌门人周腾蛟，周腾蛟曾聘请经学名家袁子凡教授其诸子百家，隐士吴桥子教授其玄门内丹，从中学得的知识为其习练武术打下了深厚的传统文化基础。

侯坦尽得僧门绝技，经过多年的习练和实战，武艺日益增长，后经数战成名，名列当时四川武林"五龙二侯"（李飞龙、张永龙、陈柱龙、李云龙、李犹龙、侯坦、侯万里）之中，成为当时四川武林的知名人物，终成僧门第四代掌门。

清代末年，侯坦与其师傅周腾蛟一起，倡导成立了武术组织达摩会。每年达摩会，全国各地武林高手云集成都，以武会友，交流武技，研究武学，拜师收徒，场面壮观。达摩会的活动对成都及四川武术的开展，起到了重要的推动作用。

1929 年，侯坦在成都中莲池街螃蟹石门窦开棚授徒，培养了大批优秀的武术人才。如其弟子彭元植，1929 年曾参加为选拔选手而举办的中央国术馆"国考"下设的"省考"，比赛中成绩突出。1934 年，彭元植又参加了军阀蓝旧玉在亘庆组织的擂台赛，一举夺魁，声名显赫，被称为"蜀中第一快手"。弟子刘文华，学艺 7 年后连获 3 届成都青羊宫擂台赛金章第一，威名远播。弟子蓝伯熙 1929 年参加省考比赛，以全胜的战绩荣获冠军，后被聘为川军炮兵武术总教练。其子侯仲约，自幼学习僧门拳械内功，得父亲倾囊之授，14 岁即成为僧门掌门人，曾经在青羊宫打金章擂台上，勇夺金章，一举成名。侯仲约自感责任重大，在继承和发扬僧门武学时除了精心择徒相授之外，还努力整理僧门武学，著书立说，以使僧门武术发扬光大。

十一、张英振

张英振（1896—1977），号俊卿，祖籍山东冠县张尹庄，出身于查拳世家，精通十八般兵器，尤以祖传查拳独步武林。20 世纪 20 年代名冠鲁西，30 年代声震吴越，40 年代誉满巴蜀。

幼年时张英振向堂伯张其维学习查拳，在学了两年半的弹腿之后，又用了 3

年时间学习套路、器械、对练，以及流传在当地的洪拳、炮拳、腿拳、滑拳。十八九岁时，开始学查拳的攻守之道。查拳的技击方法，有“十字要诀”，即是缩、小、绵、软、巧、错、速、硬、脆、滑。堂伯将技法一一析讲，把招数一一传授。张英振日夜操练，反复揣摩，认真记忆，终于精准地掌握了“十字要诀”，并运用得出神入化。

20世纪初，在济南一次有许多武林高手参加的演武场上，张英振的一趟查拳，一趟查枪，震惊四座，再一过手，势如破竹，锐不可当。于是时任山东镇守使的马良调张英振到济南，任省府武术教习。

1928年，张英振参加了在南京举办的武术国考，虽然当时他有一只眼正害严重眼病，用纱布蒙着。不少关心他的人都劝他放弃比赛，但是他仍然前往。在南京比武场上他沉着冷静地应对对手的挑战，尤其是他采用“走风摇晃式”步法——包括查、滑、腿、洪、炮五种拳的步法，令对方看不清门户，无从下手，未及近身，方寸已乱，张英振从而取得胜利，跻身最优等15名中的前5名，获得“优胜纪念”锦旗一面、冯玉祥赠送“救国源泉”锦旗一面、大会特制道德剑一柄，上面刻有“张英振同志优胜纪念，术德兼重，文武兼修。冯玉祥赠，中华民国十七年”。

张英振在南京国考之后英名大振，被当时的中央国术馆聘为一等教授。

在国术馆期间，张英振多次参加武术比赛，曾与来自日本等国家的几十名武术家交手，百战百胜，轰动国内外武坛，为中华民族争了光。当时美国好莱坞米高梅公司来中国拍摄介绍中国武术的电影，张英振与王子平合练“双手带进枪”，为中国武术走向世界迈出了先行的一步。

张英振为了生计去军校教武术。在军校任教期间，遇上了“七七”事变，日寇大规模侵华。为激发人们的抗日热情，于是他在南京国术馆技术室主编了可用岳飞《满江红》的词调配合的一套拳和一套剑，定名叫《满江红拳》《满江红剑》。其中“壮志饥餐胡虏肉，笑谈渴饮匈奴血”数句的动作编排，气魄雄伟，难度很大，成为套路的高潮。这套拳和剑先后在国术馆、军校、社会上广泛流传。

1938年，军校西迁，张英振一家也到了成都。随着抗日战争的发展，张英振入川以后，也收了一些徒弟。

中华人民共和国成立以后，张英振致力于武术的保健养生工作，他辅导病员练习太极拳，帮助病人提高身体素质，使一些肺结核、肝炎、神经衰弱，以至中风不语的病人恢复了健康。

张英振为祖国培养了大批武术人才。著名的“中国拳王”蒋浩泉,昆明体院教授何福生,原中国武术协会副主席温敬铭等都是张英振早年的学生。

他和弟子彭清贤编写了《查拳概况》,与外孙胡奉宪整理了《五路查拳》《八路查拳》;还组织弟子们编写了《查拳诗词歌谱论》;创编了集中查、滑、腿、洪、炮五种拳法精华的《中和拳》。

日本著名武术家松田隆智率领武术代表团来华学习交流,赠送国家体委的礼品中就有《查拳世家正宗——张英振》一书。

十二、唐兴畅

唐兴畅,清末民初人,生卒年不详,四川开县人,唐门一代宗师。唐兴畅为人善良,德高望重,重武德,桃李满天下,在下川东享有盛名。其父唐天泰是唐门传人,亲自将唐门武术传授给唐兴畅。后来唐兴畅又在其伯父唐天炳的精心指导下,通过勤学苦练,学得过硬本领。套路、器械、轻功、暗器、散手样样精通,60 公斤重的大刀能玩简单套路,40 公斤重的大刀能运用自如。

抗战时期,四川省代主席王陵基驻防万县,曾以募捐抗日为名设擂台。王陵基特意请来开县唐兴畅与驻军武术教官一比高下。刚一动手,教官即感不对——自己的大拇指竟莫名其妙地断了,方知遇上了高人,当即拜服。打擂期间,王陵基的手枪营营长十分了得,与各路武师交手,伤人甚多,连连获胜,狂傲不羁。唐兴畅的徒弟峨眉人张敬诚一时兴起,忘了“不可打擂”的师嘱,跳上台与之对阵。营长因其背景强硬,出拳凶狠,处处阴招,招招损人。张敬诚一怒之下,竟用唐门涮腿绝技将其铲死台上。王陵基护兵钦佩唐门武功,遂将其护送回了峨眉老家。

打擂结束,王陵基在万县设国术馆,请唐兴畅及徒弟在万县设馆授徒,教他手下军官习武。一时间,除王部官兵外,川东各县以及宣汉、万源等川东北地区皆有习唐门武术的人。1936 年,唐兴畅从万县国术馆回开县后在七圣祠办武馆,并先后出任开县民众学校和文武宫女子小学武术老师。1953 年,唐兴畅被万县地区体育运动委员会聘为万县地区第一届全民运动会的武术裁判,并在众人极力要求下参赛,以遥遥领先的成绩荣获第一名。

唐门武术的继承人张锦城是唐兴畅的得意门生,武艺超群,德高望重,曾任开县武术协会主席。获四川省第五届运动会老年组冠军,1988 年代表四川省参加全国武术交流会,表演二路九滚十八跌、连八腿、定唐大刀、滚龙双刀。

十三、郑怀贤

郑怀贤(1897—1981),又名郑德顺,河北省白洋淀安新县安新镇北辛街人。13 岁时跟随新安"飞叉大王"李洱庆学飞叉和接骨治伤技术。后被北方武林高手魏昌义收为徒弟,学习戳脚翻子。后经魏昌义介绍到北京魏金山处学习鹰爪翻子与骨科技术。魏金山见郑怀贤天赋过人,推荐郑怀贤到当时中国最负盛名的武术家孙禄堂处进一步深造。在孙禄堂的精心指导下,郑怀贤不仅提高原来所学的擒拿、飞叉和戳脚翻子等技艺,而且在太极、形意、八卦方面也打下了坚实的基础,尤其是掌握了传统骨科理论与实践技术,其中包括一些罕见的治疗骨伤效果明显的药方的配制方法。郑怀贤一生最珍视的三大技击绝艺——孙氏八卦拳、飞叉、擒拿,便在这一时期打下了基础。

1928 年,经孙禄堂推荐,郑南下上海,在上海交通大学教授国术。其先后在上海中华体育会、上海交通大学、上海西江体育师范学校担任武术教员。同时跟师兄孙存周学习孙氏八卦拳。数年后郑怀贤武功大进,尤其在实战技击方面开始显露头角。不久被沪上大亨杜月笙看中,结为金兰,实际上成了杜月笙的贴身保镖。

1936 年,郑怀贤入选柏林第十一届奥运会的国术表演队。武术高手们都对郑怀贤的徒手技击功夫钦佩不已,认为去柏林表演的所有队员中郑怀贤的散手功力堪称第一。

从奥运会归国后,郑怀贤名声大振,被当时的黄埔军校聘任为国术教官,培训了黄埔军校第 17、20、21、22、23 期学员。在国术馆中,郑怀贤常与师兄朱国福相互交流,相互学习,郑怀贤向朱国福学习西洋拳击和日本劈剑,朱国福向郑怀贤学习八卦拳和擒拿。

抗日战争爆发后,郑怀贤被中央军官学校聘为教官,教授实战技击术。在此期间，郑怀贤与朱国福、朱国祯、张英振、张英健等，相互学习、相互切磋、相互砥砺。

1944年，郑怀贤进入成都体育专科学校任教（20世纪50年代初，成都体育专科学校改为西南体育专科学校，后又改为成都体育学院），郑怀贤曾以孙氏八卦拳的技击功夫享誉西南。被同道誉为“西南五省八卦拳之第一人”，其八卦拳活步推手、八卦拳散手、快摔、擒拿为西南武林中的技击绝技。

1956年，随着新中国体育事业的蓬勃发展，对于体育损伤医疗和研究人员的大量迫切需要，加之国家体育主管部门开展反真功夫运动，研究技击术及其教学已无适宜的环境，于是郑怀贤把研究的重点转到体育医疗保健方面。在新的体育医疗保健领域，郑怀贤取得了举世瞩目的成绩，本书将在《四大武医流派》予以介绍。

十四、赵子虬

赵子虬（1905—1996），字正清，男，汉族，广安县东岳乡人。擅长峨眉化门南拳——“三十六闭手”，国家体委认定的“全国十大武术名师”之一。

赵子虬六岁时向舅父胡德炎学武，由于身体素质好，身手矫健，且认真刻苦，少年时代就打下了扎实的武术功底。18岁他便只身赴重庆跑江湖，一边买药，一边向民间武师侯炳森、陈晓东等学习峨眉拳术。

1931年考入南京中央国术馆第二期教授班学武，得以接受王子平、佟忠义、姜容樵、黄伯年、吉鸿吕等武术名家的口传身授。在这期间，赵子虬深得国术馆馆长张之江器重，曾被其聘为家任武术教习，专门教授峨眉武功。同时，张之江也将其推荐给顶头上司冯玉祥做保镖。南京时期，也曾协助唐豪（又名唐范生，近代著名武术史学家）参加编审处编修武术书籍的工作。

赵子虬武功高强。1935年与美国西洋拳师马士林在武汉公书林擂台比武，马士林人高马大，出拳凶悍，以为“中国人都是东亚病夫”，经常对老百姓报以拳脚。比武中，赵用“回身追风手”“化门拳”等拳路，连胜3局。武汉报纸对这次胜利以《赵子虬拳打美国大力士》为题加以报道，大长了中华民族的志气，在当地群众中传为佳话。1952年6月，赵赴五宝乡三村参加土地改革工作，在捉拿暗藏枪弹于观音寺进行破坏活动的“反共九路军”土匪头目僧广洲时，在夜雨路滑的长江边滩涂地与僧厮打，最后用一“拿法”活捉了这个血债累累的匪首，至今传为美谈。1979 年 5 月，他参加首届全国武术观摩交流大会获一等奖（金牌）。

1982 年底，他参加全国武术工作会议，作为峨眉派代表受到中央领导的接见。

晚年，赵子虬除收徒讲学外，他还将大量的时间用在了对武术文化遗产的搜集和整理上。1983 年，赵子虬担任四川省武术遗产挖掘整理小组顾问。曾任全国武术协会委员，四川省、重庆市武协副主席，1995 年被国家体委评为“全国十大武术名师”之一。

十五、彭善思

彭善思（1909—1993），女，湖南省湘西西永顺县王村人。受其族人湘西土家族武术大家彭不平影响，自幼开始习武。

1933 年，彭善思考入湖南省国术训练所女子师范班第一期习武。在学期间，彭善思刻苦练功，以优异成绩毕业，精通双刀、双剑、双钩、双匕首、枪、棍、八仙剑、昆吾剑、纯阳剑等拳术器械套路。1934 年秋，湖南省国术俱乐部成立，彭善思被聘为兼职教练。1935 年夏，到澧县师范学校任教，在同年上海举行的第六届运动会上，彭善思以湖南队代表身份参加了两项国术比赛。经过激烈的角逐，获得了女子摔跤第二名，剑术组第三名。同年在长沙参加全国中国式摔跤比赛获冠军。1936 年秋入南京国立体专深造。1937 年参加在南京举行的第七届全运会，获散手、摔跤、长兵器 3 项冠军，南京报刊称其为“惊世女杰”。抗日战争爆发以后，彭善思积极投入抗战中，1938 年任第五战区学生军团国术武术教官。后赴四川，先后在成都市兵役科、光华大学附中、遂宁县高级农校、女中等单位工作任教体育。在此期间，由于她多次为中国共产党工作，因此，受到了国民党特务的监视，后来又被抓进监狱，一直到中华人民共和国成立后才得以出狱。

中华人民共和国成立以后，彭善思应聘于成都铁路子弟学校，担任该校体育教员。1963 年至 1965 年，她任内江地区和内江市武术队教练。在内江师专（现内江师范学院的前身学院之一）任教期间，虽然年岁已高，还在学校组建了一支业余武术队，推广中华武术。

十六、肖应鹏

肖应鹏（1915—1997），字韦飞，湖北省武汉市人，是武术界公认的“中国第一代猴王”。肖应鹏从17岁开始学习武术，最初在当地的国术馆里学习拳术套路，后又考入了重庆武英国术专科学校继续学习。在习武求学期间，曾师从张正忠，学习形意拳、太极玄门剑、拔步单刀。而后又拜胡建秋为师，学习醉拳、硬气功、猴拳、子午拳等。经过刻苦的学习，肖应鹏的武艺得到了突飞猛进的发展。中华人民共和国成立后，肖应鹏参加了中国人民解放军，在完成本职工作之余，将大量的业余时间都投入到了武术的练习之中。

肖应鹏的猴拳拳法活泼，形态突出，武术技法运用与猴形紧密结合。为了探究猴拳的真谛，肖应鹏师法自然，在家中喂养猕猴，日夜观察，对猕猴的生活习性，形态和动作都了如指掌，正是在与猕猴的长期直接接触中，肖应鹏领悟到了猴拳的各种特点。他后来也向猴拳武师胡健秋请教。经多年理论知识和实践经验的积累，肖应鹏自创了“新猴拳”“猴棍”等武术套路。代表性套路中有猿猴出洞、登枝望景和藏身吃果等。

在1953年举行的全国民族形式体育表演大会上，肖应鹏表演了自创的猴拳，获优秀奖，并作为运动员代表向中央领导作了汇报表演。肖应鹏的猴拳以其生动活泼的形式和精湛的技艺获得了领导的好评，并因此进入了国家武术集训队。此后，肖应鹏更是苦练猴拳，并以此活动了多项荣誉。1958年，肖应鹏进入中央体育学院（现北京体育大学前身）武术班进修，而后进入成都体育学院任教。在多年的教育工作中，他一边潜心练习，一边教书育人，培养了一大批武术人才。他的弟子中郭洪海、熊长贵等已是国内成绩突出的武术名家。在教学与训练之余，肖应鹏还积极进行体育方面的科学研究工作，发表了大量的武术论文，并参与了《中国武术观》《奇功显影》专题片的摄制工作，为中国武术的普及推广做出了自己的贡献。

根据肖应鹏对武术，特别是对猴拳所做出的贡献，中国武术协会授予肖应鹏“武术百杰”的称号。

十七、王树田

王树田(1918—2005),河北省高碑店市人。五岁随父亲山赴上海谋生,曾师从朱国福学习形意拳、摔跤、搏击术,为其“八大弟子”之一。1928 年考入南京中央国术馆第一期武术专修班。从师于朱国福、朱国桢、郭子平、马英图、高振东等习艺。1933 年到湖南长沙国民革命军第四路军军事训练处深造,同时继续向朱国桢学习散打搏击,并从摔跤大师常东升学习保定快跤,向林存森学习六合通臂拳。同时兼任“湖南省国术馆”师范班国术教官。1935 年参加在湖南长沙举行的华南数省国术比赛,在擂台上力克群雄,荣获搏击比赛第一名,摔跤第二名。被武林界誉为湖南“小黑虎”。1939 年入四川受聘于成都空军机械学校任国术教官。参加“新生国术队”在成都与郑怀贤先生配对表演空手夺枪,受到武林界同仁的高度赞扬。

中华人民共和国成立后,进入成都体育专业学校(现成都体育学院前身),担任武术教师,从事体育教学工作。王树田曾经在多个武术协会中任职,并曾经担任四川省武术队主教练、四川省摔跤队主教练、四川省武术馆总教练。成都体育学院武术副教授、院务委员、武术教研组主任、武术系副主任。多次担任全国、省、市武术比赛、摔跤比赛的裁判、总裁判长等。王树田精通形意拳、八卦掌、太极拳、八极拳、查拳、通臂、劈挂、翻子、擒拿、摔跤、劈刺等多种拳术,其传承明朗,技艺精湛、功夫纯正,成都体院授予他“一代宗师”的横匾。

王树田自少年习武至终 80 余年,培养了大批武术教授、教师、教练员及武术工作者,其学生不计其数,入室弟子众多,分布于全国及四川各地。入室弟子有:习云太、王学贤、王世荣、黄天才、肖家泽、傅尚勋、许成君、雷泽明、翁邦森、李德富、项宝辉、计斌、党建国、李保明、郑德智、周滔、刘绥斌、黄仁信、黄大雄、兰永辉等。曾参与创编《甲组长拳竞赛套路》的编排工作。其著作《形意连环拳》《形意对打》《八卦散手刀》《八卦龙形剑》《八卦连环掌》《八极拳》《六路弹腿》《六合通臂》《对擒拿》等流传至今。

十八、习云太

习云太(1935—),河北唐山市人,中央体育学院(现北京体育大学)首届毕业生，师承著名武术家张文广教授及郑怀贤教授，获中国武术九段段位，武术教授、武术教育家。

1955年至2000年在成都体育学院工作。在校期间曾先后任成都体育学院武术教研室主任、武术系主任、科研处副处长等职。曾任中国体育科学学会理事、中国武术协会常委、中国武术学会常委、中国武术科研委员会副主任、四川省及成都市武协副主席、国家教委教学指导委员会成员。曾培养出武术史研究生和数十名世界、亚洲及全国武术冠军，其中包括首届世界搏击大赛冠军1名，国际武术邀请赛世界冠军7名，亚洲冠亚军3名，全国冠亚军17名。20世纪80年代，所编写的《中国武术史》是我国第一部武术史著作，弥补了我国武术史的空白；曾任《中国大百科全书·体育卷·武术》副主编、《中国武术百科全书》编撰委员会副主任、《中国武术大辞典》副主编。自1962年起，曾多次参编全国体育院校《武术》教材和主编全国体育院校函授（武术）教材。曾多次参加武术套路及散手规则的制定与修改，以及等级运动员标准的制定。其所编教材质量甚高，先后获国家教委特等奖和优秀教材一等奖，并两次获国家体委一等奖。其所培养的学生遍布国内外，其中不少已踏上业务和行政的重要领导岗位；曾出访捷克斯洛伐克、苏联、日本、德国、意大利、瑞士、法国等国家，进行武术的指导和学术交流。曾在北京体育学院等多个体育学院，以及山东、河南、四川等多个省市讲学。获国家荣誉裁判称号，担任过第一届世界武术比赛散手仲裁委员会主任、第一届世界搏击大赛仲裁委员会主任等职务。曾被武汉体育学院等院校聘为客座教授。

1985年获国家体委“新中国体育开拓者”奖章，1988年获国家武术贡献奖，1992年享受国家特殊津贴，1995年获评“中国体育科学学会先进工作者”和“当代中国十大武术名教授”称号。

十九、孟宪超

孟宪超（1943—　），河南省巩义市孟寨村人。从20世纪70年代以来，一直以传授峨眉拳为业，促进了峨眉拳在河南以及全国传播和发展。

全国解放初期，中国人民解放军南下重庆，幼年孟宪超随部队的父亲南下，安家在重庆市北碚区。1958 年,孟宪超在四川重庆市十三中读书时,曾在北碚区武协业余武术训练班学习拳术。武术训练班是由北碚区武协委员吴先绪负责教学。

吴先绪所教拳术为南京国术馆基本教材“练步拳”、张文广的“青年拳”,以及六合拳、小八卦、四门桩、八卦散手等。吴先绪还专门传授孟宪超一种名为“峨眉拳”的拳术,此拳单式又叫“峨眉桩”,并且将峨眉拳的有关资料也交给了孟宪超。

在三年困难时期,孟宪超同吴先绪失去联系(1979 年,国家武术挖掘调研小组到河南调研时,孟宪超才从调研组得知,吴先绪已在三年困难时期去了农村,后来在农村去世)。1962 年 8 月,孟宪超离开重庆到了东北一农场工作,此时不能每天练拳,只得在无人的时候才偶尔偷偷练一遍。1970 年,孟宪超随父亲到开封,他在新的环境里,一边整理资料,一边开始想着如何传播峨眉拳。1979 年,国家体委武术挖掘调研小组到河南考察时,将峨眉拳定性为“纯技击性”拳术,峨眉拳第一次公开亮相。

1986 年至今,孟宪超在《武林》《精武》《中国功夫》等全国各大武术杂志上发表了 50 余篇介绍宣传峨眉拳的文章。1987 年,孟宪超应邀列席“全国首届武术学术理论研讨会”,并参加了“全国技击理论研讨会”。20 世纪 80 年代末,孟宪超面向全国招收学员,峨眉拳开始走向全国。

孟宪超现为开封非物质文化遗产峨眉拳传承人,曾任“开封市武协峨眉拳研究会”“河南省峨眉拳学术研究会”会长,现任“河南省峨眉拳学术研究会”终身名誉会长,曾受聘于河南大学武术学院进修班,兼职教授峨眉拳。

在峨眉拳现代传人中,董如军(1957—)成绩最为突出。董如军,山东鄄城人,幼时酷爱武术,曾习少林、查拳、太极拳、形意等拳。1979 年春,在读大学期间得遇孟宪超,在其指导下勤学苦练峨眉拳 10 载。1991 年出版《古传实战秘技——峨眉拳述真》。1993 年,将峨眉拳带入广州,在部队、武警、海关、公安教授该拳术。因董如军将峨眉拳与警察训练相结合,故拳术被同仁赞为“警用峨眉拳”。2009 年著《警用格斗技法》,为峨眉拳的普及与发展及武为警用,起到了关键性的作用。

二十、傅尚勋

傅尚勋(1947—　),四川成都人,峨眉黄林派火龙拳当代传人。曾任四川省成都市武术成都市武术协会教练委员会主任,现任峨眉黄林武术研习馆馆长。

傅尚勋 14 岁时,因敢于挺身惩治一个武林败类,为武术名师刘震南看中将其收为徒弟。刘震南年轻时曾经参加过四川成都青羊宫打金章,两次夺得冠军,在四川武术界是受人尊敬的人物。他不仅掌握多门武艺,对黄林派武艺更是精通。傅尚勋跟他学习了 5 年。1966 年,为了更全面地学习黄林派武艺,他同时再向钟方汉、宋德昭、何绍清、邓善堂等黄林派老师学习,全面深入地掌握了黄林派拳术、器械。此外,傅尚勋又拜王树田、吕紫剑为师,学习内家拳和养生功法,武术的基础打得更加厚实。

近 50 年的练功习武,潜心研究峨眉武术,尤其是在 20 世纪 80 年代从事武术挖掘整理工作,使傅尚勋全面系统地掌握了峨眉派的源流、拳理、技法、功法套路,以及医药伤科等知识,因而被誉为"巴蜀武林活字典"。

傅尚勋集一生所学,参与了《峨眉黄林派拳术》《峨眉火龙拳》等武术专著的编写,此外,他还参编了《中国武术名人辞典》《四川近代人物传》《四川武术大全》和《四川武术拳种》等著作的撰辑,并培养出了漆红兵、李军等散打运动员。

第六章　峨眉武林轶事

武术是植根于现实生活的文化现象,因而千百年来产生的与武术相关武林故事,都不同程度地渗透出各个时代武术活动的某些信息。然而,由于武术是产生、发展于中国特定的文化环境,受宗教迷信思想的影响较大,因而这类故事多涉杂荒怪诞之事,与神异鬼怪,神仙方术等密切交错,读之,若不能批判地理解,是会产生负面作用的,但这类故事却从另一侧面加深人们对武术的认识和理解,如本书的《鹿卢蹻》(采自《北梦琐言逸文》卷二《许寂遇剑侠杜光庭齐己附》条,《鹿卢蹻》为本书编写时所加),所含的三个小故事便反映出五代十国时期巴蜀及邻近地域热衷飞行之术、剑侠之道的风气。因而对这类故事不应弃之不理。由于本读本介绍内容仅涉及峨眉武术,故所选择者均与巴蜀武术和武士相关。

一、神秘的鹿卢蹻

鹿卢蹻,道教方术名词。“蹻”原为“履”之别称,此喻疾行之状,并引为用以飞行之术。鹿卢蹻为乘蹻三法之一,与龙蹻、虎蹻并列。

四川人许寂,少年时在浙江四明山向晋徽君学易经。有一日,一对夫妇带了一壶酒,到山上来借宿。许寂问他们从哪里来,答称今日离剡县而来。许寂说:“道路甚远,怎么一日能到?”夫妇二人不作答,许寂心下甚是奇怪,但见夫妇二人年纪甚轻,女的十分美貌,但神态严肃,很少说话。

当天晚上,二人拿了那壶酒出来,请许寂同饮。那男子取出一块拍板,板上钉满了铜钉,打起拍板,吭声高歌,歌词中讲的都是剑术之道。唱了一会,从衣袖中取出两物，一拉开，口中吆喝，只见两口明晃晃的利剑飞跃起来，在许寂头顶盘旋交击，光闪如电，双剑相击，声铿铿不绝。许寂甚是惊骇，不敢稍动。过了一会，那男子收剑入匣，饮毕就寝。次日早晨去看二人时，室内只余空榻，夫妇俩早已走了。到午间，有一个头陀来寻这对夫妇。许寂将经过情形向他说了。头陀道："我也是同道中人，道士愿学剑术吗？"那时许寂穿的是道服，所以头陀称他为道士。许寂推辞道："我从小研修玄学，不愿学剑。"头陀傲然而笑，向许寂要了些净水来抹抹脚，徘徊间便失却了影踪。后来许寂又在华阴遇到他，才知道他是剑侠一流人物。

杜光庭（即《虬髯客传》的作者）从京城长安到四川，宿于梓潼厅。到达不久，又有一僧到来。县宰周某与这僧人本来相识。僧人对他说："今日自兴元来。"两地相隔甚远，一日而至，杜光庭甚为诧异。明日一早僧人就走了。县宰对杜光庭说："此僧人会'鹿卢跷'的轻身功夫，是剑侠中人。"唐时的方术中，有所谓龙跷、虎跷、鹿卢跷，都是轻身飞行之术。

诗僧齐己，曾在沩山松下见到一僧，于指甲下抽出两口剑，稍加舞动，跳跃凌空而去。

二、前蜀泊年武西

《王氏见闻录》载，前蜀有王氏子承协，自幼承袭受封，兼有文武之才，天资聪明，通晓音律。人们并不知道，他门下长期供养着一个术士，这人一直暗中教授他战阵之法。这位术士衣衫褴褛，却不肯接受承协送给他的钱财。承协后来因为蜀主在星山下讲武，突然在主前呈上一杆重三十余斤的铁枪，请求试演一下。于是，承协便策马轮枪，星飞电转，神出鬼没地表演起来。上万的人观看了他的表演，都佩服他神奇的武功。后来进了城门，又让他挥舞城门下的铁门闩，门闩重五十多斤，两个人抬上马背之后，承协就策马在大街上飞舞起来。铁门闩依然被他舞弄得星飞电转，神出鬼没。蜀主大为赏识，颁以重奖，并任命他为龙捷指挥使。至于诸家兵法，无论三令五甲，他都能口若悬河地熟练背诵。因为他年幼，所以没让他掌军中大权。其他的奇异法术，相信他也能通晓。

三、峨眉十八郎

清道光年间,江苏省丹徒有个姓文的武举人,擅长拳术。他能够举起数百斤的重物,而面不改色气不喘。有一天,他路过广陵,口渴却找不到茶馆,便到一座寺庙找水喝,见有位老僧人盘腿坐在蒲团上。文举人上前讨水喝,可老者却不理不睬。举人一气之下,便用拳头击打老僧。拳头打到老僧的胸口就如打到棉花上一样使不上劲,但他自己的手却痛得厉害。文举人知道这次是遇上高人了,急忙下跪请求老僧的宽恕。于是,那老僧便给他讲述了一段亲历往事。

老僧说自己本是峨眉十八郎。他们 18 个师兄弟一起拜师学武,各个师兄弟都身怀绝技,而他排行十八,因而得了个“峨眉十八郎”之名。有一天,十二郎和十三郎告诉师傅,他们得知有一对夫妇押送上百万两的镖银南下,他们想劫镖但又害怕武功不行不能取胜。听到这里,众师兄全都跪在师傅面前,想一同下山,合伙劫镖,师傅听后便同意了。十八郎也随同前往。他们赶到了潼关外的一座山上,想在这里守候镖车,可这时镖车已经投宿关内的一家旅店了。众人于是决定夜里到旅店打劫。当天晚上,师兄派十八郎先去打探。到了旅店,十八郎跳上镖师夫妇卧室的屋顶,看见男的酒醉后已躺在床上,女的正在灯下做鞋子,而百万银两的镖车就放在床后面。十八郎一看,心里痒痒的,恨不得师兄们赶快来劫银。正在这时,只看到那个妇人不时地用针抹头油,往窗上刺去。然后,妇人突然抬头说:“十八郎你可以下来了!”十八郎知道自己已经被发现,逃是逃不掉了,便揭瓦而下。于是妇人打开窗户指着院子说:“快点弄回去,否则我丈夫醒来你就危险了。”原来,院子里是师兄们的 17 具尸体。十八郎仔细观察尸体,发现师兄都仅仅是在眉心处有一个被刺过的痕迹。十八郎这才惊觉,原来那妇人用针去刺窗时,师兄们便都中针而死了。十八郎安葬了师兄们,便出家为僧,到今年已 70 岁了。老僧问文举人,听了这些,你是否能猛省呢?

古话说得好:多行不义必自毙,欲害人者往往害己。如果仅仅有一些雕虫小技便有恃无恐,蛮横无理,即使本领再高又能怎样呢!不义只能以害己而终,自食其果。

四、金飞惩凶徒

清雍正、乾隆间，蜀地有一个名叫“金飞”的剑客，他曾学艺于甘肃，学的是不可外传的秘技。学成归蜀，金飞开门授徒，有上千人来门下学艺。金飞只教授他们一些练目练臂的基本功，还每天都要检查学徒习练基本功的情况，而且也只是看其勤惰而已。三年间，学徒们都纷纷埋怨，大多相继离他而去。只有数十人留了下来，但就这些人也怀疑师傅是否真有本领。于是大家请求师傅“露一手”。金飞叫众徒弟各握一大把豆子，豆子上涂以朱砂，然后叫他们把豆子抛向自己，而自己则挥剑以挡。徒弟们的豆子抛完了，可金飞身上毫无朱砂痕迹。于是，众弟子都佩服他的本领，争着向他请教。金飞说“这岂可能是一蹴而就的吗？如果你的手腕不灵，目光不能聚，就算我教了你们，你们也是做不到的。”众弟子仍然坚持要金飞教他们，金飞教授只得教了他们一套“蝴蝶双飞势”的剑术。众弟子试了试剑术，发现快速舞剑时，人剑互掣而人易受伤；舞剑速度慢时，人剑相牵而不得流畅。大家知道这些本领不是可以一蹴而就的，又都相继离去了。金飞叹息道：“这千古不遇的绝妙剑术，难道将这样失传？我学了此技，怎能轻言放弃？”于是将此剑术衍生为八母、九势、七十二步、三百五十手，认真思考三个月后写成一书，藏于小阁楼上。

金飞有一个叫郑树的秀才邻居，也稍稍学了点武艺。他倾慕金飞的剑术，便与他交往，并请求向他学剑。金飞仍然以教众弟子的方法来教他，郑树坚持不懈地学习，三年始终勤练不辍。于是金飞将剑术教给了郑树。一个月后，金飞从郊外回来，远远看见有人在城关处打斗，勇猛而敏捷，金飞在马上看到了，原来是郑树。于是金飞策骑从其他的道路回家，因此事疏远了郑树。郑树弄清了金飞同自己疏远的原因，估计金飞肯定不会再教授他学别的技艺了，也就不再来请教了。几天以后，金飞外出，郑树又来了，没遇上金飞就离开了。这天，金飞回家，查看阁楼上的书，已经不见了。金飞大怒，去找郑树，但是郑树已经不知道去向。原来他已经带着金飞的书藏于山中研读去了。一年有余，郑树学完金飞的剑法，便往京津一带去了。

去京、津，走旱道多有潜伏的盗匪。郑树凭借着学成的本领在这一带游荡，要挟勒索,无恶不作。抢劫时,如果有人不从,就一剑取命。就连当地的盗匪对他也是深恶痛绝,想要除掉他。但是因为郑树行动敏捷,往来如风,众人不能轻易靠近他。有一次郑树在一个妓女家过夜,有一盗匪埋伏在床下,用刀砍他,不中,却砍中妓女,妓女死,郑树破门而出。第二天,三个盗匪正在酒馆中喝酒,忽然窗外有一把刀伸入,砍掉其中一人的头,这人原来就是头天晚上藏身于床下的那个刺客。

郑树在京、津一带待了十余年回南方。路过济南的时候,看见一个妇人,年近四十,带着个十三四岁的少女,操的是南方口音。少女在广场中舞剑,舞出各种姿势。妇人对众人哭诉着说:"我的丈夫不幸去世了,我无所依靠,不得已,只能带着小女闯江湖,想以剑技为小女选择夫婿。各位如有看上小女的,望能一试好男儿身手,怎么样?"郑树看见这个小女子生得貌美如花,围观的人虽然很多,但是都不敢上前,于是郑树带剑进场。交手数个回合后,这个妇人突然说:"停!公子的剑术不凡,为什么不通报姓名呢?"郑树报了自己姓名,妇人说:"郑君,这里并不是比武之地,在东城后面有一块空地,明天前往较量如何?"郑树看少女决非劲敌,也不生疑,就答应了。

第二天,郑树收拾好便去了,少女已经先到了。一出剑,郑树便觉得和昨天已经完全不一样了。郑树用尽所有的招式招架,才勉强抵挡得住。不一会,便气喘迂迂,汗流浃背了。少女越发紧逼。郑树刚一使劲,忽听身后有一个老者大呼:"妙哉,好剑!"原来这个老者就是金飞。郑树听到金飞的声音,略显惊愕,瞬间迟疑,被少女一剑砍掉右手。一会儿又见数十个武士提刀奔来,大声吼道:"报仇,报仇!"郑树知道这次再也躲不过了。老者走过来,向众人作揖说:"这人已断臂了,就请大家饶他一命吧。"郑树见了金飞,很惭愧。金飞给他的断臂上了药。伤口愈合了。原来,郑树离去后,金飞纳妾生了一个女儿;金飞的小妾和女儿一样,也都学得绝学。被郑树伤害的人。寻访到金飞,请他来制服郑树。郑树偷去的书,金飞也一并拿了回来。

五、罗思举奇遇

罗思举,号天鹏,字子江,东乡县(今宣汉县,隶属四川省达州市,因与江西东方县同名，而改现名。地处川北，与陕西相邻)，普光寺人，生于清乾隆二十九年(1764)。

罗思举从小喜欢武艺，本来家境贫寒，又因喜欢赌博喝酒，就愈发穷困不堪。罗思举没办法养活自己，所以不是偷盗，就是乞讨，生活不知道有多惨淡。罗家的房宅邻近一座古寺，时常有流氓无赖出入其中。其中有个绰号叫“包子大王”的，尤其蛮横，在寺庙中设置赌局，罗思举偷来的和讨来的东西都被“包子大王”掠走。村里的人因为赌博而败家的人很多，都恨“包子大王”，罗思举尤其恨他。一次端午佳节，村里的人饮酒作乐，罗思举也得了一顿饱饭吃，而且还得了点钱财，于是他又往寺庙去了。大王见到了罗思举，便问道：“今天过节，人家也乐于施舍你钱财，你也得了许多，要来一赌吗?”说完之后，摸着胡子大笑。罗思举说：“来!”一会，银子就输光了，大王说：“全都完了?”罗思举说：“是的。”大王说：“没关系，快去，多讨些来。”罗思举恨他欺侮自己太甚，想要揍他，却又害怕他手下的徒弟，只好悻悻回家。回家以后，拿出近几天偷的大米煮稀粥。稀粥煮成，用荷叶包裹着，带到寺庙。他偷偷地潜藏在大王身后，将热粥从大王的头倒下，大王从头到脚全部被滚烫的稀粥烫脱了皮。罗思乘机逃走，他知道村里待不下去了，于是逃到了陕西。

到了陕西，最初给人做做帮工，很快就不肯干了，又重操旧业。当地人不得安宁，把这四川盗贼告上官府，控告的状子都摞了一尺多高了。地方上久久不曾捉得罗思举，这事让巡抚知道了，大怒，严令要将罗捉拿归案。于是罗思举逃往华山。有一天，官兵逼近罗思举，几乎就抓住他了，罗思举惊恐万分。忽然发现悬崖上有一道观。本欲去，又担心遇到不测，如果不去，又害怕被逮捕。正犹豫之间，听到一声喊叫，吓了一跳，正想逃跑，仔细一看，原来是一个小道童。道童说：“师傅等你已经很久了，快快来吧。不然，追你的人来了，你就只有被杀头了。”罗思举不信，但追赶之声更急了，罗思举只得跟了进去。罗思举入内，被引入一间静室，一个老道坐在室中，须发全白，对着罗思举说：“思举，为什么来得这么迟？我叫小道来带你，你为什么这么迟才到?”罗思举听到老道叫自己的名字，很是吃惊，连忙伏地问个中缘由。老道没正面作答，只问道：“吃饭了没?”罗思举说：“没有。”老道于是令小道取来饭菜。待思举吃完饭，老道说：“你来这里，我有话要给你说。在寺庙的南面山上有很多荆棘,可以作为柴火,从明天开始,你可以白天与二三个小道去砍,不要懈怠了。”罗思举回道:“遵命。”

道观的南面是华山的绝峰,没有上山的道路,只有踩着草走。老道暗里吩咐小道,白天教授罗思举跳跃山涧溪谷之术。罗思举长久练习以后,行绝地若飞而越,走险处如履平地。这样四年以后,虽然手脚布满了老茧,皮肤也已经开裂,但日子却过得自在开心。

没有多久,蜀地大乱。老道对罗思举说:“今蜀地大乱,此乃男儿用武之时。以你之才远超他人,建功立业如同俯身拾草芥一般容易。我打算让你回蜀地,你看怎样?”罗思举欲行,老道赠以旅资数贯。第二日思举与砍柴火的小道告别。罗思举出华山而从行伍,没有多久,就立功提升到了提督。

六、飞剑刺猿

在蜀地的西部有很多的玃,往往成群出没,以偷吃老百姓果园中的水果为生。果园的水果常常被吃得精光,百姓苦不堪言。大家都想要将其杀尽以绝后患。虽然也有捕杀过一些,但始终不能将其灭绝。有一天,正当大家猎玃无获,感到无计可施时,来了有一个两鬓斑白的老人,他对众人说:“我有办法消灭他们。”大家听后高兴极了,对老人鼓掌欢迎。不到几日,再也看不到玃的踪影了,一个村子的人都很欢喜,大家都心怀感激地对老人说,这样一来村里明年果实成熟时,就不会再有玃害了。一天,有人看到自己果园中果实转瞬之间又不见了。他连忙去找老人,老人不在,于是把这情况告诉了同村的另一人。这人也发现自己园中果子也同样不见了。然后又告诉了第三个人。甲、乙、丙三人在园中搜索,终于看见了老人,他正在树上吃果子。三人连忙叫那老人,老人飞身下地,变作猿人。猿人全身白毛,跳出果园逃跑了。从此以后,白猿带着无数小猿来果园吃果子。村民们去驱打它们,往往反被白猿伤害,且白猿还常常出其不意,暗中杀人。村子民叫苦不迭,受猿害之苦更甚于玃。

大家听说峨眉山上有个剑法高强的僧人,就去求他相救。僧人说:“我的剑术只能对付一般的猿猴,这只猿猴能变化成人,神通广大,不是我能制服的。”众人不得已,只好下山。一路上,但见古木参天,唯闻猿声长啼。忽见途中见一少年，仪容俊伟，背剑而立。少年正抬头看树，若有所思。众人不知少年到此何为，就上前询问。少年说："我在考虑杀猿的事。"众人说："这里的猿猴全都在一起啼叫，为什么不去杀了它们呢？"少年说："我想要杀的猿不是一般的猿猴。它乃是一只白猿。"众人一听大喜，说："白猿现在在我们那里，它作恶多端。我们之所以来这里，正是要寻找能杀这猿的人。"于是，众人簇拥着少年回村庄。少年走到某一村子时，看见白猿正偷吃果子，它吃得痛快极了。少年看了猿猴一眼，高喊一声："就是它！"随手持剑猛然向白猿刺去，白猿哀号着逃跑。少年将他的剑往空中抛去，白猿中剑坠地而亡。少年按住剑柄说："这白猿作恶多端，死有余辜。"众人对少年致谢。少年说："各位不用谢我，这正是我平生夙愿。"众人请问少年姓名，少年不作答，一跃而去。众人因此叫他"刺猿人"。

七、峨眉僧显威天幢寺

王征南，又名王瑞伯，明末清初著名的武当派拳师。据说王征南的弟子很多，其中有一个姓张的人，年轻时候行为放荡，虽家境宽松，却被他全花在了妓女身上，最后自己竟沦落为盗贼，出没于山东和河南一带。那些习练少林拳的人，都觉得此人难以对付。而这个姓张的人对于内家的套路，练得非常纯熟，尤其擅长于用斫（一种刀、斧类武器）。滚斫、柳叶斫、十字斫、雷公斫，他都精心练过，有着独到的功夫。张某凭着这等本事行劫，大家拿他无可奈何。

天幢寺是河南省某县的一个有名的大古刹，僧徒有数百人之多，寺庙的资产极其丰厚，来天幢寺布施的人更是络绎不绝。有一天，一个来自天津的商贩拿五百金来寺庙祈福，在离庙门不远地方，五百金被张某抢走，众多的僧徒赶紧追了上去，一连数十人都被张某打翻在地。有个来寺投宿的僧人说："各位师傅的拳术虽然都是少林拳法的嫡传，却都不是张某的对手。贫僧10年没出手了，姑且今天就试试身手吧。"说完，这僧人脱下衣袍飞速追上张某。张某用斫朝僧人打来，僧人躲过。二人交手时张某也发现这个僧人已非往日那等庙僧，便拎着五百金赶紧逃跑。僧人大喊一声："哪里逃！"说着就跳将过去，张某将五百金丢在地上，转身使了个抱月势——右足向右后稍稍一退，左腿随之一转变作马步、两手于胸相对。这时投宿僧人已使出长拳直逼张某前胸，张某急忙以前手招架，后手出斫,滚斫而上。投宿僧人赶紧两手护胸,接着左手一撤,右足随之跟进,接着又以左手护胸,右手开撤,左足随进。张某的滚斫路数乱了套,急忙回到原来路数,再以朝天势应对。几个回合之后,张某自知不是僧人的对手,拔腿就逃。投宿僧也不追赶,提了五百金返回寺庙。寺僧都过来致谢。投宿僧行为举止颇为怪异,连名字都不清楚。甲问他叫什么名字他这样说,乙问他叫什么名字他又那样答,于是大家因他来自峨眉,便都叫他“峨眉僧”。有知道投宿僧底细的,说他的师傅曾经师从单思南,王征南也是单思南的弟子,都是习练内家拳的。

八、“燕子尾”伏法

燕子尾,是一个著名大盗的绰号,因大盗能手抓空中飞燕之尾而得其称。峨眉山有一僧人,研习剑术,并且铸就了雌雄二剑,与人交手时,其剑法可以横扫千军万马而无人能近身。剑自飞斗,遇到的人都肢体碎裂。没有一个人知道这个僧人雌雄二剑的奥秘。有一天,僧人发现在寺门外有一个小孩,衣衫褴褛,是个小乞丐,僧人怜他幼小孤苦便将其收入山寺。这个小孩聪敏而且早慧,能勤快地侍奉僧人,僧人很喜欢他,收他为徒,并将自己多年所学的本领全都教给了他。这个小孩长大以后,练就了一身好本领。当他知道师傅有雌雄二剑,从不轻易示人。他曾经多次对僧人说想看看,但僧人始终没有答应,并且对他说,这两把剑是神器不能随意妄加使用,如果妄用必会招来横祸。因为人世间一物降一物,再厉害的神器也有破解之术。于是他对师傅渐生不满,在艺成之后杀死师傅,夺了雌雄二剑逃出峨眉山。逃出师门后,他流窜于四川、陕西、河南、湖北等地,以盗为生,凭借非凡的本领,高超的轻功,能手擒空中飞燕,故自称“燕子尾”。他作案累累,罪恶当诛。

有一年,有钦差携家眷出京城视察,也带上他十分疼爱的小女儿。一天,他们乘船经过洞庭湖时,那如花似玉、国色天香的小女儿打开船窗,眺望洞庭美景。姑娘赏景之时,忽见一少年径直上了他们的船,昂然立于船头。钦差见他,连忙问来者是谁?来人回答道:“我是‘燕子尾’,特来向大人请安。”钦差大吃一惊,怒斥他说:“你不是盗匪吗?”来人并不生气,笑着说:“我这次来,并不打算偷大人船上的金银财宝,只求当大人的女婿。限大人三日之内,将女儿速速送到我住处，便可免你一家之死，否则休要怪我剑下无情。”“燕子尾”说完就离开了。想着女儿将要落入贼人之手，钦差闷闷不乐，可又无应对之策。所幸此时洞庭湖上刮起了东南风，帆船如飞，一天就到达了武昌。但想着“燕子尾”绝对不会善罢甘休，便将此事告诉了武昌总制，要他务必要将“燕子尾”缉拿归案。总制大人传口谕到各州、府、县，限期缉拿“燕子尾”。各地捕快得到此令，都吓成了缩头乌龟，因为大家都知道“燕子尾”的厉害，唯恐逮他不着反而搭上自己一条小命。他们都知道，一个老捕快，精通剑术，兴许能对付“燕子尾”，但此人已经退休，不再过问缉捕一类的事了。捕快们向他哭诉，说只有他才能对付“燕子尾”。这个老捕快想了很久后才说，不是我不想出来，而是我已经老了，心有余而力不足，不过我有一个侄儿，精通剑术，他现在经商在外，我只有急招他回来，叫他去抓“燕子尾”。然而这个捕快的侄儿听后也大吃一惊，连连说我也不是“燕子尾”的对手，我只有去五台山请我师傅下山助一臂之力，或许可能擒得“燕子尾”。

五台山的这个僧人，就是“燕子尾”的师叔，得知自己师兄被“燕子尾”所害，十分气愤，欲除燕子尾而后快。他对弟子说，我无须下山。他只是在弟子左手掌心画上一道符。老捕快的侄儿找到“燕子尾”住处，伸出左手给“燕子尾”看他手上的符。“燕子尾”见后很不愉快，但还是随他到了衙门。原来这是“以符相招”。以符相招是武林中的师徒规矩。总制大人立即升堂，问：“你就是‘燕子尾’吗？”命令左右侍卫一拥而上，擒拿“燕子尾”。顿时，衙门内，燕子尾的双剑飞舞，宛如一团白练，老捕快的侄儿也不能近其身。“燕子尾”看了他们一眼便腾空而去了，瞬间不见其踪影。总制大人也很惊骇，说此人真像燕子一样，这么厉害，既然身为盗匪，就不得不除。于是再度传谕各地捕快。老捕快的侄儿只好再次前往武当山向师傅求救。他师傅得知未能将其拿下，说是因为他手上有雌雄二剑。如果能够将二剑偷出来，必然能拿下他了。于是他们找到一个妓女。这个妓女很讨“燕子尾”喜欢，“燕子尾”经常与她寻欢作乐。他们给了这妓女很多钱，并对她动之以情，晓之以理。说燕子尾是个强盗，他始终是个祸害，如果你能帮助我们擒获他，便能转祸为福。但是他有雌雄二剑，所以不能轻举妄动。如果能除去他的雌雄二剑，就去除了“燕子尾”的双翼，我们也就不难抓住他了。我们应该首先将他的雌雄偷走后，我们在门外，到时候你咳一声嗽，我们就冲进门来。

就这样,他们与这个妓女约定好了。当晚,“燕子尾”来到了这个妓女的住处,妓女轻言细语地对“燕子尾”说,你我相处这么久了,却始终不能近你的身,主要是因为害怕你身上的利剑。今夜何不将宝剑给我,我给你藏好。听妓女说完,“燕子尾”将宝剑解下递给了她。妓女看着宝剑,长约三寸,但是金光闪闪。妓女将宝剑放入便桶之后,便与“燕子尾”行云雨之欢。妓女将其抱紧,大咳一声,“燕子尾”听出她的咳声异常,已有警觉。突然想起过去曾有人说过,他必将命丧今夜。他站起来,双手卡住妓女的脖子。此时,老捕快的侄儿已闯入房中,门外埋伏的人已经赶到。侄儿用师傅所教的功夫将“燕子尾”用绳捆住,抓到了衙门。总制笑着说:“‘燕子尾’,今天你怎么不飞了呢?”随即令手下将其斩首示众。

九、蜀僧大嵒之死

清雍正年间,四川有个名叫大嵒(嵒 yán)的僧人,臂力过人。这僧人年 40 岁,文身,一串菩提子佛珠从头到腹部悬着,肩上担着一个自制的铁香炉和两个灯台,合起来重有百十斤。遇见邻里间有什么不平事,他总是挺身解决。各路武士赠他的钱财和衣物不知有多少。大将军岳钟琪(康熙、雍正、乾隆时期名将)对他也十分看重。大嵒去江南,岳将军给他 10 札通行证,于是沿途都有船只和车辆迎送他。

大嵒曾在天台山居住 10 年,后移居扬州天宁寺,因喜欢天心墩、译经台,于是便将自己的住宅命名为“仓圣殿”。殿旁有吴园,园内有荒亭,也有花树,他将其修葺一新,又重修了华严堂,山门建在姜家墩路的西面。山门内拾级而上,上几层石阶后,是门额上书有“乐善菴”三字的二山门。然而寺庙渐渐富起来了,武艺却生疏了。

乡里有三个习武之人,一个叫魏五,擅长骑马射箭,精通马语。另一个叫张饮源,擅长双刀。再一个叫薛三,能挽五十石的弓。人称这三僧为“魏马”“张刀”“薛石弓”。他们三人经常与大嵒切磋武艺,但又常常输给大嵒。三人因常受大嵒讥笑而心怀不满,这种情绪在心里积压了 20 年。一天,薛三到了“乐善菴”,将铁锤掷向大嵒,大嵒徒手接住,薛三呕血而死。几天之后张饮源也来与大嵒斗武,还是不能获胜。魏五说硬拼不赢,就只有设计取之。他知道大嵒长有癖疥,要下浴池沐浴。魏五就一直陪伴着他，终于乘其不备，将大䶮打翻在地，打断了双腿。双腿被打断后的大䶮，渐失勇力，最后死在了“乐善菴”。

十、峨眉梅花枪

陆世仪(1611—1672)，清初学者，字道威，号刚斋，又号桴亭，太仓(今属江苏)人。曾向刘宗周学习。明朝灭亡后，隐居讲学，曾经任过东林，毗陵、太仓等书院的主持。1633 年曾在江苏太仓，师从石敬岩学枪法及刀法。小横香室主人《清朝野史大观》载：

江苏太仓的陆桴亭精通兵法，武艺高超，其所擅长的梅花枪法，是蜀中峨眉山高僧传授的。峨眉山僧人有两个弟子，一个是某总制，一个便是陆桴亭。海内知道陆桴亭的梅花枪法利害，而他却从来不曾用过。据说陆桴亭在家时，一个人忽然远道而来，并以弟子礼入学，请求陆桴亭教授教他学问。陆桴亭收下该弟子，并经常与其讲授学业，这人也能明了。时间长了，大家熟悉了，来人对陆桴亭演练了自己的武技，陆桴亭见了很高兴，于是教他梅花枪法。几个月以后，这人辞别了陆桴亭，再也没回来过。没多久，邻近有典当铺被盗。老板责怪守护人说：“领千金高聘金的护卫，财物被盗匪偷走，那武艺就确实太差了。财物找不到，盗贼抓不着，你说该怎么办？”守护人回答说：“我从来都认为自己无对手，靠的就是自己一杆铁枪。只有峨眉僧人的梅花枪能胜我，这枪法现已传给太仓的陆桴亭，问他，盗贼就会查清了。”于是老板依据守卫的说法，请衙门的人转问陆桴亭。当官牒送达太仓后，大家都说陆桴亭受了诬陷。事情就这样过去了，但是盗贼最终还是没有抓获。守卫人也因主人的不悦而离去。陆桴亭也有些怀疑盗案是那个从远方来学习的人所为。有一次陆桴亭乘船出行，船行半路，夜泊江岸。半夜，突然有人用枪刺入船篷，陆桴亭起身抢下来枪，回枪刺去。来人中枪负伤而逃。待秉烛看时，来袭者已无踪影。有人猜测说“也许是丢东西的人恨陆桴亭，去找盗贼来谋害他。”也有人说：“是那个求学的盗贼，在效仿逢蒙杀后羿的故事。”

十一、打金章

成都的打金章，全国闻名。所谓打金章，就是在每年的开春时节，来自各地的武林高手云集成都的青羊宫花会上的打擂台。当时的竞技只分男女,不论老少,只要不使用兵器,都可上台一对一的较量拳脚。凡能过五关斩六将,打到最后三名的,冠军可获得金章,第二名为银章,第三名为蓝章。为保证比赛的公平,裁判一般由武林中德高望重的人担任。成都的花会本身就很扯眼球,花会上的打金章,除有花枝招展的靓妹和阔太太,更有周边各县的大商贾前来摆阔显派头。打金章便因此成了每年春季既热闹又体面的一个去处。每一届比武参赛的人和看客都很多,往往还得移师能够容纳更多观众的少成宫的四川国术馆继续进行。

1918 年,四川军政当局以"团结尚武"为号召,于青羊宫创办擂赛,共设三组,第一、二、三组擂主分别为李国超、余发斋、马宝,每组擂主主台三日。除第一、二组主台时有较少的人上台较技外,其余时间大多是各地武术行家上台表演。从此以后,每值青羊宫花会会期,一般都要举办一次打擂赛。1922 年,增设女子组和少年组,1944 年还设有军士组。比赛也曾因故中断过。擂台赛程序通常为:初赛获得"资格",再打蓝章(纪念章,约取参赛人数的一半),而后银章(银质奖章,取前十名),最后打"金章"(金质奖章,取第一、二、三名)。故打擂比赛四川又称"打金章"。参赛选手自愿报名,比赛采用淘汰制,不分重量级别,按抽签的办法将选手配对比赛,并约定死、伤自负。

比赛时,擂台四角各坐一名裁判,台中再设两名裁判:一名手执小铜铃,"当当"地摇响以示比赛开始或暂停;另一名手拿红、黄二色小三角旗,当出现选手打得难分难解扯成一团时用旗隔开。每对选手打三轮,以击打点数的多少和"见红"(出血挂彩)、"倒桩"(倒地)、"甩翻"(打下擂台)等判定胜负。铜铃一响,一对选手则虎眼圆睁,奋力相搏,只见台上拳头飞舞,脚踢身靠,身影交错,攻守互致,尘土四扬,吼声如雷。有道是:"擂台不认亲,只要拳头赢"。

打金章获胜的前 3 名,如状元、榜眼、探花一样,帽插金花,身披红绸,跨骑骏马,鸣放鞭炮,由群众和师友们簇拥着巡游街市,洋洋喜气,好不风光。

抗战胜利后,擂台迁至少城公园(今人民公园)后门左侧的"四川省国术馆"内,仍是一年一度举办。1950 年 2 月,成都青羊宫物产竞赛会上,因商会联名请求,举办了中华人民共和国成立以后的首次打擂比赛。1953 年在成都市六项体育选拔赛上，就有打擂一项。这次比赛为五打三胜制，分轻重点计分，以总分多的为胜手。比赛场地设在市体育场。这次打擂十分激烈。但从此后便停止了这项活动，直至1986年。

十二、谭普连硬拼“独臂钻天”

谭普连资中龙结人，盘破门第五代传人。身高力大，单手能抓300斤石锁，武艺高强，胆气过人。蒋介石见过其武艺表演，甚为赞赏，欲用为卫士。但因不识字，只得作罢。

1923年，军阀邓锡侯部驻防重庆，设擂选拔武林精英，通过层层筛选淘汰，最后进入决赛的是谭普连与人称“独臂钻天”的武师。在这场决赛中，头两局各有输赢，战成平手。第三局决定胜负。胜者再公开摆擂三天，如无人赢他，即可得金章，而败者，则被淘汰出局。第三局决战，对双方来说均有关前途、命运，不可等闲视之。

谭普连上场抢进中线之后，便基本上以一个虎步桩的长短手桩式与对方对峙，走盘少，企图以“不变应万变”，“以静制动”过程中伺机争取主动，而“独臂钻天”也动少静多，多用高探手的虚步桩式与之对峙，虽然在谭普连的侧门、红门上有所交锋，但无大的动作，其基本上仍取守势。这样双方相持良久，分不出高低来。按当时比赛规则，如果三分钟内不分胜负，便宣告平局，不产生金章。在剩下最后几秒钟的时候，“独臂钻天”怕失去机会，也可能想借最后几秒钟打个偷袭，或者能赢个点击，也好取胜，于是他突然进虎步直插谭普连的侧门，其上盘则用左手把擒住谭普连伸出在外的左手，起右手，出直拳，向谭的面门打去，这时谭普连将身一缩，脸偏，其拳锋从嘴边擦过。说时迟，那时快，谭普连见其发出了实手，立即前脚进寸步，后脚跟摆步，侧身斜对来者，将上盘左手一领，即把来者的手臂抬起，同时扑身，起右拳用箭锤，给其当胸一拳，正打在“独臂钻天”胸膛上，当即拳到人倒。此时恰好比赛结束的锣声响起，因“独臂钻天”被打倒在地，被判输，而谭普连最终取得了胜利。从而获得公开在重庆摆擂三天的资格，并最终获得了金章。此事已被陈建国《峨眉盘破门》所收。

十三、肖克明力克“八百道”

肖克明(1896—1946),资中罗泉井人,出生武术世家,犹擅桥功。资中盘破门第五代弟子。

据陈建国编写的《峨眉盘破门》所记,1926 年 10 月,军阀王赞绪部驻防资中时,曾摆下擂台,专程请来成都国术馆研习长拳北腿,号称“八百遒”(意指出手力过八百斤)的陈兆奎,要他“教训教训”资中一带的盘破手。摆擂半月,资中周富平、卿跃彬等十余盘破手均败于他的拳脚之下。为挽回败势,资州盘破手们决定拼了。于是派国术馆的罗汝林专程去重庆请回开馆授徒的肖天禄、肖克明父子。儿子肖克明功夫了得,其双手掌侧尺骨前二三寸地方可断黄荆把子,江湖上人称“两把菜刀”,曾参加 1928 年南京的第一次“国考”,成绩合格。资中武林一方决定派肖克明上阵攻擂。

肖克明与陈兆奎之战,无疑是南拳盘破手与北派长拳加倒肩腿的对决,但陈兆奎在江湖上早就负有盛名,临场经验丰富,且体格强壮,力有千钧,而肖克明则是还未出道的年轻人,身材单薄,缺乏正规比赛的临场经验。而且此时陈兆奎一方已打败盘破手多人,士气正旺,气焰嚣张,而盘破门一方却因连连兵败,正盼救兵,士气低落。更为关键的是,盘破门对北派腿法还缺乏了解。

于是赛前盘破门拳师们纷纷为肖克明出谋划策。他们发现陈兆奎腿法中有一个致命的破绽,即他出腿时常伴以中矮桩的“白鹤亮翅”桩式,由于他的腿力大,因而其腿“滞”明显,即在“倒肩’与“发腿”之间有短暂的脱节,即显得不紧凑,不连贯。所以,众多资中武林人士认为要打败“八百遒”,就非要抓住他这腿“滞”之“机”不可。为利用这一机,盘破门做了以下几方面准备:一是派肖克明的师弟宋炎武及邱汤圆等人先上阵,打走盘,以试探陈兆奎的走盘功夫;二是商定以师兄九和尚孙焕然等人,作替身当靶子,专以陈兆奎的“白鹤亮翅”桩式供肖克明练靶;三是肖克明十天之内专习“提宰手”,加紧操练桥功,以增强“宰”力。之后,各种准备陆续到位,宋炎武动用齐步云脚功夫打走盘,发现陈兆奎的走盘功夫并不如盘破门;九和尚等与肖克明演练结果,决定采用“滚红门提宰手”破敌;肖克明苦练桥坊,宰黄荆把子,十日之内,便练得可将一把黄荆宰断。有了这些准备，肖克明便信心十足地上了擂。

在擂台上，最初，肖克明以齐步云脚高桩和揉铲手法，与陈兆奎打走盘。他一会儿在前，一会儿在后，一会儿在左，一会儿在右，打了就走，走了又打，不给陈兆奎发腿的机会。陈兆奎被惹得暴跳如雷，恨不得把肖克明一口生吞了。继后，肖克明见时机已到，便佯装退守，而陈兆奎却不知是诱敌之计，竟然眼露杀气，步步紧逼。肖克明渐渐退至台口，开始采用“引侧门、滚红门”之法：他首先佯攻陈兆奎的侧门，陈兆奎见状一沉桩便亮出了“白鹤亮翅”的桩式；当他肩膀刚刚要裹的那一刹那间，肖克明由侧门又滚进了陈兆奎的红门，随之脚进手到，用“提宰手”手起手落，正打中他的脑门心。陈兆奎来不及发腿便被打翻在地，之后肖克明收回前脚，沉桩退步，呈狸猫扑鼠桩式相逼。整个打法干净利落，裁判判肖克明全胜。

第七章 四大武医流派

武术是一个易于致伤的活动项目，习武全靠拳脚刀戈，自然就会产生跌打损伤。武术家童旭东说，传统武技的技击训练尤其是拳术技击的训练，不带护具也不戴拳套，在进行实战练习时容易受伤，所以老一代的技击家不少都精通跌打损伤的治疗，有的甚至精通治疗内伤的技术。因而在中国武术界，武术家既操武术，又修医药的现象十分普遍，著名的武医双馨者，如孙禄堂、王子平、佟忠义、万籁声、黄飞鸿、魏指薪、李墨林、林如高、李广海、蔡荣等都既是大武术家，又是知名骨伤医家。他们都是以深厚的武术功底和临床医学相结合，以指代针，以气代力，以拳代椿，而成一代武医。这种武医合一的现象是中国武术的特色。

四川武医名家辈出，杜自明、郑怀贤、杨天鹏、何仁甫、吕紫剑、赵子虬等都是享誉全国武医学界的名家，由于资料原因，今仅选择当年被称作四大家的杜自明、郑怀贤、杨天鹏、何仁甫介绍。

一、杜自明

杜自明（1877—1961），满族，四川省成都市人。现代中医骨伤科医家。

杜氏出身贫苦，自幼随父习武，宗少林派武术，并兼习正骨。其骨伤科系世代家传。1902 年起开始行医。中华人民共和国成立后，1951 年进入成都铁路医院工作，1953 年被聘为四川医学院（今四川大学华西医学院）特约医生。1955 年，杜自明以四川正骨专家身份受聘赴京，任职原卫生部中医研究院外科研究所骨科主任。为继承和发扬杜自明的中医骨伤技术，研究院在广安门医院为杜氏特设门诊，并派三名医生充任其助手，以在实践中学习和继承杜氏学术和技术。

杜自明认为，跌打损伤的治疗总则，是以手法救治和药物调治为主要手段，同时，为尽快恢复肢体和关节的功能，应当配合适当的武功锻炼。这一原则，不仅适用于全身各关节相邻部位因跌打所导致的筋伤，同时也适用于职业损伤。杜氏正骨理筋手法与伤科秘方均得自家传，但他善博采众方，取各家之长，医术日精，终成一大家。

杜氏治伤手法，可分为治骨和治筋两大类

杜氏将自己的祖传正骨手法与《医宗金鉴》的摸、接、端、提、推、拿、按、摩正骨八法相结合，形成了自己独具特色的正骨手法，其临床效果极佳。北京名医谢阳谷说，他"对正骨八法的每一法都有自己的独到体会与见解。验之临证则使断骨可续、错筋可复，局部症状得以有效的缓解和消除。对于整体，适于功能锻炼，利用此法，可促进血液循环，增强物质代谢，加速骨折愈合，使局部治疗与整体治疗得以兼顾。"①这一评价是十分中肯的。

杜氏的理筋法被归纳为"按摩十二法"，易法银教授在其《中医临床医学流派》高度评价了该法。该法分普通手法、特殊手法、强化手法三种方法。在三种方法中普通手法是其基础，包括按摩、推拿及点穴法，具体应用于各类手法的临床操作中，旨在解痉镇痛，活血散瘀；特殊手法包括分筋、理筋、弹筋、拨络等法，常用于筋络的痉挛及粘连硬缩，目的是松弛软组织；然后在采用强化手法，此法包括滚摇升降、镇定诸法，常用于因软组织痉挛僵化或粘连所造成的关节功能障碍，有活动关节、排除粘连，松解嵌顿，理顺经脉，畅通血运，促进代谢，消除疲劳。按摩十二法在治疗骨伤科的闭合性损伤及与其相关的疾病方面，形成了一套比较完整的治疗手段②。

杜氏强调理伤续断过程中的"练功"，是他从少林拳术中衍化而来的体功锻炼法，治疗效果甚佳，在首都中医界享有盛誉。练功事实上是包括了医者和患者双方的。他认为，医者须练功是因为"凡作正骨科医生，必须身强力壮，方能牵开

---

① 谢阳谷. 百年北京中医[M]. 北京：化学工业出版社，2007：696.

② 易法银. 中医临床医学流派[M]. 长沙：湖南科学技术出版社，2003：225.

错位,整复骨折,故平素多习武功武术,以图身强而胜任工作,所以练功可以说是正骨医生的基础,是学者必须练习的功课。"①而患者练功,则是旨在积极配合医生的治疗,因为有规律、有目的地进行功能锻炼,能增强其御病能力,促进患处康复,尽可能地减轻肢体功能障碍的发生。

重视预防是杜氏骨伤的一大特点,"上工治未病,中工治欲病,下工治已病"。他从自己习练武术中总结出"伤筋动骨,防重于治"。正由于此,他曾亲赴芭蕾舞演员和运动员的练习和训练场所,告诉他们致伤原因,并提出防护建议。他发现舞蹈演员和运动员在大运动量之后,多半是立即坐下休息,他认为应该再轻微活动后,待气血匀行于全身,再坐下休息,使体气逐渐平静,免受内伤。尤其是舞蹈演员或运动员练习完后,不待热汗未干即用凉水冲洗,他认为此时毛孔大开,皮肤不固,寒湿入侵,最易致病。这些观点,为我们提供了很好地预防思路。

杜自明极其感谢党和政府对老中医的关怀,他在晚年深有所感地写到,他行医已近60年(当时是1959年),几十年中,治好跌打损伤病人成千上万。成都附近各县人民,多曾找他治过病,但是国民党反动政府,却不承认他是医生,始终不发给他行医执照,他就这样做了大半辈子不受承认的医生。中华人民共和国成立以后,他得到党的重视、关怀。"②因此他授徒医技,尽心尽意,毫无保留,为国家培养了中西医兼备的骨科人才近30名。

杜氏的主要著作有《中医正骨经验概述》,该书介绍了杜氏的从医历史、临床经验及学术思想,由学生整理的《扭挫伤治疗常规》《增补少林十二式》两书已为内部印行。这些著作为广大骨科医务工作者留下了一笔珍贵的财富。

二、郑怀贤

在本书《峨眉武术名人》一章,已经介绍了作为武术技击家的郑怀贤的事迹,而在运动创伤治疗领域他也做出了巨大贡献。

20世纪50年代,虽然新中国的体育才刚刚起步,但是大众体育和竞技体育

① 杜自明讲.中医正骨经验概述[M].北京:人民卫生出版社,1960:7.

② 杜自明讲.中医正骨经验概述[M].北京:人民卫生出版社,1960:3.

已经有了很大发展。从建国到 1956 年，全国举办的地市以上的运动会就已达 6000 多次，其中全国性运动会为国民党时期的 8 倍，共 75 次。为适应新中国蓬勃发展的体育事业对运动创伤医疗和研究人员的大量、迫切的需要，郑怀贤从传统技击武术的教学和研究转向了运动创伤治疗和运动保健的新领域。1958 年，在学院党委的热情支持和关怀下，郑怀贤和他的同事们创办了成都体院附属体育医院（后改称“国家体育总局骨科医院”，现称“四川省骨科医院”），郑怀贤担任了医院院长，这是新中国第一个采用传统医药治疗运动创伤的教学和科研机构。1960 年，成都体育学院再建运动保健系（今为运动医学系），郑怀贤担任了系主任。从此，运动创伤的教学和科研成了郑怀贤工作中的重中之重。在其精心呵护、培育下，成都体院的骨伤科医疗和运动医学成为一个集教学、科研、医疗为一体的基地，直至今天仍然是成都体育学院的一个重要特色。

郑氏在运动创伤治疗上有着扎实的理论基础，又有着丰富的临床实践经验，为了让更多的人了解自己的创伤学，他生前主持和编著出版了《正骨学》（1960）、《伤科按摩术》（1964）、《伤科诊疗》（1982）、《运动创伤学》（1982）、《实用伤科中药与方剂》（1985）等骨伤科专著 10 余部，约 200 万字。这些著作学术理论水平很高，临床指导实践意义极强，对于广大医务工作者非常实用。尤其是《运动创伤学》《实用伤科中药与方剂》两书，前者是我国在运动创伤领域的第一部理论系统性强和临床实践内容丰富的专著，而后者在创伤治疗上对于研究者和实践者的用药选择更具有指导价值，从而二者在各自领域都具有里程碑似的意义。

在骨伤救治中，郑氏重视整体观。在骨伤科的病证中，不论损伤任何局部，都会反映到人身整体。郑氏信奉明代骨科医生薛己《正体类要・序》中的那句名言：“肢体损于外，则气血伤于内，营卫有所不贯，脏腑由之不和”。因此，在治疗时，既要注意局部，又要兼顾全身。这是郑氏骨伤论治的多年心得，是其应用指压手法的指导思想。

这种整体观，决定了郑怀贤的骨伤治疗是综合性的。上海中医药大学教授施杞先生对郑氏的综合性治疗方法作了中肯、全面的评价：“郑氏治伤，重视功能，强调治筋，骨为主干，节为枢纽，筋肉为动力。若骨折脱位不治筋，十治八九难屈伸。重视综合治疗，强调外治。重视医患结合，强调治‘心神’。倡导医者练功力、手法,熟记解剖,方药等基本功。郑氏治伤,擅长外治、用药,尤精手法。常将各种手法配合应用。将手法与用药配用,手法与练功同施。循筋肉起止走行施用点面结合的大面积手法。”①

郑怀贤不仅是骨伤科专家、武术家,而且是德高望重的教育家,他从事武、医方面教学工作六十余年,在骨伤、运动创伤、运动医学和武术领域,为国家培养了一大批的专门人才,他的弟子满天下,名声传遍海内外。不少学生和弟子现已成为科研、教学和临床方面的专家教授,并继承和发扬着他开创的事业。

郑怀贤曾任中国武术协会主席、中国体育科学学会理事、全国运动医学学会委员等职。

三、杨天鹏

杨天鹏(1902—2005)汉族,四川省安岳县人,主任中医师、成都市中医药大学教授。早年师从巴蜀周云武等,学习少林武术及中医骨伤治疗技术。在长期医疗实践中,杨氏吸取了众家之长,融会贯通,自成一家。1943 年开始在成都行医,与当时成都杜自明、郑怀贤、何仁甫并列为骨科四大流派之一。新中国成立后,杨氏一直在成都教学、行医。

杨天鹏不拘泥于骨折的三期治疗常规大法,强调“整体观念、辩证施法”原则。所谓“辨证施治”是指将患者作为一个整体进行考虑和治疗,而不是头伤医头、脚伤医脚,因为纵然所受创伤仅为外伤,但也必然牵连体内经络、脏腑。从此出发,治疗时应采用内外兼治之法,以使患者生理机能迅速改善,从而骨折早日愈合。因此,杨氏在整个治疗过程中,都不忘匡扶正气。而所谓“辩证施法”,在具体施用手法时,要因病而异,因人而异,采用医患协作,借力发挥之法来巧治筋伤与骨折。

杨氏治伤,依据传统中医理论,特重肝脾肾的调养。认为肝主筋,筋,即筋膜,是联络肌肉、关节,主司运动,肝血盛,筋养充分,则肢体活动正常;若肝血衰,血不养筋,则手足麻木,伸屈不利。脾主运化,指脾具有把水谷化为精微,并将精

① 施杞. 中国中医骨伤科百家方技精华[M]. 北京:中国中医药出版社,1991:360.

微物质转输至全身的生理功能。脾统血,是指脾气有固摄作用。脾气充足,血就能在经脉中正常流行,不致逸出脉外。肾主骨,生髓。肾精充足,则骨髓化源也足,使骨骼因滋养充足而变得坚且固。反之,肾精虚少,骨髓的生化之源不足,骨骼便因失养而脆弱无力,甚至发育不良。因而在治疗骨创伤时,杨氏只是在早期才使用一定量的活血化瘀药,之后,由于损伤造成的体弱,久卧导致的脾胃功能下降,肾气不扬,就必须采用滋肝固肾扶脾之法,使其气血旺盛,促筋骨强健,以利组织的修复。曹一林在《骨伤科名家杨天鹏》一文中,所用代表方“开弓大力丸”,方中以龟板、熟地等味滋补肝肾以填精补肾,当归、人参等味益气养血以养筋,锁阳、补骨脂等补肾壮阳养骨,旨在鼓舞正气,促损早康①。

杨氏治疗头部带瘀血的创伤有其自己的心得。一般见有瘀血常用活血行气的药物以治疗,但杨氏据“有伤必有风”之说,主张以驱逐风邪为主。所以,杨氏治疗之法,是以驱逐风邪为主,而只是辅以适量的活血消瘀药。其临床中所用“脑震散”,即是根据“有伤必有风”之说而制。方中天麻、羌活、牛蒡子等逐风祛邪,当归、红花、乳没等活血通窍,临床使用,多获奇效。

杨氏治骨筋之伤忌用寒凉之药,是宗中医“血热则行,寒则凝”之论。损伤后受创部位多有瘀血,若用寒凉制品外贴,或苦寒之品内服,必致瘀血凝固阻遏通道,血流不行。由于筋喜温而恶寒,杨氏临床习用“温经散瘀散”。方中桂枝、干姜等味大辛大热,用以温经散寒,红花、桃仁、乳没等味,消肿镇痛,陈皮、厚朴、枳壳等味,用以理气止痛。局部所敷贴之药,亦是“干姜粉”或“温筋散”之辛温之品,用以收温经通络、散瘀消肿之效。

杨氏筋骨损伤,特重行气。《本草纲目》谓:“气者血之帅也。”杨氏也因此认为,气为一身之主,血无气不行,气行则血行,气滞则血瘀。故而提出治损伤瘀血须以行气为主,活血为辅。即使用散瘀活血之药,杨氏也不主张用峻猛攻下之味,因攻伐过度伤人正气,有碍受创部位的修复。杨氏临床常用“通气散”,方中理气用柴胡、香附、枳壳、陈皮、青皮、槟榔等,通经养血和营用当归、赤白芍、川芎、桂枝等。此散也属杨氏效用之方。

---

① 曹一林. 骨伤科名家杨天鹏[J]. 四川中医,2009(7):1.

在骨折治疗的手法应用上，杨氏要求手法熟练、刚柔相济，尤其主张一次性整复成功，这样不仅可减轻病人的痛苦，又可避免反复整复造成愈合后功能障碍或畸形。在用手法复位过程中，杨氏反对“暴力”操作，应“借力发挥”巧复位，“法（手法）使骤然人不觉，患者知痛骨已合”。

杨氏还创有独特的理筋手法，如“近节牵抖法”“八字分拍法”“四指拔络法”等，都是其自成一格的理筋治伤体系。

杨氏从医七十余年，深研博究，医理精深，又擅采众家之长，故在骨科损伤怡疗上形成了一套独具特色的理论。自 1980 年以来，先后撰写论文十余篇，编撰出版了专著《杨天鹏治伤秘传》。此外，中华医学音像出版社还为其编拍了《杨天鹏理筋手法》《壮元益寿功》两部电视片。现已在海内外出版发行，并在中央电视台播放。这是杨天鹏留给医界的巨大财富。

四、何仁甫

何仁甫（1895—1969），字同良，号白玉山人，蒙古族，祖姓特呼尔，镶蓝旗、三甲，1895 年生于成都市，为何氏骨科第四代传人。何氏祖辈素以武功、医术著称，先辈入蜀后定居成都市。何氏先后拜满族、蒙古族骨科名医开长斋、春三爷，汉族外科圣手徐寿仙、名拳师马震江、马静源为师。何氏先辈因随军转战而广泛接触了满、汉族文化，逐渐融蒙、满、汉族传统骨伤科及其武学为一体，使何氏骨科在历代传承中不断丰富和发展，尤其至第四代传人何仁甫，何氏骨科开始吸取西医学长处，临床疗效蜚声遐迩，理法方药自成体系，于 20 世纪上叶发展成为四川中医骨科著名学派之一。何仁甫在骨伤方面的重大贡献之一是对古典治血论的突破。骨伤科素有“损伤一证，专从血论”之说，这几乎已成治疗损伤的不易之论，何氏骨科经数代临床实践突破了这一成说，找到了损伤“从气论治”的治疗大法，即是说在重视有形之“血”的同时，更应重视无形之“气”①。这体现在检查、手法、治疗、用药、固定等诊治的各个环节。

何仁甫在骨伤领域的有益贡献是“治骨先治肉”理论的提出。这里所说的

① 何天佐. 何氏骨科学[M]. 北京：人民卫生出版社，2009：9.

“骨”与“肉”，是指骨与软组织。“治骨先治肉”，就是说，在处理骨伤病，特别是骨折、脱位之类的骨损伤疾患时，不要只考虑骨的问题，更要考虑气血运行等问题，这些问题处理好了，脱位的复位、骨折的整复、骨的固定、骨的修复、骨关节的功能活动等，所有这些就都比较容易处理好。

治骨病，见骨治骨是收不到好效果的。从气血运行、周围肌筋膜有无炎变水肿，与该骨有关的各力系的平衡与否，周围组织的感染及罹患情况，仍然是最重要的，重视并解决好这些问题，骨病治疗才会收到良好效果。

何仁甫之子在《何氏骨科学》中，对于“治骨先治肉”问题，分别从整体观念、阴阳五行观、从藏象学说等各个方面论说了“治骨先治肉”的必要性，而且，更进一步从骨伤的致伤机制、“骨”与“肉”的生物力学特征、肌肉力的分解和肌肉的“液压效应”、骨伤科疾患的药物治疗作用等方面，来论证了“治骨先治肉”的必然性①。

何仁甫在骨科领域的又一贡献是他提出了“治疗重视整体，更重视局部”的原则。明代骨科医生薛己说：“肢体损于外，营卫有所不贯，脏腑由之不和。”②这即是说肢体外伤，可以导致机体累的气血、营卫、内脏功能失调，明确指出了外伤与内伤、局部与整体的相互关系。自明以来，此说一直是骨伤治疗的理论依据。在这一点上，可以看出何氏骨科和郑氏骨科的差异。

何氏骨科在长期的医疗实践中认识到薛己有较大的片面性。如踝关节扭伤，其营卫怎样不贯？何脏何腑怎么不和？脉象如何审辨？又怎样施补施泻？因此，认为这些问题是任何一个骨伤科医生都无法回答完全也没有必要回答的。骨伤科临床实践表明，骨伤科同内、妇、儿科及一般外科不同，在诊断明确后，治疗时局部的伤损变化是主要的，全身由此引起的变化是次要的，治疗应针对局部的伤损变化施治，才能收到好的治疗效果，所以，何氏骨科以自己的医疗实践为基础，提出“治病重视整体，更重视局部”的原则③。

学医习武是蒙古族骨科的传统，二者密不可分。作为骨科医生，何仁甫练就

---

① 何天佐．何氏骨科学［M］．北京：人民卫生出版社，2009：23—29．
② （明）薛己．正体类要［M］．上海：上海科学技术出版社，1959：1．
③ 何天佐．何氏骨科学［M］．北京：人民卫生出版社，2009：31．

了扎实身功，施法时，他气沉丹田，力透肱腕，劲达指端，视之不见，触之如电，对扭拧内跌损伤、小关节紊乱等症，他巧施手法，患者常能痛苦大减。何仁甫施法基本一人操作，动作协调，婉转运用，收效迅捷，这是与苦练武功的基础和手法的技巧分不开的。如 1963 年荀慧生剧团来蓉演出，鼓师刘某突发腰椎间盘突出症，不能动弹，全团十分焦急，经何老巧施手法，对症下药，次日刘即能坚持工作。荀鼓师专门在锦江宾馆宴请何仁甫，并致函感谢云：妙手伸来百骨痊。

何氏生前曾撰写了《仁济医话》《无暇斋正骨经验》《特呼尔氏骨科手法》等手稿。

第八章　峨眉武术与文学艺术

作为对生活的提炼，文学和艺术广泛地吸纳了社会生活的百态。作为地域性武术重要代表的峨眉武术，与当地文学、艺术同根同源，共生共荣。表现于文学、艺术中的峨眉武术，体现了各个时代巴蜀人的理想人格和独特的个性。学者们讨论武术与文学、艺术的关系，正是从文化层面探讨中华民族独有的文化现象：文事和武备是先民看重的两大文化修养，它们相互联系，彼此影响。历史上许多武术家也文学家、艺术家，舞枪弄棒和诗词歌赋并行，而在许多文学作品中也洋溢着武术的风采。这一切也同样在峨眉武术与文学、艺术的关系中体现出来。

一、峨眉武术与文学

文学以语言为媒介，通过塑造生动、具体、可感的文学形象去表达作者对生活的感受、认识和评价。武术作为一个重要的生活领域，也是文学取材的重要来源。中国数千年的文学历史，为我们描绘了古代中国武术发展及各武术门派的壮阔场景。诗词、话本以及日渐成熟的小说等文学形式，通过其塑造的生动的形象，曲折的情节，使我们得以从文学侧面来感受峨眉武术文化的斑斓色彩。

剑是武术中的常器，中国古代文人骚客都喜爱舞剑、咏剑，从曹丕的《大墙上蒿行》到杜甫的《观公孙大娘弟子舞剑器行》，文人们对名剑和剑舞的热衷都表现出了不同形式的艺术之间的相通之处。杜甫就曾对剑舞和书画以及诗歌的相通之处进行过解读。对于巴蜀武术的起源，学者们根据资料仁者见仁、智者见智，至今尚无定论,但这都为人们留下了想象的空间。《峨眉山志》中就有这样一个传说故事:战国时期的司徒玄空曾经隐居在峨眉山,修行峨眉武术,这是有史料记载以来习练巴蜀武术的第一人。因此他本人姓白,而且爱穿白衣,再加上长期生活在深山中,与自然动物为伴,对山中灵猿的日常观察仔细入微。他从白猿的日常生活形态中获得灵感,武术招式中融入了白猿姿势。因此,被其弟子尊称为“白猿祖师”。由司徒玄空创建的武学在其弟子的共同努力下,不仅流行于巴蜀大地,更是逐渐传播到整个中华大地。而后历朝历代的众多诗人将“白猿”入诗。在学者和诗人的笔下,“猿公善剑”成为众多诗人笔下的吟诵内容。李白的“少年学剑术,凌轹白猿公”,李贺“见买若耶溪水剑,明朝归去事猿公”,崔日知的“袁公论剑术,孙子叙兵篇”,杜牧《题永崇西平王宅太尉愬院六韵》中的“授符黄石老,学剑白猿翁”和陆游的《甲午十月十三夜》中的“少年学剑白猿翁,曾破浮生十岁功”等。

最为出名的明代唐顺之的“峨眉道人拳歌”中就曾经对峨眉拳术做了形象生动的描述:“忽而竖发一顿足,崖石迸裂惊沙走。去来星女掷灵梭,夭矫天魔翻翠袖。翻跹含沙鬼戏人,髣髴磨牙貜捕兽,形人自诧我无形,或将跟絓示之肘。”诗人以其高超的文学造诣,生动入微地描述了峨眉山道人习武之时的手法和身法,展现了峨眉武艺的精妙之处,足以让读者见识到峨眉武术的刚劲有力与勇锐无敌。清末的大量竹枝词中也描写了流行于成都的体育活动。刘竟成在民国初年所做的《青羊宫花会竹枝词》中谈到:“男女红拳本不差,但无绝技动人夸,吾川赖有《新川报》,鼓吹云空与铁沙。”这首词里描写了流行于成都的拳术。此外,作者还标注:“《新四川日刊》载:湖北武当山云空长老约峨眉山铁沙和尚,不日往省主擂。”陈宗和在《青羊宫花会竹枝词》中就谈到了青羊宫打擂比武的场景。来自不同门派的习武者主擂,武当、峨眉各家没有门派之分,只为武技的交流。

关于武侠小说,可以追溯到司马迁的《游侠列传》到、东晋干宝的《搜神记》和南朝刘义庆的《世说新语》中的《周处》篇。应该说从侠义小说到笔记小说,文人记载的武侠故事中不乏峨眉武术的内容。清末民初徐珂编撰的《清稗类钞》技勇类就记录着《夫妻走镖》《峨眉僧》《蜀中剑客金飞》等描写峨眉武功的故事。在《清朝野史大观》卷十二中的《清代述异》中也有类似《陆桴亭梅花枪法》《燕子尾》《峨眉僧》等峨眉武术轶事。1923 年，不肖生的武侠小说《江湖奇侠传》问世，此外，同时期的作品还有李寿民即还珠楼主的《蜀山剑侠传》《青城十九侠》，这些玄幻侠义小说都以峨眉武功为描写对象，通过生动形象的塑造，曲折情节的构思，在广大读者群中引起了强烈反响。而后在 20 世纪 30 年代，随着尚武精神的提倡，许多武术家的传奇故事也得到了广泛的传播，人们津津乐道地传播着如韩慕侠击败俄国力士康泰尔，蔡龙云击败美国拳击家鲁塞尔……其他如王子平，燕子李三、万籁声、杜心武等人的故事，这一切都为武侠小说大规模的兴盛创造了良好的社会条件。20 世纪 50 年代，发端于港台的武侠小说，以古龙、金庸、梁羽生为代表的武侠作品中有大量关于峨眉武功的描写。金庸在《倚天屠龙记》中曾经写到郭靖幼女郭襄，因为心中爱慕杨过，而又尊敬杨过与小龙女的爱情，所以云游天下，借此畅解胸中块垒。后得机会听觉远念诵《九阳真经》，创立峨眉派，后来传至灭绝师太，其弟子纪晓芙、周芷若等，皆为道姑。当然，据考证，峨眉派的起源并不是如小说中所写由郭襄创立的，但是峨眉武术中确实有“玉女拳法”、兵器“峨眉刺”，因为这些功夫看起来较为阴柔，极容易让人与女性联系在一起。其实所谓的阴柔，正好体现了峨眉武术中“先诱后打、以弱胜强”的技法特点。此外，峨眉派的许多招式，也都具有女性的色彩，如拳法中的一面花、斜插一枝梅、裙里腿、倒踩莲等，又如剑法中的文姬挥笔、索女掸尘、西子洗面、越女追魂等，簪法中的闭月羞花、沉鱼落雁等，都完全是女子的姿态。

神秘的唐门暗器对武侠小说的读者是颇俱吸引力的。最早提到唐门的，是自然门的祖师万籁声所著的《武术汇综》。万籁声在作品中记载：“又有操‘五毒神砂’者，乃铁砂以五毒练过，三年可成，打于人身，即中其毒，遍体麻木，不能动弹，挂破体肤，终生脓血不止，无药可医。如四川唐大嫂即是！”作为当代武侠大家的叶洪生先生就曾对这个唐大嫂进行过考证，说，唐大嫂确实有其人存在，即四川（今重庆）开县人氏。由于对唐门的起源众说纷纭，不少学者今年来进行了考证，认为文学记载中所提到了四川唐门或是蜀中唐门、夹江唐门其实都指的是开县的唐家拳，这一门派从明朝末年一直保持在今天。四川唐门之所以在文学作品中让人耳熟能详源自武侠作家宫白羽。宫先生的武侠小说在虚构的同时历来注重武学来历。从万籁声先生的《武林汇宗》中得到灵感，由此创生小说中的唐门。后来蜀中唐门反复出现在武侠小说中，终使“蜀中唐门”名噪天下。除了金庸，从宫白羽至杨叛，近百年武侠小说名家，没有不提到蜀中唐门的。蜀中唐门成了武林中一个充满着神秘色彩的，令人神往而又无法言说的门派，其中唐门暗器更是武林一绝。古龙在小说《白玉老虎》中对唐门的描写尤为精彩。

随着社会的发展，电影、电视这些新的传播方式对传统文化起到了极大的推动作用。特别是在20世纪80年代，兴起于香港的武术动作片，让各门各派武术风靡全国，并走向世界。武术成为中华文化传播的一张有力名片，而李小龙、成龙、李连杰等一大批有着扎实武术功底的武术明星成了中国传统武术文化的代言人。李安导演的《藏龙卧虎》中绝妙的在中国功夫也让好莱坞刮目相看，再一次掀起中国功夫热。各种媒介对中国功夫的介绍和宣传，让人们再一次体验到了中国传统武术在推广中华文化中的重要作用。应该说，对大多数不了解中国，不熟悉中国文化的外国人来说，中国武术是他们了解中国文化的一扇窗，透过中国武术的玄妙与包容，进而了解中华武术的博大精深。在人们有意识的以武术为推手，传播中华文化之后，各种与武术相关的影视作品和舞台剧也应运而生。1928年，上海明星电影公司的《火烧红莲寺》，正是由平江不肖生的《江湖奇侠传》改编而成，其中就涉及昆仑、崆峒、邛崃、峨眉四大门派，由金庸小说改编的《倚天屠龙记》对峨眉派中的各形象进行了描述，以及1983年由牟敦芾执导，由青鸟电影制片有限公司出品的《自古英雄出少年》，影片描写清朝咸丰年间四川“天地会”的一群少年英雄，历尽艰险，机智勇敢地消灭了追捕他们的清廷高手的故事。在影片中，天地会的女英雄“黄婆婆”以及富绅家的“小媳妇”武功高强，其中所练习武功均有峨眉武术的影子。

高尔基曾经说过，“文学即是人学”。峨眉武术中所展现出来的武术世界，正是巴渝文化传统一个侧面的呈现。文学作为反映社会生活的重要途径，以艺术的形式展现了峨眉武术的博大精深。峨眉武术丰富了各种文学题材的内容，而文学也以其多样的形式扩大了峨眉武术的传播面，起到了极大的推广作用。一方面，作为植根于文学土壤中的武术，为文学的创作提供了丰富的素材，激发了作家的创作灵感，讴歌了峨眉派中的侠客义士的社会责任感和追求正义、勇于献身的道德品质，歌颂了中华民族对真、善、美的永恒追求。另外，峨眉武术凭借这各种文学形式丰富和发展了自己,并扩大了传播的覆盖面。这种双赢的有机结合,正是巴蜀传统文化的体现,构成了峨眉武术文化的特殊魅力。

二、峨眉武术与川剧

探其根源,戏曲起源于歌舞,与武术起源于武舞同源。戏曲不仅仅是简单的载歌载舞,在各戏曲种类中,都存在大量丰富多彩和规范多姿的武打艺术。武术中的各类招式如阴阳、八卦、太极等渗透到戏曲中,改编成戏曲中的"子午阴阳身段""曲弧线圆场"等。中国戏曲中大量的武打艺术都是以武术动作为基础,如打、踢、摔、击刺等,在此基础上,配合音乐、打击乐以及各种不同的唱腔,并且随着故事情节的发展而形成一种舞台表演艺术。戏曲从宋代开始成熟,深受民众的喜爱,并在元、明、清得到了极大的发展。元代戏曲中大量出现了以搏斗和战争为主题的武戏,称为"脱膊杂剧"。对于出现这类节目的演员,不仅要擅长翻滚跌扑,同时也要精通于朴刀、杆棒。《目莲救母》是一部明代安徽戏班演出的大型的武打戏。在表演中的招式如翻梯、翻桌、变索、蜻蜓、蹬坛、舞垣、斛斗、蹿火蹬臼、跳索、跳圈、窜剑之类,贯穿于所有的剧情之中,武打被极度地渲染了,是观众在剧情欣赏中能感受武术的魅力。

川剧作为扎根于巴蜀地区的一种地方戏曲,是四川文化的一大特色。三国时蜀国就有武打动作穿插的宫廷戏存在。《三国志·许慈传》就曾记载:刘备察觉了蜀国学士许慈与胡潜之间的不和,便将二人明争暗斗的丑行叫倡优扮演,以戏讽刺。在一次群僚聚会中:"倡家假为二子之容,效其讼阋之状,酒酣乐作,以为嬉戏。初以辞义相难,终以刀杖相屈。"这里用了一段精彩的武戏渲染了二人之间激烈的矛盾冲突。可见,戏剧从一诞生起,就开始吸收武术的内容。唐代的蜀戏在全国享有盛誉,曾有"蜀戏冠天下"的说法。随着南北喜剧的融合与发展,川戏中也越来越多地融入其他派别的声腔。到了清代的乾隆时期,川剧的车灯戏,融合了昆腔、高腔、灯戏、胡琴、弹戏的声腔,运用四川话来进行念唱。在众多声腔中,尤其清亮出色的是川剧的高腔。在川剧中,高腔的曲牌非常丰富,是最具地方特色的川剧唱腔,以其优美动人的唱腔吸引了无数的戏迷。此外,在川剧中还有各种不同类型的帮腔。正是由于带有浓郁乡土艺术文化特点言,及充满地方色彩的语言艺术，川剧在巴蜀大地赢得了广大人民群众的喜爱，具有广泛的群众基础。川剧中的绝活“变脸”“水袖”“喷火”这些在地方剧中都独树一帜，再加上很多包含着写意的程式化的动作，是川剧雅俗共赏，言有尽而意无穷。川剧在发展中，也吸收了峨眉武术中的众多绝技、绝活和武功招式，这不仅丰富了川剧的内容，武术动作的加入，在故事情节的渲染上，大大提升了它的艺术表现力和紧张程度，大大地提高了感染力，这对于川剧多样化的发展起到了极大的推动作用。对于川剧武打艺术来说，除了戏曲中的基本功：唱、念、做、打与手、眼、身、法、步五法需要演员多年的练习，积淀深厚的戏曲功底之外，还需要有扎实的武术功底作为有力的支撑。这种戏曲与武打功夫相结合的表演方式才能把川剧中的武打情境很好地表达，既不失武术的真实性，又充分展现了川剧的艺术性。例如，当代川剧中的喜剧经典作品，川剧绝活，把点燃的油灯放在头灯，然后做各种复杂的动作，如翻跟斗、跳跃或是从板凳下面穿过，这一系列高难度的动作中要始终保持油灯稳如泰山，再加上丑角的喜剧表演，使得观众在捧腹大笑中又对演员的绝活大为赞赏。因为这些川剧中的身法本身就是融合了武术的动作而成的。在川剧中的“踢慧眼”是一大绝活，《白蛇传》中的踢慧眼就是其中的代表。所谓“踢慧眼”就是指在将鞋尖的慧眼正踢眉心的时候，迅速地变脸的一种特技。这是一种需要长时间练习才能达到炉火纯青的技艺。其实，踢慧眼就是运用武术中的正踢腿，只是要求在正踢腿的同时实现与戏曲的结合。台上精彩的踢慧眼，需要武打演员台下无数的尝试和练习。此外，在其他的剧目中，也有“云手”的武术处理，采用“稳、大、文、脆”等方式，将戏曲中不同性格、不同地位、不同身份境遇的人物主角表现得淋漓尽致。此外，在川剧著名的剧目如《挑滑车》《长板坡》《三岔口》《潞安州》等武戏中有很多高难度的武打和武术动作。对于此，我国著名的武打艺术家盖叫天先生就曾经说过：“舞台上开打的一抬腿，一举手，一个招架或一个把式，都有它的武术根据，决不能光瞧着热闹，任意胡来”。

大多数负有盛名的川剧表演艺术家都有深厚的巴蜀武术功底。武术作为川剧表演的根基，武术与戏曲，戏曲与武术，是你中有我，我中有你的不可分割的关系。他们犹如事物的两面，对于武戏表演来说缺一不可。这既是戏曲对它的基本要求，也是在二者在长期结合中审美的必然选择。在川剧中，武戏并不是为了表现武术，但是飞叉接镖、翻腾扑跌、耍刀弄枪确实需要表演者具备一定的武术功底。以雄浑的武术功底作为支撑的川剧武打艺术，通过多样结合的艺术表现形式，在舞台上绽放出不一样的光彩。朴实的舞台背景下，川剧演员用深厚的戏曲功底和扎实的武术功底演绎了一部又一部广大群众耳熟能详的故事。在结合表演的过程中，善于创造的民间艺术家门还自创了不少绝活。如川剧中享誉全国的"变脸""开慧眼""托举""钻火圈"等等，这种将器物利用到极致的表演让观众叹为观止，大呼精彩。因此，无论是过去民间的科班还是现代的戏曲培训学校，学员的功课除了要扎实地在"唱、念、做"等文戏基础上下功夫外，同时也要学习武戏中的武打。这样兼具文戏和武戏功底的戏曲演员，凭借着极好的综合素质，能够胜任不同类型的曲目，在过去是节省了人力资源，一人分饰多角，而且文武兼备的演员在人物塑造方面更加富有感染力，在表演上更容易做到矫健与轻盈。正因为此，武术已经成为提升戏曲演员综合能力的一条重要途径。

祖籍河北的我国著名的武术家董海川，在学艺过程中，立志博采众长，为我所用。他在青年时代，四处游历，以武会友。当他到了巴蜀大地后，常常与蜀地的名师切磋，应该说，峨眉武术在他学艺过程中影响深远，对于他成为一代武学宗师具有重要的价值。董海川先生的八卦掌，正是他将巴蜀武术的精髓与自己的武术进行结合的产物。在川游学中，董海川受到川剧武戏的影响，将巴蜀武术的灵动性与川剧艺术的灵性合二为一，创编了八卦掌。八卦掌以多变的掌法变化和行步走转为主，对于习练者的柔韧性、速度、耐力要求极高。它不仅能强身健体，还能用于搏击，因此深受广大人民群众的喜爱。而著名的川剧表演艺术家，重庆川剧院的丁力先生的绝活就是"变脸"。作为川剧中最负盛名的变脸，正是利用道具——脸谱来将舞台人物的内心和情绪情感做艺术化的表达。作为观众，相较之于跟随故事情节紧盯演员的面部，不如以类型化的脸谱来传达情感，这样能将演员不可见和不可观察的抽象心理表现得具体而又形象。而瞬间的变脸又非常考察演员的功底，因此，有一大批川剧艺术家对变脸技艺进行了刻苦钻研和不断摸索。但是他们在变脸中都要借助转身来实现脸谱的变换。到了20世纪的90年代，丁先生在不断研究变脸的绝活时，就掌握了变脸中的最高技艺，无须转身就能瞬间变脸，这对于当时必须转身背台的变脸而言，在技艺上是一大突进。再加上他个人长期研习巴蜀武术,扎实的武术功底使得他在舞台表演时,身姿更加潇洒飘逸,刚劲有力。

除了峨眉武术的拳脚功夫被广泛运用于川剧的舞台表演之外,传统的武术器械和服装也在被艺术改造后成为川剧表演的基本导读。就传统的武术器械而言,内容丰富,包罗万象,既有刀、枪又有剑、棍、戟,可谓是十八般兵器样样齐全。这些原本是武术中的冷兵器,经过艺术化的处理,配合川剧表演,成了重要的表演器械。舞台上的表演器械从质地上无法与正统兵器相提并论,但艺术来源于现实,兵器的外部造型和适用方法与传统武术中的相差无几。比如说,在武戏大闹天宫中的一场孙悟空舞棍的场面,就是根据猴棍技法在舞台上的延伸与应用,即注重技法中击棍招式,又将舞台点缀得热闹非凡,符合戏剧表演的基本要求。对于川剧而言,但凡生活中存在的兵器都可以在加工改造后,为其所用。此外,在艺术表演的过程中,艺术家们还创造了很多新兵器,如猪八戒的七尺钉耙等等。除了峨眉武术中兵器在川剧中的以应用之外,传统的武术服装成了武戏表演的必备道具。如川剧曲目《盗甲》中的时迁,就服装造型上来看,身穿对襟的小褂,腰打英雄结,下身穿着灯笼裤和极便运动的软底鞋。这种来自舞台的服饰,是对传统武术表演服装的改良。应该说,峨眉武术的器械和服装在川剧中的改良与应用,一方面拓展了戏曲的表现内容和变现手法,增加了戏曲的真实感和艺术表现力,同时也让川剧融入了更多中国传统文化的内容,更加具有民族特色,更加具有号召力。

艺术来源于生活,生活是艺术创作的重要土壤。巴蜀文化为川剧提供了丰富的创作养料,而作为其精华的峨眉武术又为川剧的发展与创新注入了新鲜血液。从生活到艺术是一个创造的过程,从生活到艺术是一个典型化的过程。在长期的交汇融合中,峨眉武术向川剧艺术的渗透,体现了巴蜀武术变迁以及逐步走世俗化的过程。巴渝武术异彩纷呈的呈现形式,从维护自身生存到生活化最后艺术化的表达,体现了武术功能在近现代社会功能范围的拓宽。我们研究峨眉武术与川剧的融合与交流,一方面有助于我们更加深入的了解巴蜀武术的历史,同时也是为川剧表演艺术中的武术寻根。

三、峨眉武术与舞蹈

舞蹈作为最古老的艺术类型，与武术同样起源于古代劳动人民的生产实践中。在中国文化史的研究中，被众多史学家证实了“武舞同源”，汉字中的“舞”字也通“武”字。就舞蹈内容而言，武术是其重要的表现主题。中国武术中独有的粗犷、刚健、洒脱、舒展的精神气质，在舞蹈中得以充分的体现；就舞蹈形式而言，在身法、眼法等方面的发展中，重复借鉴了武术的表演功能，形成了“气沉丹田”“天人合一”“形神兼备”等特点。比如太极拳内外结合的用气方法和粘、绵、连、随的韵律技法特点；长拳中矫健的步法，宛若游龙的身法连接及闪、展、腾、挪的技巧特点正可弥补舞蹈之不足，舞蹈与武术的相互结合，使得在舞蹈中借鉴武术，舞蹈中表现武术，舞蹈中保存武术，应该说，武术以其或刚健或阴柔的特质大大丰富了舞蹈的艺术表现力，在舞蹈完善中起着重要的作用。1990 年，中国艺术研究院联合中国武术研究院等四家单位共同举办了武术与文学艺术研讨会，大会对于武术与舞蹈二者的融合和交流进行了深入的讨论，大会上，中国著名舞蹈艺术家吴晓邦就曾说过：“中国舞蹈的一半是武术。”

中国少数民族中大量的武术舞蹈就是最好的体现，如纳西族的东巴跳、傣族的象脚鼓舞、彝族的“眺月琴”、西盟佤族的“剽牛舞”与“射日舞”中都在舞蹈中传达出了武术技能。当代，大量的舞蹈工作者在他们的舞蹈创作中，也将武术与舞蹈进行有机结合，《小刀会》《秦岭游击队》等古典舞和《大刀进行曲》《醉剑》《醉鼓》等都是在吸收了武术套路的基础上创作而成的，深受观众的喜爱。

峨眉武术作为巴蜀文化的重要组成部分，分散于巴蜀各地，隐藏在当地文化发展的脉络之中，它也必然会对其他的文化类型产生了重大的影响。就峨眉武术与舞蹈的关系而言，我们可以从最早的巴渝武舞以及四川各地的民族舞蹈找寻他们之间存在着的千丝万缕的联系。中国早期的武舞，是一种将舞蹈与武术相互交融的艺术表现形式，它既能够提升将士的作战士气，又能很好地表达出对于胜利的渴望，是将士出征前极具娱乐价值的活动，同时也有着习武健身的实用性。据研究者的考察，早期的武舞的动作与现在以表演为主的武术套路有着非常多的相似之处。而且在原始舞蹈艺术性尚未充分发展得以表达的时候，人们是很难准确的判断武术、舞蹈和武舞的精确差异。有许多的舞蹈动作中就暗含着武术套路的早期表现形式,它即是武术的起源也是舞蹈的起源,这一点上很好地印证了"武舞同源"的说法。峨眉武术与舞蹈最早的结合,突出地体现在巴渝武舞上。在《华阳国志·巴志》中,就曾经有记载:"周武王伐纣,实得巴、蜀之师,著乎《尚书》。巴师勇锐,歌舞以凌殷人,前徒倒戈,故世称之曰:武王伐纣,前歌后舞也。"这里所提到的"巴师歌舞"并没有准确的命名。但是到了秦汉相争之时,汉王朝为了鼓舞出征士兵的士气再次将"巴师歌舞"运用于战斗之中,在冲锋陷阵时"锐气喜舞,武帝善之曰:'此武王伐纣之歌舞也。'乃令乐人习学之,今所谓巴渝舞也"。这是"巴渝舞"在史书上正式提出。对于汉高祖为什么把这种战前舞命名为"巴渝舞"。对于此的解释可谓是各持一家,众说纷纭。在《巴渝舞源流考》一书中,董其祥教授提出了之所称之为"巴渝舞"的原因在于:"重庆北部四川东北部嘉陵江支流渝水(今名流江)一带居住过一种少数民族人(巴人的一支),或称板木盾蛮,又称獠人,创造了一种具有民族特色的舞蹈,它发源于巴郡渝水流域,故名为巴渝舞。"此外,胡宏基先生《解读巴渝舞》认定"阆中市保宁镇为巴渝舞之乡。"

据历史文化学家和舞蹈学家的考证,巴渝舞最基本的表演形式是"执仗而舞"。所谓的"仗",即是指兵器,兵器尽管各不相同,但此处的执仗中的杖,主要指执干戈;而古代最主要的伴奏就是击鼓,对于战前进行的舞蹈,鼓声的轻重缓急也再现了战争中的不同场景,对于激发将士的英勇奋战之心大有益处。班固在《汉书》中对巴渝舞就有所记载:"巴渝鼓员,三十六人"。当然,他这里所说的三十六人,是指在宫廷舞蹈活动中的人数。在实战中的巴渝舞,在征伐之前,有多少将士就有多少人进行歌舞。冲到战场最前面的士兵们手持干戈,大声呼叫,后面的伴奏者们,一边进行强而有力的击鼓,一边以顿足增加士气,这种景象正是史书中所描写的"前歌后舞"。《子虚赋》中,司马相如就对于巴渝舞的壮观场面做过如此的描写:"千人唱,万人和,山陵为之震动,山谷为之荡波。"这是何等的有气魄和壮观。在战争中,巴渝舞大大增强了将士们的士气,增强必胜的信念。在非战争时期,特别在接见"四夷使者"时,朝廷为了"耀武观兵",在接待的宴席中常常表演巴渝舞,以显示出自己强大的国防实力。

曾经风靡一时的巴渝舞在经历了朝代更迭后,虽然在宫廷中早已销声匿迹,但在民间,却以其独特的形式保存下来,逐渐演变成为现在的一种以祭祀和庆典行舞蹈为主的表现形式。据考证,流传至今的“八仙鼓”就是经过历朝历代演变后的巴渝舞的一种形式。1955 年,阆中组队参加四川省第二届民间音乐舞蹈会演获奖。1991 年,阆中市组织 300 人的“八仙鼓”表演队伍,参加南充第二届丝绸节开幕式表演,引起轰动,获得奖励。2001 年市群众艺术馆蒲公英少儿艺术团演出的以八仙鼓舞为素材的创作舞蹈《巴鼓新韵》,参加四川省舞蹈大赛,荣获表演和编导两个大奖。当人们对这种传统艺术形式自觉研究后,由肖善生先生撰写的以巴渝舞为研究对象的《巴渝舞初探》1997 年青海人民出版社出版发行,这对于巴渝舞的保护与传承起到了重要的作用。

除了巴渝舞之外,四川各地的舞蹈也体现出了武术与舞蹈的融合。清朝末年以后,凉山腹地的彝族开始与汉地进行彝汉互市,持续进行的彝汉互保使得彝族和汉族的交流也日趋增多。在凉山传统的战舞中也融入了巴蜀文化和峨眉武术的影响。这种根据战争中相互厮杀改编而来的舞种。在舞蹈中,舞者扮演成战争中的攻击手,手拿武器,左功右移,并围着假设敌手不断进行攻击,在反复的功跳中,直到打败家乡敌人为止。新中国成立以后,凉山的众多舞剧也都在继承本民族舞蹈传统的基础上吸收了更多的外来元素。如凉山州的舞剧《凉山巨变》。这部作品是反应新中国成立后,凉山人民打破奴隶制走向社会主义道路变革的文艺题材。这部作品大量地运用了凉山地区的民族舞蹈方式,同时在各种蹲、眺、打、跑走的动作中,为了表现努力的艰辛劳动和奴隶主的残暴,将民族舞蹈形式与武术的表现形式结合,表现了舞剧戏剧性的情节发展特点。此外,现在流行于彝族的一些自由舞和达体舞,也是从上百种彝族民间舞蹈中提炼、编制而成的。此外,川北藏族的舞蹈中也融合了大量的武术元素。锅庄中的男舞,时而舒展轻松,时而粗犷奔放。锅庄的特点有含胸、颤膝、踩脚、晃胯、拧转、上肢随身体摆动、下肢稳健有力,还有明显的马步坐膝,往往以丹田带动身体,进而到四肢的。有一个拧胯翻转甩出上肢的动作,和武术动作是非常相似的。

川南名城宜宾是峨眉生门武术的发源地。据史料记载,在距今 2400 年以前,宜宾一带便有僰人居住,东汉的《汉书》中,称宜宾为“故僰侯国”。僰人在李冰开辟川南整治航道和开山修路之后，正式纳入了秦国的蜀郡范围。作为与汉地有密切交流的僰人，在现存的珙县麻塘坝“僰人岩画”临摹图中得以体现。僰人岩画大多画在悬棺周围的岩石和岩框上。与中国其他民族群体一样，僰人在艺术审美方面表现出了一致性，颜色以红色为主，只有少数采用了白色。在艺术表现手法上比较简单，以平涂为主，由深至浅地将人物绘制得生动而又传神。此外在僰人壁画中，尽管绘画的线条粗犷，但内容与题材却十分的广泛，它们以简单的构图，动人的形态，真实地记录了人们生活的方方面面。体操、击剑、球戏、狩猎、刑术等人们生活中的场景都被他们加以艺术化的表达。此外，存在于他们生活周围，给予生存供给的各种动物以及日月、车轮、刀矛、太极图、和各种绘画图案等等，都是僰人壁画的描摹内容。就僰人岩画中舞蹈而言，主要有单人舞和人马、人鱼、人兽等组合舞两种形式，其内容也表现了僰人的生活和战争的场景。此外，彩绘中的“击剑图”也表现了宜宾武术在漫长的历史形成的过程，武术是在与各种不同的艺术形式相互交流和碰撞中，逐渐发展壮大的。

武术和舞蹈同为身体表现艺术，除了互为表现内容之外，二者对于“形式美”的追求是其发展过程中的一大共性。就武术套路而言，虽然它是以格斗为基础，但是同样体现了武术的形神兼备、内外合一、节奏分明的运动特色。武术套路经过无数次的提炼，有机、合理的组合后，在演练中既要注意呼吸、动作、意思的有机配合，体现出它的攻防的内容，展现武术中“精、气、神”，体现阳刚、英武之美，同时在形式上也要讲究节奏和韵味，使其动则快速有力，静则稳如磐石。应该说武术技巧的融入，大大加强了舞蹈的艺术感染力。

第九章　峨眉武术的当代走势

峨眉武术作为巴蜀文化的一个重要的有机组成部分，它是巴蜀人民在长期的实践中不断积累和丰富起来的一项弥足珍贵的非物质文化遗产，几千年来，代代相传，历久不衰。如同中国其他武术类型，峨眉武术在发展中从来不是以观赏性为主，而是更加注重攻防格斗，由此，它最不容易受时代风气所影响，不媚俗，不趋炎附势，表现出了稳定性的文化传统。然而，随着整体社会环境发生的巨大变化，随着西方瑜伽、空手道、跆拳道等舶来品的不断涌入，峨眉武术在新的社会环境下面临着巨大的挑战。挑战既是危机，也是机遇，如何在全民健身背景下，适时调整峨眉武术的现代化发展，使其能得以传承和发展，是峨眉武术现代化发展中亟待思考和解决的一大难题。当代峨眉武术在发展中表现出了大众化、产业化、市场化、国际化、科学化等发展趋势。

一、大众化

21 世纪是一个走向闲暇的世纪，随着空闲时间的增多，人们的生活方式发生了翻天覆地的变化。休闲体育成为一种集科学、健康、文明的新活动方式，正日益融入现代人的日常生活之中。峨眉武术拥有多个门派。各门派的当代继承人和习练者对各自门派的武术套路和武学精神进行了有效的传承，然而，纵观当代武术的发展趋势，最好的传承与发展应该是使走向大众化，打破武术各派的师承或家承模式，使其在巴渝，乃至整个中国范围内实现普及。因为“只有使传统武术在社会中得到广泛的推广和普及，传统武术才能在服务社会的实践中融入人们的生活,传统武术的价值才能得以体现。因此,抓好传统武术的推广普及工作就成为传统武术发展的关键一环。"(桑守惠《中国传统武术发展战略研究》)据相关调查,在全国,从事武术锻炼的人群将近6500万,而各地的武术民间学校多达万余所。人民群众对于武术喜爱及迫切需求为武术大众化奠定了良好的群众基础。此外,武术除了强身健体,还能在习练中追求武德,在峨眉武术的习练中感受中国传统文化中追求的"天人合一""物我两忘"境界,真正将体育锻炼与人的精神境界提升紧密地联系在一起。这种锻炼的方式正好满足了现代人在一周高节奏、高竞争、高效率之余的放松追求。安静的环境、享受人与自然的和谐,感受身体的放松,这对于缓解现代人的紧张情绪都有重要的功能。张弛有度,正是现代人得以在高压社会中健康生存和发展的关键所在。当然,除了良好的群众基础,峨眉武术大众化的道路是一个漫长的工程,在其中需要各大主体的共同努力,通过多途径,多渠道得以实施。

第一,将峨眉武术融入学校教育。文化趋同是经济全球化带来的一个重要话题。在与世界接轨的同时,如何保持本土民族文化的特色成为亟待解决的问题。纵观中国改革开放40年的历史,一方面,我们从西方先进国家吸收和借鉴了先进的文化观念,极大地拉近了我们与世界的距离。但是带来的急剧变化是,民族性和文化性确在逐渐消亡。据相关统计,我们的众多传统非物质文化遗产传承人随着老人的去世而逐渐消亡,因此,如何保持本土文化的特色,如何对本土文化进行有序的传承和创新,是我们在全球化过程中必须解决的一大问题。《非物质文化遗产教育宣言》中明确指出:"教育是人类历史发展的重要文化方式……政府与公民应自觉、自主地去保护传承发展本社区的非物质文化遗产资源,尤其在国家九年义务教育的推广中应加强本土非物质文化遗产的传承认知。"① 将峨眉武术纳入大中小学体育课程,一方面丰富了本土体育课程内容,同时也为峨眉武术的传承和普及找到了有效的平台。当然,其中师资的培养非常重要。作为体育师资培养的重要阵地——师范院校,可以在体育教育专业专项课程中

---

① 普丽春.少数民族非物质文化遗产的教育传承研究——以云南省为例[M].北京:民族出版社,2010:243.

开设武术方向，培养出更多优秀的武术毕业生进入学校从事传统武术的教学和研究工作。以学校教育为平台，对峨眉武术进行的有效传承，使得学生在了解、认识和研习峨眉武术的同时，能接受和认可传统峨眉武术的精神，了解峨眉武术与社会、峨眉武术与人生的内在联系，进而拓展到对川渝文化和整个中国传统文化和伦理价值观的认同。

第二，应充分利用国家全民健身的契机，广泛进行峨眉武术的宣传。在全面健身的基础上，针对不同年龄群体的练习者开展一系列的竞赛活动。此外，还必须建立一整套科学、可行的竞赛规则，通过与体育管理部门的联合，定期在峨眉武术的主要传播地四川举行各种不同规格的武术比赛、表演赛或者是交流大会。当然，武术从最早的技击就具备着竞赛的性质。因此，竞赛作为是武术发展的重要途径，可以充分调动不同层次练习者参与的积极性。以竞赛为峨眉武术的发展杠杆，可以进一步推动峨眉武术的创新与发展，使其更上一层楼。借鉴现代体育的组织管理制度模式，迅速发展和壮大自己。比如说在乐山举办的中国四川国际峨眉武术节，就是一个国内外峨眉武术爱好者交流和切磋的平台。峨眉武术节是由乐山市人民政府主办的一项经国家体育总局批准的国际性武术赛事。这个赛事此项活动每两年举办一次，2007 年举行了第一届，2009 年举行了第二届，2011 年举办了第三届，迄今已经举办了 5 届。由于峨眉武术节的规格高，阵容强大，且带有乐山本地的一些民俗活动，因此深受武术爱好者和旅游爱好者的青睐，在川内颇具影响力，是一场将体育竞赛和旅游完美结合的体育盛会。在峨眉武术节上，包括武术散打、武术套路和传统武术三大赛，来自世界各地的武术代表和运动员参加了比赛。此外，从 2014 年开始，四川省举办了首届少儿武术大赛，这是四川第一次以少儿为参赛对象的大规模的武术交流、表演赛事，旨在通过比赛向下一代青少年儿童推广中华武术这一千年传承的民族文化瑰宝，让更多的孩子在习武中变得更健康、更自信，享受武术带来的无穷乐趣。

此外，建立峨眉武术普及基地和博物馆都是加强峨眉武术宣传的重要途径。2014 年，四川社科联和四川省委宣传部将峨眉武术文化普及基地设在内江师范学院，这对于峨眉武术文化的教育与研究，峨眉武术文化的挖掘与保护，峨眉武术文化的传承和推广都起到了重大的作用。该基地致力于向广大农村、社区、学校、军队和企事业单位等普及峨眉武术文化的社会科学知识，弘扬武德精神，促进社会和谐，实现了武术、文化、道德教育三位一体的全面覆盖，引导人们“知武术、明武德、行正义”，使其成为传承峨眉武术文化的有效载体。

二、产业化

随着社会经济的高速发展，人们的思想观念、思维模式及价值取向都发生了重大的改变。经济观念已经渗透到生活的方方面面。如何将存在于日常生活中的事物产生出它的经济价值，已经成为大家思考的一个重要问题。峨眉武术作为文化的组成部分，上层建筑必然会受到经济的影响，经济起到了决定性的作用。体育的转型变革早在1993年的全国体育工作会议上就曾提出，体育如何应对市场经济下的变形，提出了要实行“六化”“六转变”的改革。培养体育市场、发展体育产业成为当代深化体育制度改革的重要内容。产业化必须依靠经济实体，显然，武术并非经济实体，因此，我们在谈峨眉武术产业化时只能讨论的是峨眉武术文化的产业化。要把握峨眉武术现代化发展的经济主动权，实现双赢，就应该加快峨眉武术的产业化发展，在现代化进程中，也应审时度势，根据现代人的兴趣、爱好进行适时调整，因为，峨眉武术的发展水平、规模必须以强大的经济基础作后盾。此外，峨眉武术作为乐山乃至四川的一张文化名片，在遵循体育发展规律的基础上，产业化的变革是适应市场经济要求而做出的必然调整，这对于促进乐山乃至四川经济的增长有着重要的作用。并且，传统峨眉武术的发展，经济功能的实现也会大大增强传统体育自身的发展能力，吸引更多的年轻人投入传统武术的学习之中，从另一个角度来说，也是延续和传承峨眉武术的途径之一，这对于维护峨眉武术文化的社会价值，建设社会主义体育事业具有重要的推动作用。

峨眉武术虽然与少林、武当武术齐名，被称之为中国传统武术的三大门派之一，但是它的现代化进程远远落后于其他两支。1982年上映的《少林寺》不仅使得少林武术闻名于世，同时把昔日门可罗雀的少林寺带入一系列的产业经济活动之中。文化旅游是少林寺在发展中带动当地经济发展最为明显的产业之一。少林寺所在地河南省开封市，就积极利用少林武术对世界的影响力，积极规划，以少林武术为核心，打造武术旅游和武术文化产业，到 2015 年，将开封打造为世界武术名城，其附带的旅游文化收入达 131 亿元。从开封市政府提供的政府工作报告数据显示，武术文化及武术旅游已经成为财政收入的重要支撑，占全市 GDP 的 20% 左右。开封除了武术旅游文化及附加产品之外，还大力发展武校，为众多爱好武术的青年提供学习、锻炼的场所。据开封市体育局统计，目前在体育局备案的武术学校多达 70 余家。类型多样的武术学校吸引了全国的大量生源，为开封市每年带来 5 个亿的直接收入。此外，由少林功夫辐射的旅游产业带来的经济收益也不容小觑。人们开发出主题各异的旅游产品，如教具、旅游纪念品、武术器械等，200 多个商家集中经营，每年的营业额接近 1 个亿。

尽管人们对于开封市过度消费少林武术和少林文化表示不满和深感担忧。因为以经济为杠杆的少林功夫，失去了它原有的色彩。原本是僧人修身养性的寺庙现在每天人潮如织，原本是为普度众生的吃斋念佛，却被网友戏称被菩萨抢劫，清心寡欲的僧人变成了利欲熏心的商人……失去了原本意味的少林武术文化让人觉得已经走到了另一个畸形的边缘。然而摆在寺庙与僧人面前的现状也让人难以解决。原生态的“庙宇经济”并不能解决他们面临的众多难题。寺庙的修缮、基础建设、绿化等都需要巨额经费，开封市作为河南省经济并不发达的城市也没法提供过多的经济支持。因此，借着电影《少林寺》的这把火，少林寺为求生存与发展走上了商业化的道路，大力发展庙宇经济已经成了当代少林的新的生存方式。相较之于武当和峨眉，少林寺已经成了一个集团，除了中华传统文化之外，还涉足了影视、食品、医药、电子商务等众多领域。武僧们作为少林武术的代表，到世界各地去巡回表演，展示中国少林武功，按照少林寺住持释永信的话来说，既不违背佛祖的教旨，又能将少林武术带到世界各地，发扬光大，是一个双赢的事情。释永信主持在宣讲少林寺的“商业化”道路时候，明确提出了这是在新的社会经济与市场环境下，佛教谋求进步与发展的一种与时俱进表现。

武当武术根植于中国传统的道教文化，融汇了道家哲学、医学和养生等传统思想和观念。在频繁的东西文化交流和体育文化全球化背景下，武当武术在近十几年内的产业化发展中带动了众多相关产业的联动发展。1994 年，武当山被联合国教科文组织列入世界物质文化遗产，湖北省以此为契机，加速了对武当山景区的开发和建设,使其知名度不断提高,在推广旅游的同时,以武当武术为文化名片,吸引国内外人士慕名而来,极大地推动了湖北省旅游文化的发展,实现了武当武术文化的经济效益价值。

然而相较之少林和武当武术,峨眉武术在近年来的产业发展依然处于深山藏功夫的境地,曾经盛极一时的峨眉武术,国人知之甚少,关注度不够,因此,推动峨眉武术的产业化发展成了峨眉武术现代化进程中一大要任。峨眉武术的产业化首先要求政府给予政策上的极大支持。峨眉天下幽,自古峨眉山就以其景色闻名于天下,政府可以利用峨眉山的影响力,峨眉武术的吸引力,结合本地旅游资源,打造具有影响力的国内外市场,以旅游文化带动当地经济,使得世界进一步了解峨眉文化和武术文化。此外,整合峨眉山武术资源,利用峨眉武术自身极具感染力的表演,将其娱乐性与视觉冲击等方面结合,并与来自世界各地的队伍进行武术文化交流。此外,借鉴少林武术推广的成功模式,加大文化底蕴挖掘和整理,通过建立峨眉武术表演团队,加强与国内及国外的武术文化交流平台,扩充队伍,通过多种渠道建立对外扩展市场,使之品牌文化名副其实。其次要发展武术学校,推广教学文化。纵观当代中国,武术门派繁多,许多人只是从影视作品中对峨眉武术略有耳闻,大多数人对峨眉武术的发展历史和拳法套路知之甚少,因此,开办武校,继续武术文化交流,是推广峨眉武术文化的有效途径。

三、大养生与健身

现代社会,武术的技击功能已经大大减弱,对于普通大众而言,习练武术的最大目的在与强身健体。特别是从 2009 年开始,面对日益下降的国民身体素质,我国正式颁布并实施了《全民健身条例》,寄希望于通过全民健身来提高国人的身体素质。在这样大的社会背景下,全民健身首次以法律的形式得到了确认并加以推广。现代人普遍认识到,良好的身体素质是一切活动开展的前提,因此会采用各种形式不同的锻炼形式加强体育运动。而就国家层面而言,全民健身的开展关系到广大人民群众的生活质量,是丰富人民群众身体锻炼和精神生活的重要实现手段。而武术,历来具有强身健体的作用。因此,整体性大养生与健身是峨眉武术在现代化发展中,为了应对现代病,而发挥其功效的另一条重要途径。所谓大养生主要指峨眉武术在应对现代病中所表现出来的超越功利，跳出个人狭隘的自我局限和自我利益，进而去追求人的身体与心理、人与人、人与社会以及人与自然的和谐。全球现代化的发展使得现代人内外生活环境发生了巨大的变化。环境污染的日益加剧，工作节奏的日益加快，使得现代人的精神越来越紧张，缺乏锻炼的身体已不能适应外界的刺激而越发滋生现代病。追求健康的体魄和文明生活方式是现代人生活的一种趋势。健身和养生的功能已经成了峨眉武术众多功能中最具社会实用价值的功能之一。

东晋学者、养生学家张湛在《养生集序》中曾说："养生大要：一曰啬神，二曰爱气，三曰养形，四曰导引，五曰言语，六曰饮食，七曰房室，八曰反俗，九曰医药，十曰禁忌。"①这足以说明养生的复杂性。但综合分析中国古代养生理论，却可从中归纳出两个方面的内容来。一为祛病防疾，延年益寿，谓之"养身"；二为涵养心志，修身养性，谓之"养心"。即是说养生包含了形体锻炼的"养身"和精神炼养的"养心"两个方面的内容。峨眉武术顺应现代人的需求，通过养身来实现对人体健康和生命的影响。"气功养生"即是最常见的一类。这类术式通过自身姿势、呼吸、意念的锻炼，达到调节人体心身机能，使之趋于更为有序状态。由于历史上道、佛、儒、医、武术等门派众多，练功方法和形式各异，故有吐纳、导引、行气、静功、内功，坐禅诸名，但要点还是为"调身""调息""调神"三术。另一类"拳操养生"则是通过身体运动来达到调理气血、强壮肢体，改善内在机能状态等。从庄子时代的"熊经""鸟申"，到东汉华佗的"五禽戏"，直至唐宋以后的八段锦、十二段锦、易筋经和太极拳等，都属此类。峨眉武术中存在大量模仿动物感性形式，通过习练此种拳术，可以强化体能，强调生命力的表现和超越，并以提高人的身体速度、耐力、力量等身体素质为目的的西方体育手段大异其趣，因此成为现代人养生方式的良选。

当然，大养生不仅仅关注于峨眉武术对人的身体层面的关照，更加重视的是武术对人的"精气神"等心智层面——养心的内在关照。孟子说："养心莫善于寡欲"(《孟子 · 尽心》)，佛家也有"养生先养心"之说，医家则要人"恬淡虚无"，即

---

① (宋)张君房. 云笈七签[M]. 济南：齐鲁书社，1988：185.

保持平淡宁静、乐观豁达、凝神自娱的心境。这就是古人力图通过减少不健康的欲望,达到涵养性灵,实现心理平衡的重要原则和方法。峨眉武术中强调"动静结合""松静自然""内外合一",即是强调在习练中达成身体与精神的放松,思想与情绪的安静。在气功养生和拳操养生术式广传世界的过程中,其医疗保健作用和涵养性情价值也不断被证实。这类术式能使血压降低,心率下降,心肌耗氧减少,左室功能改善,尤其是能使与自杀有密切关联的血 5 - HT 浓度降低。还有相关研究也证明,人们每天联系静坐 20 分钟,保持心绪平静,集中于静坐,做精神上的放松。持续一周以后,个人的情绪控制能力和专注力都会又所改善。此外,静坐还有利于缓解日常生活中的负性情绪,如焦虑、愤怒等等。峨眉武术的众多术式的练习的益处尚未经过科学的证实,但这些术式神秘的身心反应机制还有待于继续探索和揭示。长期的习练武术使人能顺乎自然、清心寡欲、身心超然,性情豁达,并因此得以处逆境而不焦虑气馁,入名利之场而不为沉浮所动。持此心境,何跳楼蹈水之有!

此外,养心又因与养德相通而功效更卓。"德"即"善","善"即"不作恶","不作恶"则能获得内心的滋养,避免多方的焦虑,故而少疾;作恶者则终日处于算计与被算计之中,图谋的是巧取豪夺,恐惧的是恢恢天网,故而气机逆乱,阴阳失衡,致多病而短寿①。养生中的养德,与峨眉武术中的"尚武崇德"精神一脉相承。"天行健,君子以自强不息","尚武"即是坚持不懈的武术锻炼,强健体魄以应对环境和对手的挑战,除恶扶弱,勇于拼搏,这正是中国传统美德"自强不息"的体现。"地势坤,君子以厚德载物","崇德"能够培养人们"厚德载物"的胸怀和气度。武德中强调习练者必须有口德、手德和公德。手德强调与人较量时不以武力伤人;口德只不在人前背后妄议他人,需谦逊;公德,即指习武者应遵循社会道德规范,不恃强凌弱,不做伤害他人和扰乱社会治安之事。习练武术,也即是在学习武德,峨眉武术的养身和养心伴随养德,使人身体强健、心性平和之余更能与人为善,宽容万物,这与中国传统精神中所提倡的"厚德载物"是非常切合的。20 世纪 90 年代,巴西医生阿尼塞托·马丁斯对贪污腐败行为与疾病死亡的

---

① 彭措.生命驾照:大中医全息立体养生保健全书[M].北京:中国水利水电出版社,2009:209.

关系进行了10年研究之后指出，行为腐败者易患癌症、脑出血、心脏病等疾病。可见养德对于剪除人的贪念和私欲，使之保持清净心境，高尚品德具有何等重要的作用。峨眉武术的大养生正是从养身出发，实现养心，达成养德，以实现人的身心和谐、人与社会、人与自然的和谐统一。

全民健身背景下峨眉武术的养生、健身功能恰好迎合了当代人的选择，可以说是时代选择了武术的健身和养身功能。峨眉武术运动内容丰富，门派拳种种类繁多，开展起来经济实用，不受场地、器材的限制。此外，峨眉武术可以涵盖不同人群的年龄阶段，并根据自身的性别、年龄和身体状况适时调衡，合理选择不同羡慕进行锻炼，从而以一己之力推动全民健身战略在我国的顺利实施。

四、竞技体育化

如同所有的传统武术门类一样，峨眉武术的竞技化是其在现代化发展中有其历史必然性。峨眉武术产生依赖于长期的封建农耕经济，并且在漫长的历史时期内发展壮大。落后的生产方式使得峨眉武术各门派的传承大多以家承和师承为主，各门派之间壁垒森严，交流甚少。然而，随着社会的高速发展，人口流动的频繁，传统峨眉武术赖以生存的社会基础已不复存在。在失去社会基础的同时也淡化了自身的价值。如何使有着悠久历史的峨眉武术进行现代化转型，武术竞技化是其必然的选择。

提到当代武术，人们总是习惯于用“竞技武术”对立于“传统武术”，其实就武术本身而言，本无竞技与传统之分，二者的分离来自20世纪80年代，我们国家提出了“竞技体育”，因而在武术内派生了“竞技武术”。并且随着竞技武术的快速发展，它表现出了与传统武术不同的内容和追求宗旨。“竞技武术”有着严格的竞赛规则，有着激烈的竞赛对抗，并且以追求胜利等功利性目的宗旨。然而，类似峨眉武术这样的传统武术在现代化发展的过程中也存在着竞技性，因为对于武术而言，竞技是其共同的本质属性，并非为竞技武术所特有。从武术的本质属性来说，传统武术的竞争、竞技从一产生开始就存在了，武术在中国古代被称之为“角抵”“角力”。“角”从字面上解释就是竞争的意思，在比赛中讲求的是力量、技术的竞争。远古时期的武术竞技从就有记载，如《礼记・王制》载：“凡执技论力,适四方,裸股肱,决射御。”这表明了在当时就已经有了徒手和射箭等较量技能的比赛形式。而古代较多的打擂台、门派之间的决斗、踢馆、冷兵器时代战场上的殊死搏杀,都是带有明确的竞技色彩。从 20 世纪初开始,传统武术开始了现代竞技的进程。到了 20 世纪 80 年代,传统竞技武术出现了新的发展态势。各种类型的民间传统武术竞赛应运而生,并且逐渐扩展为颇具影响的全国赛事。然而,纵观传统武术竞技化发展,主要体现在技术套路的竞赛上。沿袭西方体操和拳击模式而设置的竞技武术中,许多参赛选手一味追求套路表演的观赏性,将极具观赏性的新编长拳类动作大量添加到传统峨眉武术套路的表演之中,更有甚者,除了起势和收势,中间表演基本与传统峨眉武术无关。这种拼盘式的竞技,使得传统武术的风格特色逐渐丧失,使传统武术变成了“武术体操”,变成了对于竞技武术的一味模仿,技术发展也失去了攻防技击的意味。

“传统武术如不加以正确引导,不用很长时间,将逐渐失去其固有的风格特点,走上竞技武术的发展之路。”历史悠久的峨眉武术如何与现代竞技体育接轨,这是峨眉武术竞技化发展中要思考的首要问题。一方面我们要强调峨眉武术竞技运营的市场化。传统武术最基本的表现形式就是套路,但是相较之套路比赛和武术表演越来越窄化的市场,竞技武术市场大有可为,因为套路表演并不是传统武术的唯一表现形式,此外散打、格斗、功法运动的发展也越来越快。就目前而言,散打擂台赛已经初露生机,大运会、全运会、全国锦标赛都举行了相应的散打赛事。但是从总体上来说,目前的竞技武术的开展远远没有体现出武术文化应该具有的魅力,也缺乏向某些竞技体育类型的市场营运模式。此外,要拓展传统武术竞技化的表现形式和内容。就对抗性竞技而言,应讲究多种竞技形式相结合,如单人徒手对抗、单人短兵对抗,单人长兵对抗,单人马上兵器对抗、团体投手对抗、团体步战器械对抗、团体马上对抗、团体马步混合对抗等。就套路比赛而言,不仅要就评价规则进行符合武术内涵的深层次的改革和研究,就套路表现形式而言,还应该开发更为广大的表现空间,如马上武技的表演、团体战阵的演化与相关武技的表演。此外,我们还应该健全竞技武术体制,举办职业武术、专业武术、单项拳种武术、青少年武术等不同层次的比赛;依托武术职业俱乐部和武术经济组织,创立职业武术赛制;依托省体委、行业体协、大学武术专业队组队参加全国武术单项锦标赛、全运会、亚运会、武术比赛等等。

邱丕相教授认为:传统武术是一个体系。在传统武术竞技化发展的道路中,也确实要将传统武术看作一个整体。尽管在竞技西化的影响下,套路和散打的分离符合西方体育注重分析,追求公平竞争的思维方式。但是,仅仅只有套路或散打、功法的比赛对于传统武术而言本身就是不完整的,没法准确的判断一个人的武术修为,散打、套路和功法必须在一个人的身上得以体现。过于注重原生态的武术本身并不有利于峨眉武术在今天的发展,但是峨眉武术的现代化竞技道路上也不能完全脱离传统,而是在其基础上继承、发展和创新。从某种角度而言,峨眉武术的竞技化在丢弃传统的同时,也将峨眉武术推到了另一个新的高度。

峨眉武术门派众多,拳种繁多,异彩纷呈。保持峨眉本地拳种的风格特色,运用竞技化的市场运营手段,加强与其他各武术门派的传播与交流,这才是真正意义上的峨眉武术的竞技化。

五、国际化

在全球化的背景下,任何事物想要故步自封和停滞不前,最终的命运就是走向灭亡。峨眉武术产生于巴蜀大地,深受巴蜀文化的影响,在发展的过程中,受到了各个历史时期的社会政治、经济、艺术、宗教、军事等因素的综合影响,在与之融合的过程中发生了变革与创新,并逐渐形成了以技击为主的,集稳定性与可变性于一体的武术文化系统。凝聚这巴蜀文化的峨眉武术,满足了当地人们的需求。但是在全球化背景,大交流的时代下,峨眉武术需要与世界文化相互交流,使其实现现代化转型,走上国际化发展的道路。按照"引进来,走出去"的方式,峨眉武术的国际化主要是包括三个方面的内容:第一,运动形式的规范化。峨眉武术国际化是在于各国武术进行交流中的求同存异的过程。制定规范化的运动形式,以求与别人过更好地进行交流。第二,制定科学的指导理念。长期以来,中西方文化的差异带来了对武术内涵不同的理解。西方强调个性、追求卓越、反传统,武学中重实战与技击。中国文化讲究"中庸之道",注重自然和谐,强调内心愉悦,以实现"天人合一"。不同的文化背景使得东西方武术对某些价值的认识存在着差异，因此，一方面我们可以以先进的科学技术为基本依据，对峨眉武术的各项功能以及运作模式做符合科学规律的解释，以消除西方人对中国传统武术认识上存在的差异，进而找寻共同的认知点，强调武术的科学规律。第三，武术运动主体的社会化。峨眉武术在当代发展，既要讲求从自身内部挖掘根源，也应在与对外交流中，加强峨眉武术的国际交往，在更多的正式或非正式场合展示峨眉武术文化，使其更多地亮相国际舞台，进而扩大峨眉武术的世界影响力，促进峨眉武术的可持续发展。峨眉武术的国际化道路主要可以依托一下不同的平台。

第一，建立国际化的峨眉武术组织。国际化的武术组织的建立对于武术走向世界，具有十分重要的作用。在现代体育组织管理中，建立合理的组织，健全管理、竞赛和监督机制都是促进组织良性发展的重要内容。武术赛事是世界范围内武术爱好者交流武艺的平台，因此，以国际性的峨眉武术组织为首，制定既符合中国传统武术规则，又兼具国际武术界都遵守的赛事规则。从20世纪90年代开始，在背景成立了国际武术联合会，负责统筹规划国际武术比赛。国际武术联合会在2012年成为了奥委会的正式成员，得到了国际奥委会的承认，这为2008年武术成为奥运会表演项目奠定了基础。2012年统计的数据显示，国际武术联合会拥有144个国家和地区的成员，是一个融合了世界各国各民族传统武术的大家庭。在国际武术联合会的推动下，在世界各地举办了大量的传统武术比赛、研讨和交流会得以频繁举办，这大大促进了世界各国的武术文化交流。2010年，“峨眉武术联合总会”正式成立。这个武术协会的成立，为传播和推广峨眉武术提供了重要的平台。此外，在四川和重庆各地，如成都峨眉武术研究会，峨眉武术研究院、峨眉山佛教协会筹建的峨眉武术联合总会、峨眉武术馆、峨眉武术院、峨眉武术研究部、峨眉山王树田武学研究会等十多家机构。这些由政府批准设立的峨眉武术研究组织，对峨眉武术的国家化传播发挥了重要的引领作用。

第二，通过举办国家化的赛事来推动峨眉武术的国际化。借鉴国家武术联合会的做法，通过举办大型国际赛事，如亚运会武术竞赛、世界杯武术散打、欧洲武术锦标赛、东南亚运动会等，吸引来自世界各地的运动员参赛，这对于传统武术的国际化发展有着极大的促进作用。在四川乐山，也就是峨眉武术的发源地举办的四川国际峨眉武术节吸引了来自世界各地的武术爱好者的参与。此赛事规格高、阵容大、内容丰富、影响广泛，为来自世界各地的峨眉武术爱好者提供了交流平台，作为一项体育赛事与旅游相结合的武术盛会，它为峨眉武术在世界范围内的交流和推广起到了重要的作用。

第三，通过武术教育拓宽峨眉武术的传播。学校教育是有序传承文化的重要载体。国际武术教学的途径繁多，但最基本的三大途径为：留学生来中国学习、国家性的教育机构以及在各国学校中开展武术教学。在世界范围内，传播中华文化最有影响力的教育机构即是孔子学院。全球大多数的孔子学院都以武术为文化名片，开设不同的传统武术课程。在武术课程的遴选中，大多说以大家喜闻乐见的又利于学习的类型为主，如太极、长拳都成为武术教学的重要内容。大量具有武术功底的汉语老师被派往世界各地的孔子学院，这为中华武术，包括峨眉武术的传播和推广提供了重要途径。

此外，在产业化进程中，峨眉武术结合当地旅游文化带动了整个峨眉武术的转型与发展。也是峨眉武术国际化的一条出路。武术文化交流是世界各国、各民族将自己具有国别性、地域性的文化之间进行对话与交流的重要途径。相较之于显性的语言，武术表达的是一种身体语言，通过身体的开合周转，以体现不同地区人们的哲学观和人生观。以身体语言为交流的媒介，大大增进了各民族之间的情感，促进世界的交流，同时在国际化的过程中推动了武术的发展与传播。此外，现代传媒是峨眉武术国际化的重要推手。《功夫熊猫》的成功某种程度上来说有中华武术的贡献。因此，借助无声和有声的各种传播媒介，比如广播、电视、电影、视频、动漫、网络等，对峨眉武术进行有效的传播。目前，我国央视举办的“武林大会”，拥有一大批武术爱好者的受众，这对于普及和推广传统武术起到了积极的作用。此外，通过影视作品的渲染，具有广泛群众基础的峨眉武术也引起了人们对于传统文化、传统武术的思考和追忆。传统武术在国内风靡一时，也正是其走向世界的前奏。在深圳的国际微电影节上，乐山市选送的两个峨眉武术项目——《峨眉派始祖 · 司徒玄空》《峨眉派 · 胜者为王》现场表演后，受到了多家投资公司的青睐，并主动洽谈对接。黄林派第 38 代掌门人傅尚勋也携弟子参演了被誉为“峨眉武术的奇葩”的黄林派38代传人傅尚勋，不仅担任影片的武术顾问，还欣然允诺出镜饰演电影《盐马帮》中四川自流井盐場天义堂操武打的舵爷李九峰，并带弟子敬木林出演男主角之一的云虎，联袂展示中华武术传统名拳、峨眉黄林派武艺的绝妙神功，这即是电影的一大亮点，同时也通过电影传播了峨眉武术文化。

峨眉武术的国际化的路径是多元的，因此，建立规范化、科学话的武术理论指导以及广泛的社会运动主体，这是时代发展中峨眉武术转型的必然选择。然而，值得我们注意的是，峨眉武术的国际必须要坚持民族性。因为民族性才是峨眉武术国际化的根基，抛弃民族性，就等于丢掉了峨眉武术的根基，这样国际化的峨眉武术就失去了发展的生命力，最终导致它的消亡。因此，在国际的过程中，我们不能被眼前的一些利益和假象蒙住了双眼，国际化一定是有底线的，那就是在坚持民族性的基础上，体现出时代特色，创造性地将原本根治于中华文化的传统武术向世界推广，并通过举办不同规格的赛事，辅之以教育、产业、文化交流等多少途径，推动它的国际化发展。

六、科学化

峨眉武术作为诞生于巴蜀文化之中的优秀非物质文化遗产，是中华武术文化大家庭中的重要成员。如同所有的传统武术类型一样，峨眉武术在现代化发展中遇到了巨大的困境。如一些传统拳种面临失传，后继乏人；武术的发展中缺乏科学研究，动力不足；竞技武术主流发展，导致传统武术边缘化等等。这一系列问题都涉及峨眉武术未来发展格局，需要多主体共同努力。究其缘由，峨眉武术发展态势缓慢的影响因素众多，但是峨眉武术的科学化研究滞后确实重要的一点。

如何才能使峨眉武术科学化？这是峨眉武术未来发展中需要解决的一个关键问题。首先，峨眉武术的科学化是指要在峨眉武术的研究中引入科学的态度和科学的方法。所谓科学的态度是指在武术研究中应该尊重客观规律，用事实说话。对于传统武术中所提倡的精气神等的客观性及其功能特征，既不能轻易否定其存在的可能性，也不能在没有科学实验依据的基础上，随意夸大它的功能,而应该以科学的态度审视事实,研究机理。比如说对人体经络客观性的认识。在很长一段时间内,西方医学和解剖学都无法从科学实验的角度来证明人体经络存在的客观性,但不能因为此,就完全否认人体经络的存在。直到 20 世纪 80 年,人体生物磁场的研究,最终确认了人体经络系统是区别于神经系统而独立存在的。所以,科学的态度是只不能因为现代科学不能证明某个可能存在的功能系统的客观性,就轻易否定它的客观存在。科学方法指的是,我们可以借鉴自然科学和社会科学中的一些研究方法来进行武术研究,不能错误地认为峨眉武术研究与科学方法是格格不入。在峨眉武术的应用型研究中,我们可以借鉴其他学科的研究方法,如实验法,运用现代化的科学实验仪器对人的各项生理指标进行监测;采用定量和定性相结合的方式对习练者的肌肉耐力、反应速度、肌肉爆发力和绝对力量等各方面素质加以研究;同时也可以通过科学化的测量,比如练习者的血糖浓度等生理指标来考察峨眉武术练习者的能量代谢特点和疲劳与恢复的程度等问题,这些都是制定科学化练习计划的基础。此外,观察法、比较分析法等等都可以广泛的运用于峨眉武术的科学研究之中。现代科学研究方法的介入,不仅能提高研究的客观性,同时也武术运动规范性的必然选择。

其次,建立峨眉武术科学研究共同体。建立一支高水平、高素质的专业研究队伍是峨眉武术科学研究的基础。然而,当前发展的现状却是,拥有实战经验的武术传承人,缺乏科学研究的意识和素养,高校武术教学工作者更加注重套路表演,是所谓的“花拳绣腿”,理论与实践的长期分离,是峨眉武术科学化发展道路中亟待解决的一大难题。对于隐藏于地方文化脉络之中的峨眉武术,我们应该充分利用传统的地域优势,建立峨眉武术科学研究的合作共同体,推动其科学化发展。加强与地方高校体育专业的合作,建立科学研究的共同体,是峨眉武术科学化发展中的一条途径。我们可以将高校武术教学教师、科研教师和来自民间的拳种传承人和习练者联合起来,整合优势资源,并且采用“走出去,请进来”的方式:一方面,在高校从事传统武术的专业教师走向民间,进行调查研究,像民间的武术高手切磋与请教;另一方面,扩大高校武术兼职教师的范围,让有代表性的民间武术习练者走进高校课堂,有高校教师与学生开展形式多样的交流和对话活动,使原本产生于民间的传统武术找到有序传承的舞台,实现二者之间的良性互动。如四川省峨眉武术文化普及基地即是这样一个机构。依托内江师范学院体育学院,并聘请盘破门等峨眉门派的老拳师,这种研究共同模式的建立,不仅培养峨眉武术专业人才提供了良好的平台,更重要的是实现了理论与实践之间的对话。峨眉武术科学研究共同体的建立,对于峨眉武术科学研究的层次和水平都有着重大的理论意义和现实价值。

峨眉武术的科学化要求研究者必须注入科学的精神和坚持科学的方法,并且集各方面优势资源,共同研究。除此之外,要进行确认事实的研究,这是一项需要长期、多学科、耐心客观的研究工作。最后在确认事实的基础上,要进行科学化的分析,对峨眉武术进行机理研究和基础性理论研究。在这个过程中,我们可以在 1983 年对四川武术资源进行的收集和整理的基础上,对当前峨眉武术中的重大问题进行深度挖掘,对各门派武术的技法和套路进行了梳理,并且通过网络等电子途径建立了四川武术文化资源库。这种挖掘、整理行为,不仅是对传统武术的保护,更是将产生于地方的峨眉武术与社会分享,让更多的民众有机会有途径深入了解峨眉武术文化。

科学化发展是峨眉武术在当代发展的巨大动力。从科学的角度认识峨眉武术,用科学的理论解释峨眉武术的诸多理论,并能用现代规范的语言表达峨眉武术。因此说,峨眉武术的科学化是其国际化的基本前提。此外,峨眉武术的科学化也涉及峨眉武术运动管理、训练、裁判、竞赛、科研、宣传等一系列工作都要走科学化的道路,以科学的理论、方法和手段,提高武术工作效率,促进峨眉武术运动的发展。

附　录:中国·四川国际峨眉武术节

“中国·四川国际峨眉武术节”主办单位为中国武术协会、四川省体育局和乐山市人民政府三家单位。是经国家体育总局批准的国际性武术赛事。是世界各地的武林人士交流和展示平台,对展示峨眉武术,弘扬中华武术有积极的意义。是一项武术与旅游结合的体育盛会,武术节从2007年开始,每两年举办一届,至今已经举办了5届。

第一届(2007年)

2007年8月26日至31日,首届中国·四川国际峨眉武术节在四川乐山市峨眉山市举行。具体由乐山市体育局、峨眉山市人民政府、峨眉山风景区管委会等单位承办。

由于2008年北京举办奥运会,所以首届中国·四川国际峨眉武术节就以唱响“全民健身与奥运同行”的主旋律。武术节有会徽和吉祥物各一个。会徽是以传统书法“武”字为形象,峨眉山为背景设计而成。吉祥物是以峨眉山灵猴为形象,名叫“乐乐”。武术节的口号为“峨眉武林风,中华奥运情”。发行了邮资明信片集(一套十张本册式明信片,以峨眉山、乐山风光为背景,再现了峨眉武术拳法精髓)。在峨眉体育馆、峨眉三小、峨眉二中等地维修和建设了一批承担武术节比赛的场馆。武术节期间组委会充分利用电视媒体、互联网络对开幕式和散打争霸赛等活动进行了现场直播、录播等宣传报道。

国际峨眉武术节融旅游、体育比赛、经贸、文化、论坛、佛事等为一体,内容主要包括:

1. 三大赛事:1. 散打争霸赛(作为奥运会的热身赛进行,有中国国家集训队、澳门队、菲律宾队、印度队、印度尼西亚队、越南队、缅甸队、阿塞拜疆队共8支队伍共40多名运动员参加,分为男子56公斤级、60公斤级、65公斤级、70公斤级、75公斤级和女子52公斤级、60公斤级的比赛);2.武术套路邀请赛(有中国国家队、中国四川省队、意大利国家队、印度尼西亚国家队、马来西亚武术总会5支队伍共123名运动员参加,男子太极拳、女子太极拳、男子长拳、女子长拳、男子南刀、女子南刀、男子南棍、女子南棍、男子棍术、女子棍术、男子太极剑、女子太极剑、男子剑术、女子剑术、男子刀术、女子刀术、男子枪术、女子枪术、男子南拳、女子南拳和对练共21项比赛);3.传统武术比赛(有来自四川、重庆、广东、山西、河北、浙江、陕西、贵州、河南等省的国内队伍以及马来西亚武术总会队、德国福莱堡市队、黎巴嫩国家武术队、印度武术协会队、古巴武术学会队、澳门耀华体育会队、澳门领峰体育会队的40多支队伍共360多名运动员参赛。分为传统套路的拳术、器械和对练比赛以及峨眉武术的拳术、器械和对练比赛)。

2.三大文化旅游活动:1.峨眉武术论坛(面向面向全世界的专家、学者,就中华武术的渊源、流派、发展等进行研讨);2.国际峨眉武术节开幕式大型文艺演出(在大佛禅院的天王殿正门举行,以"弘扬中华武术,迎接北京奥运"为主题,展示了峨眉山佛教、民俗和武术文化,开幕式首先为56支参赛队伍的入场式,然后为"峨眉武魂"的演出,中国奥委会副主席李志坚宣布了武术节开幕);3.闭幕式大型文艺晚会(在峨眉山迎宾广场举行,以武侠精神、侠客风范为晚会主题)。

3.三大经贸活动:1.峨眉美食音乐节(主要为峨眉消夏啤酒嘉年华,以美食、美酒、美景为依托,营造出节日氛围);2.巴蜀、台湾特色美食展示;3.国际峨眉武术节投资说明会。

在2007年8月31日在峨眉山金顶举办了首届中国武林盛会——金顶论剑。来自海内外的各个门派都展示了他们的绝活,峨眉剑、峨眉拳、散打、硬气功、外家拳、太极拳等功夫表演精彩纷呈,成为展现中华武术文化的一个新的平台。

第二届(2009年)

2009年第二届中国·四川国际峨眉武术节于8月5日至8日在峨眉山市隆重举行。有国内的60多个武术代表队和10多个国家和地区的海内外武术代表队,1000余名武术运动员参赛。举行了武术散打比赛、武术套路比赛、传统武术比赛、峨眉民间传统武术绝技展示大赛等。武术节的开幕式以“天下武林聚峨眉”为主题；闭幕式以“峨眉武林风、旅游健身行”为主题。

在都江堰市人民政府、崇义镇人民政府的大力支持下，青城山功夫掌门人何道君大师应邀参加，并率领青城武术代表团参赛，13 名参赛的青城新秀均是其嫡传弟子，全部来自都江堰市青城道君精武馆，系青城山全真龙门派第 22 代功夫传人。在 5 天的激烈角逐中共夺得 10 枚金牌，10 枚银牌，1 枚铜牌。荣登四川地区奖牌榜榜首。

由于本届武术节的 8 月 8 日恰好与国务院批准的我国第一个“全民健身日”相重合，故 8 月 8 日上午在海拔 3099 米的峨眉山举行了以“峨眉武林风，旅游健身行”为主题的“金顶论剑”活动，彰显武术旅游文化。中国武术三大流派的传承人——梁以全老先生（少林派）、游玄德道长（武当派）、汪键先生（峨眉派）均亲率弟子参与了活动。

出于安全考虑，本届金顶论剑只以“文斗”的形式进行。但此“文斗”可不是一人背一句武功心法或者我说一个“神龙摆尾”，你答一个“白鹤亮翅”进行拆招就完了。为了让大家能真正感受到中国武术的博大精深，三大门派将在峨眉之巅各自派出多名弟子，进行武功展示和器械表演。

除了金顶论剑外，为了庆祝首个全民健身日，8 日上午在峨眉山脚下还将进行以“庆全民健身节日、展中华武术风采、迎新中国成立 60 周年”为主题的大型广场武术演练活动。从山巅到山脚的遥相呼应，无疑将中华武术的精髓演绎得更加璀璨。

本届武术节从以发展特色旅游为结合点，不断提升景区形象，增强景区武术旅游品牌的影响力和知名度，以求真务实创新的精神，办出了一届具有特色的国际武术节。

第三届（2011 年）

2011 年 8 月 12 日至 15 日，第三届中国·四川国际峨眉武术节比 2007 年和 2009 年所举办的前两届规格更高、阵容更大、内容更丰富、影响更广泛。本届武术节的主题首先是“继承传统文化”。这对于武术而言，在当代开发形势下，极其易于造成开发性破坏,因此强调继承事实上保护也就寓于其中了。“尽享品质生活”也为其主题之一,这一口号的提出正是紧紧贴近现实生活。本届武术节的组委会由国家体育总局、中国佛教协会、四川省人民政府、四川省体育局、四川省体育运动管理中心等组成,有来自中国、意大利、土耳其、伊朗、瑞典、新加坡的108支武术代表队,1100余名武术运动员参加了比赛。裁判近100人,志愿者110余人,创下历届武术节的新高。

开闭幕式在8月12日上午举行。国家体育总局武术运动管理中心主任高小军宣布了“2011年中国·四川国际峨眉武术节”正式开幕。四川省体育局党组书记、局长朱玲向峨眉山市政府授予“四川省峨眉武术体育产业基地”称号。在运动员代表和裁判员代表誓后,举行了以“天下峨眉”为主题的文艺演出,《走进峨眉山》《峨眉武术》《川剧变脸》等节目精彩纷呈。武术节期间的活动得到多家电台,网络媒体的报道。

本届武术节期间举办的《峨眉武术论坛》研讨会,为武术理论研究者提供了一个交流的平台。另行举办的佛教文化活动(例如水陆法会送圣仪式等)为促进社会和谐做出了积极贡献。在武术节期间还推出的“峨眉山—乐山大佛旅游观光活动”也促进了文化旅游的开展。

8月14日上午10点半在峨眉山金举行了“金顶论剑”的活动。峨眉的汪键、少林的释延鲁、武当的钟云龙带领嫡传弟子参赛。进行了刀王、枪王、棍王、剑王四大器械的交流和展示。

这次武术节促进了世界各地武术爱好者的交流与合作,推动了包括峨眉武术在内的中华武术的发展。

第四届(2013年)

8月9日—8月11日,2013年第四届中国·四川国际峨眉武术节在峨眉山景区举行,本届武术的主题是“弘扬峨眉武术、发展文旅产业”。来自美国、法国、泰国、巴西、吉尔吉斯共和国及我国各地的110多支队伍共1100多名运动员参加了比赛。还有来自国内外的投资商、旅行商、旅游者云集峨眉,感受了这次“武林大会”。8月9日上午举行了开幕式,全国人大常委会委员、四川省政协副主席黄润秋宣布了开幕。国家体育总局武术运动管理中心党委书记何青龙在开幕式上致辞。他指出："办国际性的武术节，对扩大峨眉武术在全世界的影响，进一步宣传中华武术有着重要的意义"。在运动员、裁判员代表宣誓后，演出了《共聚峨眉》《峨眉武源》《峨眉武韵》《峨眉武魂》《天下峨眉》五个篇章的文艺节目。

传统武术比赛在峨眉山市第三小学体育馆举行，有个人、对练、集体三大项目，其中，个人项目分为以太极拳、南拳、形意拳、八卦掌、峨眉拳等为代表的传统拳术，以及以刀、剑、棍、枪、鞭、镖等为代表的传统器械比赛。11 日下午在峨眉山市第三小学体育馆举行了颁奖仪式。对传统武术比赛中的优胜者、最佳运动员、教练员、裁判员等进行了颁奖。

8 月 10 日上午，在峨眉山温泉饭店召开了"峨眉武术论坛"活动。来自全国各地的 11 位武术专家发表了专题演讲，共商峨眉武术发展大计。会议期间，嘉宾们分别对"武术发展目标及路径选择的思考""四川武术赛事产业发展探索与思考""非物质文化遗产保护中的传统武术""武术产业借助信息化创新商业模式""峨眉武术文化发展""以影视传播平台推动峨眉武术迅速崛起的探析"等议题进行了主题演讲和交流。

8 月 10 日晚，本届武术节重头戏——国际拳王争霸赛在峨眉山温泉饭店隆重举行。全球顶级的 16 位中外拳王决战峨眉。来自中国、美国、法国、泰国等国的拳王将在沿袭 C3 格斗特色的综合格斗、自由搏击、泰拳三种规则下，分别决出轻量级、中量级、重量级拳王。

8 月 11 日，世人注目的峨眉功夫王争霸赛在峨眉山金顶举行。在本届武术节传统武术比赛中脱颖而出的 10 位峨眉派功夫高手，分徒手拳术、传统器械两大项目展开比拼，每个项目有 5 名选手参加。比赛过程中，选手们分别展示了罗汉拳、七星练步拳、青城单鞭拳、阴阳八极拳、峨眉剑手等传统武术套路，在拳、枪、刀、鞭挥舞中各展特色，呈现出峨眉武术亦刚亦柔、博大精深的特点。最终决出"峨眉功夫王"金剑一名"青城派何道君"获得、银剑二名"张世忠、李光辉"获得和铜剑三名"陈国忠、汤鹏、李保明"获得。

武术节还推出了峨眉山旅游观光、峨眉山养生美食节、中华武术"峨眉秀"武术养生行等活动。

本届武术节,促进了峨眉山旅游文化发展,满足了武术爱好者的需求。

第五届(2015 年)

2015 年 9 月 9 日至 14 日"中信国安杯"第五届中国·四川国际峨眉武术节在峨眉山市隆重举行。此次以"弘扬武术精神,促进旅游发展"为主题。有来自南非、加蓬、墨西哥、吉尔吉斯斯坦、智利、坦桑尼亚、澳门、香港等 18 个国家和地区,以及 25 个国内省、市、自治区武术之乡的 1400 多人参加,是历届参赛人数最多的一届。

9 月 12 日开幕式在峨眉山市中信国安象城广场举行。国家体育总局武术管理中心主任张秋平宣布武术节开幕后,"女子威风锣鼓表演"等五组精彩的文艺演出相继登场,向国内外来宾和各路武林人士展示了峨眉武术的魅力和活力四射的青春风采,其中,由 100 名女子组成的峨眉武术拳剑表演,刚柔相济,大气磅礴,给广大观众带来了强烈的视觉享受。

9 月 12 日—14 日传统武术套路比赛在三小体育馆进行,其间同步举行了第十二届全国武术之乡武术套路比赛,经过三天的激烈角逐,完成了所有项目比赛,峨眉山市政府副市长张一力在闭幕式上为获奖单位和优秀运动员颁奖,武术节胜利闭幕。

9 月 9 日开始的国际拳王争霸赛将是本届武术节的重头戏。采用自由搏击规则,20 位来自中国、泰国、法国、西班牙、巴西、匈牙利等国家的优秀拳手参加了对决。9 月 10 日,《峨眉武术论坛》在大佛禅院举行,国内外武术专家与嘉宾,围绕"弘扬武术文化,倡导健康人生,促进旅游发展"的主题,进行了"弘扬武术文化,促进旅游发展""中国武术及峨眉武术在海内外的传播""峨眉武术源流及发展""峨眉十二桩与养生""峨眉武术的养生及特点""养生与旅游的结合"等专题报告及访谈。9 月 12 日至 14 日,《峨眉武术摄影展》分别在中信国安象城广场和三小体育馆展出,展示了武术摄影的魅力。本届武术节比赛,李道政获得"金剑"称号,黄建华、杨烈洪获得"银剑"称号,释果能、张德敏、许成均获得"铜剑"称号。

此次武术节的成功举办促进了武术产业的健康发展,推动峨眉武术的传承和创新,使得国际武术更加繁荣。

参考文献

1. 周潜川. 峨嵋十二庄释密[M]. 太原:山西人民出版社,1960.

2. 吴图南著. 国术概论[M]. 北京:中国书店, 1984.

3. [日]松田隆智著,吕彦,阎海译. 中国武术史略[M]. 成都:四川科学技术出版社,1984.

4. 任廷革. 拳经[M]. 北京:中医古籍出版社,1985. 11.

5. 吴殳著. 手臂录 附峨嵋枪法梦绿堂枪法[M]. 北京:中华书局,1985.

6. 习云太. 中国武术史[M]. 北京:人民体育出版社,1985.

7. 宋赓平著. 剑法图说[M]. 北京:北京市中国书店,1985.

8. 李高中著. 峨眉真功夫[M]. 成都:四川科学技术出版社,1985.

9. 胡朴庵撰述. 拳师传[M]. 上海:广益书局,1924.

10. 成都体育学院体育史研究所编. 中国近代体育史资料[M]. 成都:四川教育出版社,1988.

11. 武术教材编写组编. 武术[M]. 北京:高等教育出版社,1988.

12. 康戈武编著. 中国武术实用大全[M]. 北京:今日中国出版社, 1990

13. 武术学会编. 峨眉武术气功[M]. 台湾:武陵出版社,1987.

14.《中国武术百科全书》编撰委员会编. 中国武术百科全书[M]. 北京:中国大百科全书出版社,1998.

15. 王广西著. 中国功夫[M]. 深圳:海天出版社, 2006.

16. 傅伟中. 峨眉临济气功——峨眉十二桩述真[M]. 北京:北京体育学院出

版社,1988.

17. 毛银坤. 四川武术大全[M]. 成都:四川科学技术出版社,1989.

18. 李诚编. 武术大全[M]. 北京:北京体育学院出版社,1990.

19. 胡兴山. 中医骨伤科发展史[M]. 北京:人民卫生出版社,1991.

20. 资华筠主编. 说舞:舞蹈学研究文萃[M]. 北京:文化艺术出版社,2006.

21. 李诚. 习武必读[M]. 北京:北京体育学院出版社,1991.

22. 刘峻骧. 中国武术文化与艺术[M]. 北京:新华出版社,1991.

23. 刘荫柏. 中国武侠小说史 · 古代部分[M]. 石家庄:花山文艺出版社, 1992.

24. 张培莲. 中华峨眉武功[M]. 内部资料,1993.

25. 林伯原等编;《武术理论基础》编写组编. 武术理论基础[M]. 北京:北京体育学院出版社,1993.

26. 王信得编著. 少林绝命腿[M]. 北京:北京体育大学出版社,1998.

27. 许佳陆. 重庆武术志[M]. 重庆:重庆出版社,1993.

28. 李成银. 中国武术咨询大全[M]. 济南:山东教育出版社,1993.

29. 支川. 中华武术文化概论[M]. 北京:清华大学出版社,2015.

30. 张大为. 武林丛谈[M]. 北京:当代中国出版社,2013.

31. 王锋朝等. 武术推手[M]. 北京:人民体育出版社,2012.

32. 乔凤杰. 中华武术与传统文化[M]. 北京:社会科学文献出版社,2006.

33. 王俊. 武术[M]. 北京:中国商业出版社,2015.

34. 熊月之主编. 稀见上海史志资料丛书[M]. 上海:上海书店出版社,2012.

35. 刘峻骧. 中国武术[M]. 北京:京华出版社,1994.

36. 王芗斋著. 拳学宗师王芗斋文集[M]. 北京:中国广播电视出版社, 2010.

37. 程大力. 中国武术—历史与文化[M]. 成都:四川大学出版社,1995.

38. 韩金龙. 万籁声武言录[M]. 北京:北京体育大学出版社, 2013.

39. 四川省地方志编纂委员会. 四川省志 · 体育志[M]. 成都:四川科学技术出版社,1998.

40. 邹德发. 蹲桩拳[M]. 成都:四川科学技术出版社,1997.

41. (唐)段成式等撰,熊宪光选辑,胥洪泉点校. 古今逸史精编 剑侠传等五种[M]. 重庆:重庆出版社, 2000.

42. 姚文俊. 中国武功盘破门·武术秘笈[M]. 内江:内江市武术协会,2001.

43.《中国武术馆校总览》编委会. 中国武术馆校总览[M]. 北京:北京体育大学出版社,2003.

44. 周伟良. 中国武术史[M]. 北京:高等教育出版社,2003.

45. (宋)朱服,何去非编. 中华藏典·传世文选:武经七书[M]. 北京:西苑出版社,2003.

46.《中华武术》杂志编辑部. 内功举要 传统武术内功精华[M]. 北京:原子能出版社,2003.

47. 郭宪主,李玉萍. 新派武侠小说研究[M]. 北京:地质出版社,2005.

48. 赵双印. 清代武术史[M]. 石家庄:河北人民出版社,2005.

49. 程宗猷. 少林棍法阐宗[M]. 太原:山西科学技术出版社,2006.

50. 余水清. 中国武术史概要[M]. 武汉:湖北科学技术出版社,2006.

51. 康戈武. 武术功法运动教程 竞技功法[M]. 北京:北京体育大学出版社,2006.

52. 郑光路. 成都旧事[M]. 成都:四川人民出版社,2007.

53. 邱丕相. 中国武术文化散论[M]. 上海:上海人民出版社,2007.

54. 华博编. 中国世界武术文化[M]. 北京:时代出版社,2007.

55. 邱丕相. 中国武术史[M]. 北京:高等教育出版社,2008.

56. 释永信. 民国国术期刊文献集成·第七卷·佛山精武月刊·上海中华武术会第三届徵求大会特刊[M]. 北京:中国书店,2008.

57. 释永信. 民国国术期刊文献集成·第一卷·精武本纪·武术[M]. 北京:中国书店,2008.

58. 释永信. 民国国术期刊文献集成·第二卷·武术[M]. 北京:中国书店,2008.

59. 释永信. 民国国术期刊文献集成·第二十九卷·侠魂[M]. 北京:中国书

店,2008.

60. 释永信. 民国国术期刊文献集成·第三十卷·武学[M]. 北京:中国书店,2008.

61.(晋)常璩辑撰,唐春生等译. 华阳国志[M]. 重庆:重庆出版社,2008.

62. 罗立群著. 中国武侠小说史[M]. 石家庄:花山文艺出版社,2008.

63. 温佐惠,陈振勇. 巴蜀武术[M]. 北京:人民体育出版社,2009.

64. 陈建国. 峨眉盘破门[M]. 内部资料,2009.

65. 国家体育总局武术研究院,中国体育科学学会武术分会. 武术研究:武术功法与功力比赛研究专集[M]. 北京:人民体育出版社,2009.

66. 江百龙. 武术运动丛论[M]. 武汉:湖北科学技术出版社,2009.

67. 袁庭栋,巴蜀文化志[M]. 成都:巴蜀书社,2009.

68. 邬建卫,杜小安. 易筋经[M]. 成都:四川科学技术出版社,2009.

69. 任昭坤,龚自德. 四川战争史[M]. 成都:四川人民出版社,2009.

70. 于志军. 中国传统武术史[M]. 北京:中国人民大学出版社,2009.

71. 周双利,于东新. 冲出江湖:还原武侠小说背后的历史真实[M]. 保定:河北大学出版社,2009.

72. 侯乐荣,解勇. 郑氏伤科理论与临床[M]. 成都:四川科学技术出版社,2010.

73. 安在峰. 武术实用摔法大全[M]. 北京:人民体育出版社,2010.

74. 曾庆宗. 曾庆宗武术医学文化研究文集[M]. 成都:四川大学出版社,2010.

75. 奚潘良. 武功体疗与养生艺术[M]. 上海:上海社会科学院出版社,2010.

76. 陈雁飞. 中国学校武术教育 沿革与发展、反思与探索[M]. 北京:北京出版社,2005.

77. 上海体育学院,国家体育总局武术研究院. 中国武术研究·2010年·教育卷[M]. 人民体育出版社,2011.

78. 全国体育学院教材委员会. 武术理论基础[M]. 北京:人民体育出版社,2011.

79. 庞廷华,尤再清. 中国武术——生门[M]. 北京:北京体育大学出版社,2011.

80. 于永年. 大成拳 站桩与道德经[M]. 山西科学技术出版社,2011.

81. 段渝. 古蜀时期[M]. 成都:四川人民出版社,2011.

82. 刘海钦,刘少鹏,李光. 中华武术素养读本[M]. 北京:科学出版社,2011.

83. 王家忠著. 荆楚武术历史与文化研究[M]. 芜湖:安徽师范大学出版社, 2012.

84. 童旭东. 中国武学之道[M]. 北京:中国文联出版社,2012.

85. 赵幼生. 巴渝武术[M]. 重庆:西南师范大学出版社,2012.

86. 金开诚. 中华武术[M]. 长春:吉林文史出版社,2012.

87. 汪刚. 峨眉武术赵门武功[M]. 成都:四川科学技术出版社,2014.

88. 蒋蓝著. 一个晚清提督的踪迹史[M]. 昆明:云南人民出版社,2014.

89. 王忠文. 子午流注方药[M]. 天津:天津科学技术出版社,2014.

90. 汪国义. 戚家拳[M]. 长沙:湖南科学技术出版社,2014.

91. 龚鹏程. 武艺丛谈[M]. 北京:东方出版社,2015.

92. 张兵. 五百种武侠小说博览[M]. 上海:上海辞书出版社,2015.

93. 戴国斌. 中国武术的文化生产[M]. 上海:上海人民出版社,2015.

94. 肖东发,张学亮. 中国功夫·中华武术历史与文化[M]. 北京:现代出版社,2015.

95. 曾睿,莫晸编著. 拳剑纵横·长江流域的武林与流派[M]. 武汉:长江出版社, 2014.

96. 肖东发,李勇. 南拳北腿 武术种类与文化内涵[M]. 北京:现代出版社, 2015.

97. 王林. 武术养生文化国际传播研究[M]. 北京:中国书籍出版社,2015.

98. Donn F. Draeger, Robert W. Smith, Asian Fighting Arts[M]. Published by Kodansha International Ltd. Tokyo, New York & San Francisco. 1973.

99. 张长思. 鹰爪翻子拳形成与演进研究[D]. 北京:首都体育学院,2010.

100. 田文林. 全国武术功力大赛规定竞赛项目设置及规则研究[D]. 武汉:武

汉体育学院,2006.

101. 马良. 中华北方武术体育五十余年纪略[J]. 体育与卫生 1924,(3).

102. 邹德发. 试谈武术基本功[J]. 成都体育学院院刊,1977,(3).

103. 张星. 巨赞谈峨眉十二庄[J]. 武林,1983,(8).

104. 郑光路. 峨眉黄林派武术——火龙拳[J]. 成都体育学院学报,1984,(1).

105. 韩民胜. 峩眉武术奇葩——“毒蛇吐信拳”[J]. 文史杂志,1994,(1).

106. 车星辰. 武术与伤科[J]. 中华武术,2000,(5).

107. 邱丕相,初学琳. 武术套路商业化的发展[J]. 体育学刊,2001,(5).

108. 刘同为,王震,丁丽萍. 论21世纪武术发展的战略构想[J]. 上海体育学院学报,2001,(3).

109. 刘逢翔,孙刚. 武术产业化发展趋势研究[J]. 青岛农业大学学报:社会科学版,2002,(4).

110. 郑光路. 解放前闻名全国的青羊宫武术打擂[J]. 体育文化导刊,2003,(1).

111. 王文元. 京剧·武术·传统[J]. 文史天地,2003,(3).

112. 余水清. 明清武术论著概述与主要成就研究[J]. 体育科学. 2004,(8).

113. 周伟良. 近代武术史上的一桩“剽窃案”[J]. 体育文化导刊,2004,(10).

114. 郭凌宇. 论传统武术与中医文化的同源性、交融性、影响性[J]. 武术科学,2004,(1).

115. 东方亮. 黄林派峨眉武术的奇葩 访黄林派传人傅尚勋先生[J]. 中华武术,2006,(2).

116. 谷晓红. 对制约武术发展若干因素的思考[J]. 茂名学院学报,2006,(5).

117. 卢青. 峨眉武术特点及发展研究[J]. 搏击(武术科学),2007,(9).

118. 林立. 从峨眉山的人文历史谈峨眉武术的起源与发展[J]. 中共乐山市委党校学报,2007,(4).

119. 费永波. 浅谈峨嵋武术的产业化发展[J]. 四川体育科学,2008,(4).

120. 曾杨. 对峨嵋武术产业化发展的思考[J]. 四川体育科学,2008,(2).

121. 张银行,李成银. 峨眉武术的特点及发展前景研究[J]. 四川体育科学,2008,(1).

122. 四川省武术协会. 峨眉武术史略[M]. 北京:人民体育出版社, 2017.

123. 代凌江. 峨眉武术分类问题的现状研究[J]. 山西师大体育学院学报,2008,(2).

124. 代凌江. 少林武术在峨眉武术发展中的影响和作用[J]. 四川体育科学,(1).

125. 吴必强. 抗战陪都时期峨眉武术考证[J]. 四川体育科学,(1).

126. 熊建设. 峨眉武术产业化发展研究[J]. 体育世界(学术版),2008,(4).

127. 罗萍,宋天华. 非物质文化遗产视野下峨眉武术保护的若干思考[J]. 中共乐山市委党校学报,2008,(2).

128. 车坦. 对峨眉武术历史文化的分析[J]. 科技信息(科学教研),2008,(22).

129. 无尘. 峨眉派武术[J]. 佛教文化,2009,(5).

130. 张小林. 峨眉武术文化资源开发与产业化运作的思考[J]. 西安体育学院学报,2009,(2).

131. 赵斌. 峨眉武术文化的地域性特点研究[J]. 搏击(武术科学),2010,(4).

132. 王亚慧,张爱平. 峨眉武术研究成果回顾[J]. 乐山师范学院学报,2010,(5).

133. 王亚慧. 峨眉武术旅游策划[J]. 中国商贸,2010,(16).

134. 谢金霞. 四川省高校开设“峨眉武术课”作为特色课的可行性分析——以乐山师范学院体育系为例[J]. 中华武术(研究),2011,(2).

135. 邓以华. 峨眉派武术健康科学发展之我见[J]. 科技信息,2011,(24).

136. 田文林. 峨眉武术的健身养生价值及发展对策[J]. 少林与太极(中州体育),2011,(6).

137. 林立. 大力弘扬中华武术精神 做大做强峨眉武术产业[J]. 中共乐山市

委党校学报,2011,(5).

138. 郑志兵. 从《峨眉道人拳歌》看峨眉武技之特点[J]. 中华武术(研究),2011,(6).

139. 周伟良. 史学视野中的峨眉武术史研究[J]. 搏击(武术科学),2012,(1).

140. 鲁长春,王亚慧,辜伟. 峨嵋武术产业化发展研究[J]. 成都体育学院学报,2012,(8).

141. 周伟良. 史学视野中的峨眉武术史研究[J]. 搏击(武术科学),2012,(1).

142. 郑志兵.《峨眉道人拳歌》的武学解析[J]. 四川体育科学,2012,(2).

143. 刘明科. 从青铜兵器看巴蜀文化的传承关系[J]. 收藏,2013,(23).

144. 朱霖. 峨眉武术的文化诠释[J]. 学理论,2013,(33).

145. 邓椿山,王亚慧. 峨眉武术服装的现状分析及设计构想[J]. 成都师范学院学报,2013,(4).

146. 黄伟,王跃,魏崇周. 中原传统武术的渗透性与辐射性简论[J]. 河南教育学院学报(哲学社会科学版),2013,(2).

147. 王文花,马英. 非遗视角下的峨眉武术翻译[J]. 四川职业技术学院学报,2014,(2).

148. 韩玉姬,王洪珅. 峨眉武术养生文化初探[J]. 搏击(武术科学),2014,(2).

149. 代凌江. 峨眉山地区武术演艺市场现状及发展策略研究[J]. 现代商业,2014,(29).

150. 赵斌,代凌江. 峨眉武术文化的特征与发展路径[J]. 上海体育学院学报,2015,(4).

151. 孙达武,孙绍裘. 略述武术与伤科的历史渊源[J]. 中医药导报,2015,(8).

152. 赵严. 试论峨眉武术与各民族文化的融合[J]. 当代体育科技,2015,(2).

153. 周文英. 峨眉武术文化产业发展思考[J]. 文化学刊,2015,(7).

154. 程大力,王小兵,程馨. “峨眉派”详考——兼论峨眉派武术绝非峨眉山武术[J]. 中华武术(研究),2015,(4).

155. 张耀红,侯乐荣. 郑怀贤“武医结合”伤科学术思想的整理与思考[J]. 成都体育学院学报,2016,(2).

156. 邓特伟,郭程湘. 郭氏“畅气通络”手法治疗膝关节炎体会[J]. 中医药导报,2016,(8).

157. 高何玉婵,李慧敏. 峨眉武术体育旅游资源开发探讨[J]. 旅游纵览(下半月),2016,(6).

158. 曾博艺,邹毅超. 传统文化创新与区域特色文化产业发展互动研究——以峨眉武术休闲文化创新为例[J]. 武术研究,2016,(11).

159. 孙德朝等. 峨眉武术研究三十年[J]. 内江师范学院学报,2016,(12).

160. 曾博艺. 传统文化创新与区域特色文化产业发展互动研究——以峨眉武术休闲文化创新为例[J],武术研究,2016(11).

161. 王明建等. 地域武术文化品牌的构建与应用研究——以四川峨眉武术为例[J]. 山东体育学院学报,2016(8).

后　记

现在到了该与读者说再见的时候了。此时此刻,我们在感到如释重负的同时,也认为有必要藉此机会向曾支持过、帮助过本书编写的个人和单位致以诚挚的谢意。

首先,我们要衷心感谢内江师范学院四川省峨眉武术文化研究中心主任王斌教授、体育学院院长谭伟平教授。他们不仅支持、促成了本书的立项,而且对于本书从内容到构架的确定、从流派到人物的书写,都曾提出过中肯的建议。如果没有他们积极参与,本书的诞生是完全不可能的。

成都体育学院习云太教授是我国武术研究领域的著名学者。关于峨眉武术的起源、形成,及其历史上的一些著名人物等多方面的问题,至今尚无定论,分歧颇大。本书写作过程中,我们就这些问题曾多次向先生请教。他的见解对于本书的编写者具有很大的启发性。

在峨眉武术研究领域,华南师范大学体育学院程大力教授是颇具功力的资深学者。长期以来程老师从历史学、哲学、政治学、舞蹈学、文化遗产学等角度,对中国武术进行过研究,其成果在武术学术界具有相当大的影响。本书不仅在峨眉武术的沿革、峨眉十二桩的渊源上采用了程老师的考证结论,而且关于北碚峨眉拳之源、峨眉“五花八叶”之说也都参考了他的见解(通过电话采访所获)。

本书编写者也曾请教过四川武术名家尤再清先生,他对于四川武术流派的评价,相当中肯,他所提供的关于峨眉武术的最新资料,更满足了本书编写的急需。

天津社会科学出版社的张博先生博学、严谨，是以学术为志业者。我们从他的《晚清营口豆货贸易研究》一书获益良多。在这次《峨眉武术文化读本》在天津的出版，正是得益于张博先生的支持和帮助。

在独秀数据库工作的张森老师，多年以来一直对我们的科研工作给予极大的支持。两年前，她曾为《棋牌博弈志》的编写提供了大量的珍贵史料，保证了该志的完成质量。这次对本书的编写，张森老师又提供了不少有价值的资料，使本书的完成质量能再次得到保证。我们在此特向张森老师，并通过张森老师向独秀数据库致以由衷的谢意。

内江师院图书馆是我们从事科研的主要资料来源地，近年完成的几部著作都从该馆获得了大量资料。热情、负责的图书馆工作人员、尽可能为科研创造有利条件的图书馆馆长甘亚非教授都曾极大地支持了本书的编写工作，在此深表谢意。

编著者

于内江师范学院大东山顶

2018.8.15